面向企业技术创新的
竞争情报应用研究

周贺来　著

中国水利水电出版社
www.waterpub.com.cn

内 容 提 要

本书在分析了企业技术创新、技术竞争情报等相关知识的基础上，从竞争情报的角度研究了企业技术创新问题。作者针对技术创新的演变趋势，确定了面向技术创新战略管理以及应对不同创新模式（自主创新、开放式创新、技术创新联盟）的竞争情报解决方案，并从竞争情报服务技术创新的视角出发，确定了企业技术创新情报服务的建设体系内容和运行保障机制。本书无论是对技术经济管理学科领域，还是情报学学科领域，都是一个新的研究视角，这对于丰富两个不同学科的交叉研究和内容融合，以及后续研究都有创新价值。

本书可作为技术创新管理、企业竞争情报、企业战略管理、管理科学与工程、管理信息系统等领域专家学者的参考资料，也可以作为技术创新管理、信息管理与信息系统、工商管理、情报学等专业本科生和研究生的教学参考书。

图书在版编目（CIP）数据

面向企业技术创新的竞争情报应用研究！周贺来著.
--北京：中国水利水电出版社，2015.11（2022.9重印）
ISBN 978-7-5170-3820-7

Ⅰ．①面…Ⅱ．①周…Ⅲ.①企业管理－技术革新－竞争情报－研究Ⅳ．①F273.1②F274

中国版本图书馆CIP数据核字(2015)第277991号

策划编辑:雷顺加　责任编辑:宋俊娥　加工编辑:高双春　封面设计:李佳

书　　名	面向企业技术创新的竞争情报应用研究
作　　者	周贺来　著
出版发行	中国水利水电出版社
	（北京市海淀区玉渊潭南路1号D座　100038）
	网址：www.waterpub.com.cn
	E-mail: mchannel@263.net（万水）
	sales@mwr.gov.cn
电　　话	（010）68545888（营销中心）、82562819（万水）
经　　售	北京科水图书销售有限公司
电　　话	（010）68545874、63202643
	全国各地新华书店和相关出版物销售网点
排　　版	北京万水电子信息有限公司
印　　刷	天津光之彩印刷有限公司
规　　格	170mm×227mm　16开本　17印张　258千字
版　　次	2016年1月第1版　2022年9月第2次印刷
定　　价	49.00元

前　言

在当前复杂性、动态性、不确定性都很高的竞争环境下，企业技术创新战略已成为企业生存与发展的基本要求。同时，提升企业技术创新能力也是建设国家创新系统的主要手段之一。为此，许多国家在资金、技术、政策、人才、市场、服务、环境、信息等方面，不断为企业技术创新提供各种便利条件。

由于企业技术创新牵涉很多工作环节，无论是其中的技术战略制定、研发决策实施、工艺流程设计，还是产品创新试点、商品化生产、市场化运作等各个阶段，都存在各种各样的风险，致使企业技术创新结果具有很大的不确定性。值得庆幸的是，当前如火如荼地发展的技术竞争情报，正是通过引进竞争情报的方法，收集、整理、分析企业所需技术情报，提供技术竞争的信息服务和咨询服务，为消除企业技术创新流程的复杂性和结果的不确定性提供一种信息保障。有效的竞争情报工作可以帮助企业很好地监测技术竞争环境、技术竞争对手的活动以及企业自身的运营状况，从而增强企业的技术预测和反应能力。

基于以上原因，作者对企业技术创新中的竞争情报作用机制进行了探讨，分析了竞争情报在企业技术创新战略制定，以及企业技术创新不同模式（包括自主创新、开放式创新以及技术创新联盟）中的作用。作者研究中采用了文献调查、归纳与演绎、问卷调查、专家调查等方法，对企业技术创新中的竞争情报问题进行了研究。同时还对相关典型企业实例进行了分析，这能为竞争情报在我国企业技术创新战略与管理中的实践活动提供一种有效的理论指导。

本书是在河南省高校哲学社会科学创新团队项目（2013-CXTD-08）、河南省科技厅科技攻关项目（122400430016）、郑州市科技局软科学重点项目（121PKXF656）、河南省政府招标决策项目（2012B375）、华北水利水电大学高层次人才科研启动项目（201026）、华北水利水电大学管理与经济学院青年骨干教师资助项目，以及华北水利水电大学管理科学与工程重点学科建设项目的支持下完成的。本书在分析了企业技术创新、技术竞争情报等相关知识点的基础上，从竞争情报的角度研究了企业技术创新问题。作者针对技术创新的演变趋势，确定了面向技术创新战略管理以及应对不同创新模式（自主创新、开放式创新、技术创新联盟）的竞争情报解决方案，并从竞争情报服务技术创新的视角出发，确定了企业技术创新情报服务的建设体系内容和运行保障机制。本书无论是对技术经济管理学科，还是情报学学科，都是一个新的研究视角，这对于丰富两个不同学科的交叉研究和内容融合，以及后续研究都有创新价值。

本书共分为 9 章，各部分具体内容如下：

第 1 章在分析本书研究背景以及研究目的、研究意义的基础上，说明了作者的研究思路、框架与内容，指出了作者采用的研究方法和主要创新点。

第 2 章分别从企业技术创新、企业竞争情报、技术竞争情报三个与本研究相关的理论领域，对国内外的相关研究情况进行了总结与评述，为本书的后续相关主体部分的内容研究奠定了基本理论和方法基础。

第 3 章分析了企业技术创新流程的复杂性以及技术创新成果的不确定性，为后续的技术竞争情报在技术创新中的应用提供了研究的起点。另外，在本章作者还通过调查问卷的方式，了解了企业技术创新中竞争情报的目前应用情况。

第 4 章阐述了企业技术创新战略制定中的竞争情报应用。企业技术创新战略作为企业总体战略的一个部分，目前其重要性越来越大。本章分析了竞争情报在企业技术创新战略制定中的重要作用，以及在应用中的注意事项。

第 5 章论述了自主创新方式下的竞争情报功能。要创建国家自主创新体系，作为创新主体的企业必须加强竞争情报建设，以此提高创新活动的成功率。

第 6 章论述开放式技术创新方式下的竞争情报应用。本章在阐述了开放式创新基本理论的基础上，讨论开放式创新中不同技术实现方式的相关注意事项。

第 7 章论述技术创新联盟方式下的竞争情报应用，分析了技术创新联盟方式中所遇到的竞争情报问题，以及针对不同问题应该采取的竞争情报方法。

第 8 章进行了典型案例调研与分析，然后根据分析的结果，重点阐述了面向企业技术创新的技术竞争情报服务体系创建方案，以及相关的保障机制建设。

第 9 章作为本书的结尾，总结了本研究成果的主要结论与贡献，并讨论了研究中存在的一些局限性，对未来进一步的研究方向提出了建议。

由于面向技术创新的竞争情报应用研究还是一个较新的研究领域，作者在这方面所做的工作仅仅只是一个粗浅的尝试，疏漏和不妥之处肯定在所难免，还有许多东西需要进一步补充、完善，还恳请各位专家、学者批评指正。

作者

2015 年 7 月 20 日

目　　录

第1章 绪论

在处于市场激烈竞争的今天，企业技术创新战略已经成为企业生存与发展的基本要求。同时，提升企业技术创新能力也是建设国家创新系统的主要目的和手段之一。为此，许多国家在资金、技术、政策、人才、市场、服务、环境、信息等方面，不断为企业技术创新提供各种便利条件。但是，由于企业技术创新整体流程牵涉很多活动环节，无论是技术战略制定、研发决策实施、工艺流程设计，还是产品创新试点、商品化生产、市场化运作等各个阶段，都有可能遇到各种各样的风险因素，致使企业技术创新结果具有很大的不确定性。而当前方兴未艾、如火如荼地发展的技术竞争情报，正是通过引进竞争情报的方法，收集、整理、分析企业所需技术情报，提供技术竞争的信息服务和咨询服务，为消除企业技术创新天然的流程复杂性和结果的不确定性提供一种信息保障。

本书将企业技术创新和竞争情报相关联，探讨企业技术创新对竞争情报的现实需求；分析竞争情报在企业技术创新战略制定，以及企业技术创新不同模式（包括自主创新、开放式创新以及技术创新联盟）中的作用；并通过对相关典型企业的实例分析，为改进企业竞争情报活动的顺利开展提出合理化建议。

1.1 研究背景

技术竞争情报是连接国家宏观的技术创新政策和微观的企业技术创新活动的有效桥梁，在国家技术创新系统建设中起着重要作用。对各种技术竞争情报的准确判断与分析，是企业制定技术创新战略，优化技术创新活动的有效手段。

本书涉及了企业管理中的技术创新管理与情报学中的竞争情报两个热点研究领域，并试图将二者结合起来，从情报保障的角度探讨企业技术创新问题。

1.1.1　实践背景

1. 技术创新已上升为国家发展的重要战略

在当前的信息经济和知识经济时代，科学技术在经济增长中的贡献率逐步超过了其他经济要素。全球发达国家的经济发展，越来越依赖于科学理论的发展、研究，以及新兴技术的扩散和应用。这使得在当前情况下，世界各国之间的经济竞争也逐步地演变为现代化科学技术之间的竞争，各国加强了本国技术创新体系的建立，以便增强自己在经济全球化背景下的国家综合竞争力。

例如，20 世纪 80 年代以来，美国制定的有关促进技术创新的法规就达 20 多个，它们对技术创新中的创新主体及其相互关系、专利和知识产权保护、财政和税收政策、技术人员培训、宏观经济环境、创新联盟设立等方面都做出了具体明确的规定，形成了比较有效的技术创新运行机制，以及一套包括"产（企业）、官（政府）、学（大学）、研（科研院所）"在内的国家技术创新体系。

在德国，政府也非常重视技术创新，并给予长期稳定的支持。德国的大多数技术创新和科研成果转化过程，都直接面向国民经济发展，面向企业的实际需求。德国从事技术创新的力量包括四个部分：高等院校、科研学会、众多大学以外的研究所以及企业研发机构。这四类机构在"基础研究→应用研究→产品原型开发→小批量示范生产"的整个技术创新发展整体序列中，相互配合，协调补充，构成了一个全面、严谨、务实、高效的技术创新体系。整个技术创新中的经费来源有多种渠道，包括企业、政府和各种非盈利性组织。在国家技术创新发展战略上，德国政府非常注重对技术、经济和环境的三维协调发展。

近年来，日本也大力推进科技体制改革，引入科技竞争机制，不断发挥各类科研院所和高等院校在技术创新中的作用，使这类技术创新主体在研发活动方面的自主权和机动性大大增强，运行机制、管理体制等进一步接近市场。

此外，英国、法国、加拿大和韩国等也都建立了国家创新体系，技术创新已成为保证国家经济地位，提高国家综合实力的必要条件。

我国也确立了自主创新发展战略，早在"十一五"规划中就曾经明确指出：国家创新体系是促进我国经济发展的动力源泉和经济可持续发展的保障，建设创新型国家是未来我国发展战略的主导核心，必须加快以企业为主体的国家创新体系建设。在"十二五"规划中进一步强化了加快建设创新型国家的目标。

2. 我国企业技术创新能力尚有较大差距

对于技术创新对经济增长的作用，我国企业界在实践上、学术界在理论上，都对其有充分的认知，并且在科学技术领域也取得了较大的成就。但是，在过去一个相当长的时间里，由于受到经济和科技体制所限，我国企业一直未能真正成为技术创新的主体，创新动力不足，创新投入有限，创新能力较低，所以难以获取由技术创新所形成的垄断利润。这严重地削弱了企业在国际市场上的竞争力。目前，在衡量企业技术创新竞争力的衡量指标中，我国与发达国家仍存在着较大的差距。这除了宏观政策和体制因素外，企业内部的技术创新管理机制，以及技术创新的信息和情报支持系统建设状况，也都是其主要原因。

作为国家创新体系建设的中坚力量，我国企业在以后必须要强化自主技术创新，大力提高原始创新能力、集成创新能力和引进消化吸收再创新能力，积极推进"官、产、学、研"的技术创新合作，认真作好由封闭式创新向开放式创新的转变，不断丰富创新源，稳步推进产业技术创新联盟的高效建设。

综上所述，技术创新是企业产生核心竞争力的有力保障。我国今后必须高度重视企业技术创新工作，通过多种渠道和方法，来提高企业竞争力。

3. 企业技术创新必须依赖竞争情报

技术创新与竞争情报之间具有一定的互动促进关系：技术创新全过程中各个环节都需要竞争情报的支持；竞争情报在技术创新的应用拓广了其应用领域。

综合来讲，竞争情报和各种技术信息对于企业技术创新可以起到如下作用：

第一，增强企业技术创新意识，触发创新构思。技术竞争情报和技术信息的输入可以连续地向企业传递创新思想、创新知识以及成功的创新实例，可以提高企业经营管理者的认识，形成企业技术创新理念。有效的信息传输还能让企业全面掌握市场需求动态、市场竞争压力、科技成果水平、国家创新政策等。

第二，优化企业技术创新决策、加快创新进程。企业技术创新决策者必须要在掌握相关市场信息、技术信息、政务信息、管理信息的基础上进行决策（包括创新选题、拟定创新方案、方案的评价与修改、方案的最终确定等），决策结果的优化程度与信息量成正比，准确、及时的信息可以调整创新过程中的人流、财流和物流，使创新运行处于最佳状态，使创新决策的结果更为科学。

第三，保障企业技术创新管理科学化，从而提高创新效益。企业技术创新过程对内涉及人、财、物，对外涉及市场竞争、技术成果、社会环境和经济政策等，若管理不当，很难达到预期的创新目标，甚至造成创新失败。企业可以通过信息不断吸收国内外技术创新的成功经验和失败教训，最终提高创新效益。

总之，在企业技术创新活动中，要想取得较好的技术创新效果，必须依赖一定的技术竞争情报的支持。企业不仅需要通过主动搜寻，处理加工和分析研究相关的技术信息与竞争情报，以便做出正确决策；同时，还需要通过促进各种创新信息在企业内部的有效流动，来赢取技术创新的成功，同时规避创新活动中因受政治因素、社会变化、市场环境、法律法规、合作伙伴等因素影响而可能带来的创新风险，最大程度上消除企业技术创新自身存在的不确定性因素。

1.1.2　理论背景

1. 技术创新成果具有不确定性

企业技术创新的流程非常复杂（后续章节将会进行详细分析），存在很多不确定因素，存在一定的风险。技术创新的不确定性来自三个方面：技术不确定性、市场不确定性和一般商业不确定性。要减少技术创新的不确定性，降低技术创新的风险，必须及时、有效地收集相关的技术、专利、市场需求、国家政策等情报信息。技术创新的整个流程可以看作是多个决策阶段的演化过程，在每一个阶段都存在着信息和情报的收集、评估、决策和不确定性分析。在这个过程中，技术创新主体根据收集到的市场需求、技术专利、国家制度、行业政策、人才资源等方面的信息，结合企业自身实际，做出正确决策；并不断地调整自己的技术创新战略、产品体系、资金投入、人员安排、生产工艺、市场体系等，使之更加适合当前企业所处的实际情况以及企业发展的需要。

无论是从减少技术创新不确定性的角度，还是从技术创新决策的角度，技术创新过程在某种程度上都可以看作是一个信息过程。而准确、及时、全面的信息，可以消除企业技术创新的不确定性，减少创新风险，保障创新成功。因此，企业必须要注重对技术创新信息资源的开发与利用。

2. 技术创新是企业核心能力的保障

技术创新能力是现代企业核心能力的显著表现和重要来源。核心能力最早是由普拉哈拉德（C.K.Prahalad）和哈默（GarryHamel）提出来的，他们认为企业的核心能力来自于企业的核心产品或技术，企业核心能力的培育就隐含在企业的核心产品或技术的发展过程中[1]。因此，企业要提高技术创新能力，就必须培育自己的核心能力。由此可见，技术创新是企业核心能力最直接的体现。

当一家企业的技术创新有了重要突破之后，就会形成这家企业的核心技术。企业技术创新的主要目标是提高企业的盈利水平，但又绝不仅仅只是为了提高销售额或者改进产品性能，也不仅仅只是提高服务的问题，更重要的是使企业的竞争地位发生改变，希望在一种新的、更有利的某一点重新建立竞争优势[2]。

3. 技术竞争情报已引起业界关注

技术竞争情报作为情报学中一个新的研究领域，目前已经进入相关人员新的研究视野，国外在这方面已经作了较深入的理论研究和应用实践。我国从2005年以后，在这方面也开始有相关学者进行研究，但是总体的研究内容，大多数还只是关于其基本概念、技术信息源、工作流程、发展状况等理论研究，而关于技术竞争情报的实践应用，特别是与企业技术创新、企业技术转移、技术发展预见等交叉研究比较匮乏。本书研究主题的选择，正是在这种背景下展开的，这对于推动技术竞争情报的理论研究和实际应用都具有重要意义，并且它还可以为竞争情报在其他相关企业管理职能领域的研究提供一定的借鉴作用。

综上分析，本书综合考虑了企业管理领域的技术创新管理与情报学领域的技术竞争情报两块内容。一方面，根据企业技术创新的需要，必须构建一个用来支持企业技术创新的信息和情报支持系统；另一方面，在情报学研究领域，技术竞争情报和竞争情报系统的研究，又迫切需要找寻一个实际的管理研究领域。于是，作为上述两个研究内容的交叉研究主体——面向企业技术创新的竞争情报模式研究的题目得以形成。图1.1所示，为本书研究背景的示意图。

[1] 刘冰.动态环境中企业竞争情报力解构[J]. 图书情报工作，2006(9):69-72.
[2] 关伟.企业技术创新研究[D]. 大连：东北财经大学博士论文，2006.

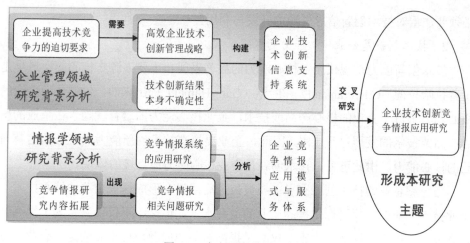

图 1.1 本文研究背景示意图

1.2 研究目的与意义

1.2.1 研究目的

本书的研究目的，主要体现在以下三个方面。

第一，探讨企业技术创新与竞争情报之间的互动关系及其运作机理。

第二，分析在企业技术创新战略管理和三种不同的企业技术创新模式（自主创新、开放式创新、技术创新联盟）下，企业技术竞争情报的应对模式。

第三，分析面向企业技术创新的技术竞争情报服务体系和运行保障机制。

1.2.2 理论意义

本书的研究内容包含了国内外企业普遍关注的两大热点领域——技术创新和竞争情报。本书涉及这两个方面的交叉领域研究，具有重要的理论意义。

第一，在企业技术创新管理研究中，导入竞争情报理论，是企业技术创新理论研究的一种独特视角，这在一定程度上也丰富了企业技术创新的理论知识。

第二，将企业竞争情报引入到企业技术创新活动中，拓宽了竞争情报的应用范围，对进一步开展其他职能领域的竞争情报应用研究具有示范作用。

第三，对于面向企业技术创新的竞争情报服务体系和运行保障机制研究，有助于延伸企业竞争情报的范围，能丰富竞争情报的规划、分析和设计等内容。

1.2.3　应用价值

对于企业技术创新和企业竞争情报这两个方面，目前很多企业都认识到它们的重要作用，并投入了极大的人力、物力和财力，虽然也取得了一定的成绩，但是仍然存在许多不足，对该问题的探索和研究，在目前具有重要的实践价值。

第一，有助于企业技术创新系统的进一步完善，以及企业技术创新流程的优化，为企业技术创新绩效的提高提供情报保障，削弱创新成果的不确定性。

第二，有助于企业竞争情报系统的规划、设计、开发与应用，并有助于提高企业的竞争情报意识，创建企业的竞争情报文化氛围，提高企业竞争情报力。

第三，有助于加快企业技术创新步伐，改善技术创新绩效，提高利用现代化信息技术改造传统的技术创新管理方式，并可以提高企业信息化的管理水平。

1.3　研究思路和技术路线

1.3.1　研究思路

本书的整体思路如下：首先，对企业技术创新、企业竞争情报和技术竞争情报相关理论进行梳理；然后，全面阐述企业技术创新流程，认真分析其复杂性、不确定性的特点和原因，并通过问卷调查和数据分析，了解企业技术创新过程中对于竞争情报的依赖性；接着，研究技术创新战略制定过程中的竞争情报应用，以及三种技术创新模式下竞争情报的应对方式，并进行了相关的案例分析。最后，探讨面向企业技术创新的竞争情报服务体系以及运行保障机制。

1.3.2　技术路线

按照以上的分析思路，本书在研究中采用了如图 1.2 所示的总体技术路线。

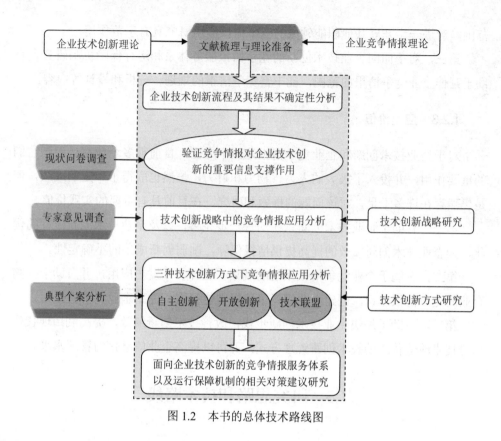

图 1.2　本书的总体技术路线图

1.4　研究框架与研究内容

1.4.1　研究框架

本论文研究按图 1.3 所示的结构框架进行展开，整体内容共分为九章。本论文中各章的内容简介和各自作用，分别在表 1.1 中进行了阐述。

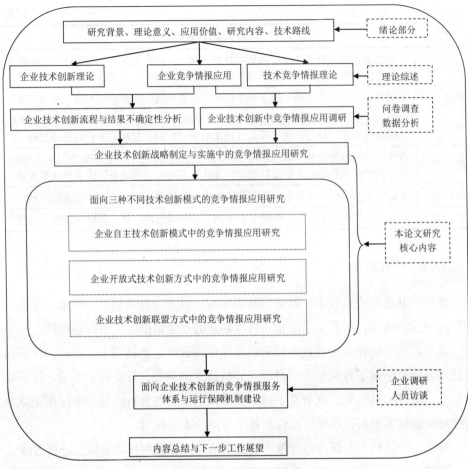

图 1.3   本研究的主体框架

表 1.1   本文各章内容简介

章次	内容简介与作用
第一章	介绍论文研究的背景、目的与意义、框架与内容、思路、研究方法和创新之处
第二章	主要对企业技术创新、企业竞争情报、技术竞争情报的相关理论进行了回顾与梳理，找到它们之间的契合点，随后进行了内容总结和相关研究现状的评述
第三章	详细分析了企业技术创新的流程模型，分析了该过程的复杂性，以及技术创新成果的不确定性，为后续的技术竞争情报在技术创新中的应用提供了研究的起点；另外，本章还通过调查问卷的方式，了解了企业技术创新中竞争情报的应用情况

续表

章次	内容简介与作用
第四章	企业技术创新战略作为企业总体战略的一部分，目前其重要性越来越大。本章分析了竞争情报在企业技术创新战略制定中的重要作用，以及应用中的注意事项
第五章	本章论述了在自主创新方式下竞争情报对创新绩效的重要价值与成功应对方法
第六章	本章首先阐述了开放式创新的基本理论，然后讨论开放创新中不同技术实现方式的注意事项，最后研究了开放式技术创新中知识产权战略分析的总体思路
第七章	合作创新已成为企业创新的常用策略，本章重点分析了技术创新联盟这种合作创新方式中所遇到的竞争情报问题，以及针对不同问题应该采取的竞争情报方法
第八章	本章确立了面向企业技术创新的竞争情报服务体系，建立了相关的保障机制
第九章	本章对论文进行了总结，分析了论文的不足与局限性，对后期研究进行了展望

1.4.2 研究内容

本研究从提高企业技术创新能力角度出发，以企业技术创新、企业竞争情报的理论研究为依托，研究了面向企业技术创新的竞争情报，主要内容包括：

第一，竞争情报对企业技术创新的支撑作用分析，包括两个层面：一个层面是技术创新战略对于各类技术信息源（如科技专利信息、行业技术环境、政策环境信息、法规标准信息、竞争对手技术信息）的依赖性分析；另一个层面是竞争情报对企业技术创新管理整个流程上各个节点的支持作用。

第二，论述技术创新战略管理中的竞争情报工作流程和竞争情报分析方法。

第三，分析了三种不同技术创新模式（包括自主创新方式、开放创新方式以及技术创新联盟）中的竞争情报问题以及所应采取的竞争情报应对方法。

第四，通过实例调研与分析，阐述了企业技术创新竞争情报服务体系及其运行保障机制，并提出了促进企业技术创新中竞争情报活动开展的一些建议。

以上四项中，第一项是理论基础和关键起点；中间两项是研究的重点，也是本研究的核心部分；而最后一项，由于受到条件制约，将是本研究的难点。

本研究拟解决的关键问题在于两个方面：第一，研究不同技术创新模式下企业竞争情报的应对方法，其目的是通过事先作好的情报分析，削弱技术创新的不确定性，进而促进企业技术创新绩效的提高。第二，构建面向企业技术创新的情报服务体系和运行机制，为企业技术创新战略的实现提供情报保障。

1.5　研究方法与创新点

1.5.1　研究方法

目前，将企业技术创新与竞争情报结合起来的系统研究，在我国还为数不多；国外发表的相关文献，作者在可能涉猎到的信息源中也很少看到。因此，本研究属于一种尝试性、探索性的研究，其中具体采用了如下的一些研究方法：

1. 文献分析法

本研究属于探索性研究，所以需要对相关领域现有的国内外文献进行综合分析和归纳整理，以便总结出企业技术创新、技术竞争情报和竞争情报系统的最新研究成果，为本论文的研究提供比较清晰的理论基础。文献来源有电子期刊数据库（包括 EBSCOhost、Emerald、Willey Interscience、E-library、net-library、CNKI、万方数据库、维普中文科技期刊数据库等）以及相关图书资料、会议论文、博硕士论文、期刊论文和网络资源等。

2. 问卷调查法

为保障本研究过程与结果的针对性，本书在不同阶段进行了三次问卷调查。

第一次是针对技术竞争情报与企业技术创新之间关系的问卷调查，这放到相关理论述评之后进行，用来验证作者提出的二者之间良性互动关系的假设。

第二类是专家问卷调查，这在第一次问卷调查之后进行。根据第一次问卷调查的反馈结果，确定企业技术创新与竞争情报之间的互动关系；然后选择了企业界、学术界中竞争情报和技术创新领域的近 40 位专家，征询其对企业技术创新战略管理中竞争情报作用的态度和建议，为下一步的理论研究确定方向。

第三次是典型企业在技术创新活动中竞争情报应用现状的当面调查，该调查在理论研究之后进行。在这次调查中，首先选定一个我国技术创新中竞争情报应用比较普及的产业，然后对该产业内不同发展层次、不同生产规模、不同技术水平、不同地域范围的 20 家左右企业进行面谈，主要目的是利用调查问卷的结果，分析这些企业中竞争情报应用与企业技术创新成果之间的关系。

3. 个案研究法

本书选择了几家在技术创新活动中技术竞争情报工作开展较好的标杆企业进行了个案调查。鉴于各种主客观原因，目前作者所联系到的这类企业还不是很多，因此不能构成统计意义的大量观察，实证分析方法不很适用，故采用案例分析，主要用于探讨企业对技术竞争情报在企业技术创新活动中的态度、构想、建议、经验及效果等问题，为本研究的模式设计提供第一手参考资料。个案研究中采用了对相关二手资料搜集、整理和分析的方法，同时也对部分企业代表进行了深度访谈调查，便于对被访谈对象隐性知识进行挖掘和深入的沟通。

4. 系统分析法

在本研究的技术创新情报服务体系建设部分，用了系统科学的功能分析方法，研究了技术创新情报服务体系的组成结构；同时还分析了其中要素、结构、环境之间的关系，以及在企业技术创新中的功能。本研究把技术创新竞争情报服务体系放在企业技术创新战略的整体管理系统之中，从企业的整体和全局出发，从创新竞争情报服务体系的要素与要素之间、结构、功能与环境的对立统一关系中，对竞争情报服务体系进行考察、分析和研究，以便最终确定面向技术创新的竞争情报服务体系总体平台结构与运行保障支撑框架。

5. 归纳演绎法

归纳法和演绎法作为两种常用的科学研究方法，在本研究中也得以采用。具体来说，对于企业技术创新和技术竞争情报的文献梳理，采取了归纳方法；而对于竞争情报服务体系的设计，则主要是对现有理论与已存系统的合理演绎，进而探索性地分析了面向企业技术创新的竞争情报服务体系和运行保障机制。

1.5.2　创新之处

本书尝试性地将情报学科的研究热点——企业竞争情报与企业管理学中的研究热点——技术创新管理有机结合，分析了二者之间的良性互动关系，理清了竞争情报对消除技术创新结果不确定性的作用，这为企业提供了一种适应动态变化和高度不确定性环境下企业技术创新的分析工具，具有一定创新意义。

具体来讲，本书的创新点主要体现在以下三个方面：

第一，从竞争情报的角度出发，研究企业技术创新问题。这无论是对技术经济管理学科领域，还是情报学学科领域，都是一个新的研究视角，这对于丰富两个不同学科的交叉研究和内容融合，以及后续研究都有创新价值。

第二，针对技术创新的演变趋势，建立了面向技术创新战略管理以及应对不同创新模式（自主创新、开放式创新、技术创新联盟）的竞争情报解决方案。

第三，从竞争情报服务技术创新的视角出现，确定了企业技术创新情报服务体系建设的核心内容，并建立了确定上述服务体系稳定运行的保障机制。

第 2 章　相关理论综述

本书的编写是一个综合性、交叉性的项目，涉及企业战略管理、技术创新管理、技术竞争情报、信息资源管理等多个知识领域；研究目的是将竞争情报理论引入企业技术创新活动中，并试图从竞争情报这一新的研究视角，分析技术创新战略管理中的情报需求及其不同技术创新模式下的竞争情报应用方法。

在本书内容中，技术创新理论、竞争情报理论、技术竞争情报是理论基础，本章首先对这几方面的相关内容进行梳理归纳，然后指出当前研究中的不足。

2.1　技术创新理论

2.1.1　技术创新的不同观点

1. 国外学者关于技术创新的观点

"创新"的概念首先由奥地利著名经济学家熊彼特所确立。他认为，创新是生产要素和生产条件的一种从未有过的新组合，它包括以下五种类型[1]：引进一种新产品或产品的某种新特征；引入一种新的生产方法；开辟一个新市场；获得原材料或半成品的新的供应来源；实行新的组织方式或者管理机制。

自从熊彼特提出技术创新的概念以来，在国外陆续有相关学者或者机构，开始对技术创新的含义进行研究和探索，并且形成了各自不同的定义。

如表 2.1 所示，为笔者搜集到的国外学者和研究机构关于技术创新的一些概念界定。

通过这些学者/机构的概念界定与观点分析，可以看出：

---

[1] 熊彼特. 经济发展理论：对于利润、资本、信贷、利息和经济周期的考察（中译本），商务印书馆，1991.

技术创新有狭义和广义两种不同的理解，狭义意义上的技术创新仅限于同产品直接有关的创新；而广义的技术创新，除了包括产品本身的创新外，还包括了生产工艺、生产流程方面的改进与创新，甚至说它还包括诸如组织创新、制度创新、管理创新、服务创新等在内的传统非技术性领域上的创新。

表 2.1　国外学者对技术创新的界定

学者/机构	主要观点的概括
熊彼特	建立一种新的生产函数或供应函数
德鲁克	赋予资源以创造财富的新能力
森古正规	通过技术进行的革新，技术本身不需发生革命性的改变
普雷斯	运用新的科学知识或更巧妙的工程学，去成功地设计、制造和营销新产品，或者去改进产品的进程
曼斯菲尔德	一种新产品或新工艺被首次引进市场或被社会所使用
索罗	技术创新的形成有赖于新思想及其以后阶段的实现与发展的理论
伊诺思	集中行为综合的结果，这些行为包括发明的选择、资本投入保证、组织建立、制定计划、招用工人和开辟市场等等
斯通曼	首次将科学发明输入生产系统并通过研究开发，努力形成商业交易的完整过程
瓦茨	企业对发明或研究成果进行开发，并最后通过销售而创造利润的过程
弗利曼	第一次引进一个新产品或新工艺中所包含的技术、设计、生产、财政、管理和市场等的诸多步骤
美国竞争力员会	知识向新产品、新工艺和新服务的转化过程，它不仅涉及到科学技术活动，还涉及到对顾客需求的了解和满足
美国国家科学基金会	将新的或改进的产品、过程或服务引入市场
经济合作与发展组织	包括产品创新和工艺创新，以及在产品和工艺方面显著的技术变化
缪塞尔	以其构思新颖性和成功实现为特征的有意义的非连续性事件
美国工业调查协会	一个承认新的需要、确定新的解决方式及其发展一个在经济上可行的工艺、产品和服务，并最后在市场上获得成功的完整过程

资料来源：本研究整理

2. 国内学者关于技术创新的观点

从 20 世纪 80 年代开始，我国也开始有学者也从不同角度，按照自己的研究领域和思维习惯，开始对技术创新的概念进行界定和分析，如表 2.2 所示。

表 2.2   国内学者对技术创新的概念界定

学者	观点的概括
董中保	将科技成果转化为现实生产力，转化为商品的动态过程
汪应洛	建立新的生产体系，使生产要素和生产条件重新组合，获得潜在的经济效益
傅家骥	企业家抓住市场信息的潜在赢利机会，以获取商业利益为目标，重新组织生产条件和要素，建立起效能更强、效率更高和费用更低的生产经营系统，从而推出新的产品、新的生产（工艺）方法、开辟新的市场，获得新的原材料或半成品供给来源，建立企业的新的组织等一系列活动的综合过程
许庆瑞	从一个新的构思出发到该构想获得成功的商业应用为止的全部活动，包括科学发现、发明到研究成果被引入市场、商业化和应用扩散的一系列过程
楚尔鸣	新产品和新工艺设想的产生、研究开发、应用于生产、进入市场销售，并实现商业利益，及其新技术扩散整个过程中一切技术经济活动的总和
柳卸林	是指与新产品的制造、新工艺过程或设备的首次商业应用有关的技术的、设计的、制造及商业的活动
赵玉林	是企业家抓住新技术的潜在赢利机会，重新组织生产条件和要素并首次引入生产系统，从而推出新的产品、新的工艺、开辟新的市场、获得新的原材料来源，以及由此引发的金融变革、组织变革和制度变革
邹新月	以市场为导向，研究市场的潜在需求，去开拓新方法、新工艺、新产品，然后将他们进一步产业化、商品化，最终能在市场上获取商业利润的整体过程
贾蔚文	包括自从某种新设想的提出，经过研究开发或技术引进、中间试验、产品试制和商业化生产，直到市场销售的全过程
汤世国	一个融科技与经济为一体的系统概念，它不仅关注技术的创造性和和技术水平的进步，更关注技术在经济活动中的应用特别是在市场中取得的成功
刘劲杨	以实现特定经济目的和技术的高效应用为目标，优化组合既有技术并发展新的技术，打破旧有技术经济的均衡格局，实现经济发展的突破

资料来源：本研究整理

另外，中共中央、国务院在 1999 年发布的《关于加强技术创新、发展高科技、实现产业化的决定》一文中，对技术创新做出了高度概括的、也是国内目前最为权威的定义，该定义全文描述如下：技术创新，是指企业应用创新的知识和新技术、新工艺，采用新的生产方式和经营管理模式，提高产品质量，并开发生产新的产品，提供新的服务，占据市场并实现市场价值。其中，企业是技术创新的主体。技术创新是发展高科技、实现产业化的重要前提[1]。

3. 技术创新与相关概念的联系

与技术创新还有一些其他相关概念，表 2.3 对它们进行了简单的区分。

表 2.3 技术创新与相关概念的区别

概念	简要定义	与技术创新的显著区别
技术进步	技术进化和技术革命活动	缺乏对产品创新这种种行为的强调
（技术）发明	首次提出新概念/新思想/新原理	缺少大量生产与市场化的活动
基础研究	认识世界，为推动科技进步而进行的探索性活动，没有特定商业目的	缺乏深入的试制、生产与市场化活动
应用研究	为增加科技知识，并为某一特定实际目标而进行的系统性创造活动	与生产、市场化联系不足
技术成果转化	将研发形成的技术原型进行扩大试验并投入实际应用，生产出产品推向市场或转化成成熟工艺投入应用的活动	技术创新不仅可以源于已有的研发成果即技术原型，而且还可以源于技术的研发活动本身
技术引进	引进新设备和人才等，以提高企业的生产与市场能力	能否进入市场不能保证
技术改造	是对生产设备进行系统和部门更新	可以完善生产能力，但能否市场化不得知

资料来源：本研究整理

2.1.2 企业技术创新运作机理

1. 技术创新的企业主体性

技术创新是生产要素和生产条件的一种新组合。在技术创新中，虽然也有政府、高校、科研院等的参与，但是谈到技术创新，更多的还是指企业技术创新。

只有企业才是技术创新的主体（这里技术创新主体的含义，包含了企业作为技术创新决策主体、投资主体、研究开发主体和收益主体），而其他角色则主要是提供不同的要素，而企业的作用则是对这些不同种类的要素进行组合。

---

[1] 资料来源：国务院《关于加强技术创新、发展高科技、实现产业化的决定》（中发〔1999〕14 号文件）.

　　企业技术创新活动的目的，就是为了满足顾客需求，并提高自身竞争优势。所以，企业技术创新必须要以提高效益为目标，以产品的生产经营过程为中心，其整体过程包括了创新构思、产品开发、批量生产和商业化运作等一系列的创新活动。

　　陈斯琴（2008）对技术创新概念进行了延伸，提出了企业技术创新生态系统的概念，她认为：企业技术创新生态系统，就是指在一定时期和空间内由企业技术创新复合组织与复合环境，通过创新物质、能量和信息流动而相互作用、相互依存形成的整体系统。其中，企业技术创新复合组织由技术创新主体企业与相关企业，如供应商、销售商、金融机构等构成。企业技术创新复合环境由市场、科技发展水平、物质环境、人文环境、社会环境、自然环境综合而成[1]。

　　2. 技术创新促进企业发展的机理

　　如果把一家企业看作一个由投资要素和产出要素构成的系统，那么无论投入要素发生量的改变，还是质的变化，都将引起产出组成的改变。这种变动如果用动态方法来进行分析，则可以得出如图 2.1 所示的投入要素、产出要素和技术随时间变化的情况[2]。在此，投入要素的组合方式取决于技术状态 T。

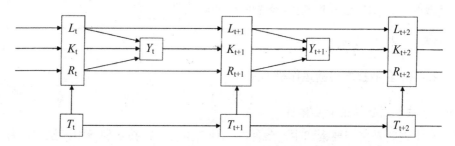

注：L_t—劳动，K_t—资本，R_t—土地，T_t—技术状态，Y_t—产出

图 2.1　企业投入、产出、技术随时间的变化

　　资料来源：张凌. 基于 DEA 的企业技术创新项目评价与决策方法研究[D].哈尔滨工程大学博士论文，2005.

[1] 陈斯琴，顾力刚. 企业技术创新生态系统分析. 科技管理研究，2008(7)：453-454，447.

[2] 张凌. 基于 DEA 的企业技术创新项目评价与决策方法研究[D]. 哈尔滨：哈尔滨工程大学博士论文，2005.

利用熊彼特的创新理论来解释这个过程就是：在 t 时期，企业在技术状态 T_t 的前提下，形成了一种生产函数 $Y_t = f_{T_t}(L_t, K_t, R_t)$。

如果企业不进行技术创新，即不将一种从来没有过的关于生产要素和生产条件的新组合引入到企业生产中，那么，企业将按原有的生产结构从事其生产经营活动。在这种情况下，企业的生产过程"循环流转"，没有变动，也没有发展。企业的盈利水平及要素生产率保持不变。此时，企业处于一种静态均衡，即 T_t 不变。在这种静态均衡状态下，企业的生产可以用固定的生产函数来描述。

企业要想适应变化的市场需求，实现其不同时期的战略目标，最终获得较高的利润，就必须进行技术创新，即必须改变生产函数中的 T_t，以破坏现存的平衡，产生新的生产函数，这种过程可以用图 2.2 表示[1]。

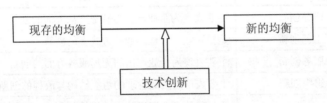

图 2.2　通过技术创新形成新均衡的过程

资料来源：张凌.基于 DEA 的企业技术创新项目评价与决策方法研究[D].哈尔滨工程大学博士论文，2005.

企业通过这种循环创新过程，就可将多种新产品或多种新的企业管理方法逐步引入到企业生产经营活动中，从而建立新的生产函数 $Y_{t+1} = f_{T_{t+1}}(L_{t+1}, K_{t+1}, R_{t+1})$，实现新的投入组合，使企业能够在更高的层次上得到发展。

3. 企业技术创新的特征

分析企业技术创新的特征，首先必须从技术本身所固有的性质和特点着手。威廉姆森（1985）指出，技术的特性可以归纳为隐含性、复杂性、累积性和不确定性几个方面。而关于企业技术创新的特征，张凌博士将其概括为高风险性、资

---

[1] 张凌. 基于 DEA 的企业技术创新项目评价与决策方法研究[D]. 哈尔滨：哈尔滨工程大学博士论文，2005.

产性、高收益性、系统性、周期性、协调性[1]；关伟博士概括为积累性、效益性、不确定性、主体性、市场性、历史性、创造性和协同性[2]；孙晓岭概括为创新过程的不确定性、创新内容的知识密集性、创新路径的依赖性、可选方案的争议性、创新活动的跨边界性等几个方面[3]。

2.1.3　企业技术创新的类型

1. 几种常见的分类方法

企业技术创新按照不同的研究目的，常见的有表 2.4 所示的几种分类方法。

表 2.4　企业技术创新几种常见的分类方法

分类标准	类型	含义
技术创新的内容	产品创新	主要表现为企业产出的有形产品方面的创新
	工艺创新	是指企业在管理其业务方式上的创新
	服务创新	主要表现为企业产出的无形服务方面的创新
	组织创新	主要表现为企业管理的组织结构与流程的创新
技术创新重要程度	渐进性创新	是一种技术上渐进的、改进性的创新，主要依靠需求压力和技术机会，持续不断地推动技术发展
	根本性创新	指技术设想上的根本性突破，是研发部门经过深思熟虑后的结果。它以渐进性创新为基础，通过逐渐积累来实现
	技术系统的变革	是指依据渐进性创新和根本性创新的某种组合，伴随着对企业产生影响的组织创新和管理创新，影响若干经济领域，导致全新部门出现的创新
	技术模式的变更	是指能够带来技术经济规范的变化、意义深远的重大技术创新。它既伴随着许多根本性的技术创新群，又包含着多个技术系统的变革，是相互关联的产品和工艺创新、组织创新和管理创新的结合

[1] 张凌. 企业技术创新项目评价与决策体系研究[M]. 北京：人民出版社，2006：26-28.

[2] 关伟. 企业技术创新研究[博士学位论文]. 大连：东北财经大学，2006.

[3] 孙晓岭. 企业技术创新网络治理机制研究[M]. 成都：西南财经大学出版社，2008：39-41.

续表

分类标准	类型	含义
创新技术的来源	自主创新	指企业依靠自己的技术力量，致力于率先使重要的一些新的技术商品化、产业化、市场化[1]
	引进创新	是指企业对引进的技术和产品进行消化、吸收和再创新的过程。它包含着渐进性创新和对原设计的不断改进。从经济学的观点看，是一种更有效的创新

资料来源：本研究整理

2. 我国学者的一些特殊分类法

在我国，相关学者曾对技术创新类型进行过研究。

例如：傅家骥根据我国实际情况，将企业技术创新分为四类：增量型创新、技术开发型创新、市场开发型创新和根本性创新[2]。

吴晓波根据企业在技术创新不同发展阶段所采取的方式，将企业技术创新分为模仿创新、二次创新、合作创新和自主创新四类[3]。

陈玉梅从创新技术来源的角度，将技术创新模式分为自主开发型、模仿创新型和合作开发型三种方式[4]。

邹志从核心技术获得的角度，将技术创新类型归纳为四种模式：直接买来的收购模式、市场换技术的合资模式、从模仿到超越的赶超模式、独立研发的原创模式[5]。

陈文华、远德玉和王海山提出了表 2.5 所示的企业技术创新的类型结构。

---

[1] 说明：自主创新并不意味着创新过程中的各个环节都由自己来实现，而是创新的思想来源于自己，创新中各要素的组合通过自主努力来实现。它可以是自己研究与开发的结果，也可以是合作研究、委托研究，甚至是合并购买、购进专利进一步开发等。企业进行自主创新的前提是具有较雄厚的技术力量，特别是研究与开发的力量，并具有较多的技术积累。企业若想在竞争中取得领先地位，必须采用自主创新的方式。

[2] 傅家骥. 技术创新学[M]. 北京：清华大学出版社，1998：13-17.

[3] 吴晓波. 企业集群技术创新环境与主要模式的研究[J]. 研究与发展管理，2003(02)：1-5.

[4] 陈玉梅，秦江萍. 试论企业技术创新模式的选择[J]. 现代管理科学，2007 (7)：14-16.

[5] 邹志. 企业技术创新的四种模式[J]. 企业科技与发展，2008(15)：40.

表 2.5　企业技术创新的类型结构

序号	分类标准	创新类型
1	创新的技术形态和内容	产品创新 工艺创新
2	创新的发生机制和独创性程度	基本技术创新 渐进技术创新
3	创新的来源和技术途径	自主技术创新 引进技术创新 国内技术转让创新 模仿改进创新
4	创新活动组织机制和活动方式	独立性创新 合作性创新
5	创新对生产要素组合的影响	资本节约型创新 劳动节约型创新 中性型创新

资料来源：本研究整理

　　总结以上不同学者关于技术创新的类型划分，在目前已有的类型分类的基础上，本文提出了更为详细的技术创新分类体系，结果如表 2.6 所示。

表 2.6　企业技术创新的类别构成

序号	分类标准	创新类型
1	创新内容	意识创新 技术性创新 营销创新 制度创新 组织创新
2	技术形态	产品创新 工艺创新 设备创新 材料创新 服务创新
3	创新程度	基本技术创新 渐进技术创新 模仿技术创新

续表

序号	分类标准	创新类型
4	创新的技术来源	自主技术创新 引进技术创新
5	创新活动的方式	独立型创新 合作型创新 技术联盟创新
6	对生产要素的影响	资本节约型创新 劳动节约型创新 中性型技术创新
7	技术创新的整合特征	技术性整合创新 结构性整合创新 功能性整合创新

资料来源：本研究整理

2.2 竞争情报理论

2.2.1 竞争情报基本概念

1. 竞争情报的定义

关于竞争情报（Competitive Intelligence，简称 CI），不同学者从不同的角度，曾经提出过各种不同的理解。

如表 2.7 所示，笔者将竞争情报常见的典型定义，总结成了三大类型。

表 2.7 竞争情报典型定义的分类归纳

类型	含义	典型定义
产品说	CI 是关于竞争环境、竞争态势、竞争对手和竞争策略的信息产品	柯克·泰森："竞争情报是有关竞争对手目前竞争地位和未来发展规划的信息；是关于市场驱动力的信息；是有关特定产品和技术的信息；还包括市场以外对市场产生影响的信息。"[1]国内早期 CI 研究者多数持此观点

[1] 柯克·泰森（Kirk W. M. Tyson）著，王玉，郑逢波，张佳浩等译. 竞争情报完全指南. 第 2 版[M].北京：中国人民大学出版社，2005：4.

类型	含义	典型定义
过程说	CI 是一种情报收集、加工、分析和传递过程，它将零散的原始信息转化为满足用户竞争需求的情报	SCIP 定义："竞争情报是对整体竞争环境、竞争对手的一个全面监测过程，通过合法手段收集和分析商业竞争和技术创新中有关商业行为的优势、劣势和目的的信息，并综合分析相关信息，以更好地满足决策者制定竞争战略和方案的需要。" [1]
		SCIP 前执行主席 Bill Webber："为保护和保持自己的竞争优势，竞争情报实际上是一种收集、分析、交流和管理知识的动态的商业学科，主要研究、分析和提供有关竞争环境变化的情报，同时将这些情报传递或结合到企业的战略中去。" [2]
		国内知名学者王知津，"竞争情报是为达到竞争目标，采用合法并合乎职业伦理道德的手段，收集竞争对手和竞争环境方面的信息，进而制定自己发展的竞争战略和策略。" [3]
过程和产品综合说	认为竞争情报既是一种过程，又是一种产品，是上面两个观点的综合。目前国内外多数学者持此观点	约翰·普赖斯科特（1988）："竞争情报是与内外部环境的某些方面有关的精炼过的信息产品。竞争情报项目是一个规范化的过程，企业通过这个过程来评价所处行业的演变、现实或潜在竞争对手的能力和行为，以便保持和发展竞争优势。"
		依安·戈登：作为动词，竞争情报是"获取和分析可以公开得到的资料来开发出用于竞争战略所必需的信息的过程"；作为名词，竞争情报就是上述过程的产出 [4]。
		包昌火："竞争情报是关于竞争环境、竞争对手和竞争策略的信息和研究，它既是一种过程，又是一种产品。过程包括对竞争信息的收集和分析，产品包括由此形成的情报或谋略 [5]。

资料来源：本研究整理

综上分析，竞争情报不仅是一种产品，同时也是一个过程。作为产品，它是对企业整体竞争环境的信息，经过加工，形成的情报或谋略，为企业提供决策依据。作为一个过程，它是生产上述信息并将其应用于企业竞争的整个过程。

[1] 彭靖里等. 论知识管理在企业竞争情报研究中的应用[J]. 情报理论与实践, 2002,(4): 270-272.

[2] 刘景利. 竞争情报咨询与技能——国外竞争情报专家讲学报告集. 北京：中国科技情报学会竞争情报分会，北京环信咨询公司，2002：180.

[3] 王知津. 竞争情报.北京：科学技术文献出版社，2005；前言 3.

[4] 陈维军. 企业竞争情报作战室设计研究[博士学位论文]. 天津：南开大学，2008.

[5] 郎诵真，王曰芬，朱晓峰. 竞争情报与企业竞争力. 北京：华夏出版社，2001：前言 2.

2. 竞争情报的内容

竞争情报是对竞争各方、竞争环境、内部状况、外部态势的情报，进行综合地、广泛地、持续地和合法地调查收集，汇总分析，动态跟踪，策略制定，是对于这些大量信息的储存积累和分析研究[1]，其主要内容包括竞争环境监测，竞争对手分析，竞争态势预警，竞争技术跟踪，竞争战略制定和信息安全保密[2]。

3. 竞争情报的发展现状

竞争情报最早产生于 20 世纪 60 年代的美国，从 20 世纪 80 年代以来由 SCIP 等在全球范围内推广，其重要性也受到跨国公司的重视。例如，施乐、通用电器、IBM、摩托罗拉等都建立了自己的竞争情报部门，开展了竞争情报工作。

我国学者对竞争情报的研究始于 20 世纪 80 年代末，研究内容主要集中于竞争情报理论、企业竞争情报工作、企业竞争情报系统等方面（张素芳，张令宽，2006），逐步形成了以中国科技情报学会竞争情报分会、上海科技情报所、北京大学、南开大学、南京大学、万方咨询、赛迪数据等为代表的研究群体。大量竞争情报著作纷纷面世，呈现出欣欣向荣之势，尤以中国科技情报学会竞争情报分会牵头出版的一系列专著为代表。进入 20 世纪 90 年代以后，我国又完成了大批竞争情报相关课题，如中国兵器工业情报研究所主持的"情报研究的国内外比较研究"，上海科技情报研究所主持的"上海轿车行业竞争环境监测系统"（1993 年结题），胡星光等主持的国家自然科学基金项目"企业竞争情报系统的主要模式和运行机制研究"（2001 年结题）。同时，企业竞争情报实践也如火如荼地开展，从 1995～1998 年的"北京市政府竞争情报示范工程"、2000 年"云南省企业竞争情报示范工程"、2005～2006 年"深圳市竞争情报普及工程"，到 2008 年的湖南省竞争情报社会化服务工程建设等，在相关专业协会的推动下，竞争情报理念广为传播。同时，在我国一些大中型企业如海尔集团、中国电信、宝钢集团、北京赛特等，也在引入竞争情报系统的同时，开始建立竞争情报部门或借助竞争情报咨询机构开展正式的竞争情报工作。

---

[1] 孙萍. 面向技术创新的辽宁装备制造业竞争情报系统研究. 中国新技术新产品. 2008(10 月下):63-65
[2] 沙志龙. 竞争情报在企业发展中的重要作用[J]. 现代企业,2005,(11):6-7.

　　综上所述，竞争情报的理论和实践呈快速发展趋势，其应用不断向新的领域发展，出现了国家竞争情报、政府竞争情报、高校竞争情报、医院竞争情报、体育竞争情报等。竞争情报理论在实践的推动下，不断融和经济学、管理学、军事学、系统科学、计算机科学等理论，丰富着其理论内涵、方法和技术。

　　竞争情报理论研究和实践发展到现在，出现了集成化和网络化趋势，如竞争情报与反竞争情报的整合、竞争情报与知识管理的整合、集成化竞争情报系统、技术竞争情报、网络组织竞争情报等。这些都丰富了竞争情报的研究领域。

2.2.2　竞争情报模型分析

　　在竞争情报研究过程中，国内外学者们提出了关于竞争情报流程、竞争情报内容层次、竞争对手分析以及竞争情报组织机构等方面的一些形象化的基本理论模型，这已经成为竞争情报理论的基本内容和竞争情报实践的参照基准。

　　下面把对本研究有重要参考价值的竞争情报相关模型总结评述如下：

　　1. 竞争情报层级模型

　　竞争情报的针对性极强，面向不同的受众，可以划分为不同的层次，而不同层次的竞争情报，具有不同的战略价值，面向不同的目标群体。柯克·泰森（Kirk Tyson）提出了图 2.3 所示的竞争情报层级模型——"金字塔模型" [1]。

　　如图 2.3 所示，"金字塔模型"的底部是把所有收集到的信息集合到一起而形成的数据库（包括现在常用的数据仓库），顶部是为管理者准备的简短的特别情报概要，概要报告的内容足以让决策者据此制定战略或战术决策。月度新闻简报和竞争对手概况只是竞争情报的起步阶段，是情报的"知识基础"，许多有价值的信息可以进行传播或传递。但竞争情报真正的价值，来自于金字塔的上部，专业竞争情报人员分析出这些信息所包含的对企业潜在的战略影响，并制定出相应的战略或战术对策时，竞争情报才能实现其价值。企业的成功来自于竞争情报"金字塔模型"对企业活动的适应和对信息流动的促进。

---

[1] 柯克·泰森（Kirk W. M. Tyson）著，王玉，郑逢波，张佳浩等译.竞争情报完全指南.第 2 版.
北京：中国人民大学出版社，2005：17.

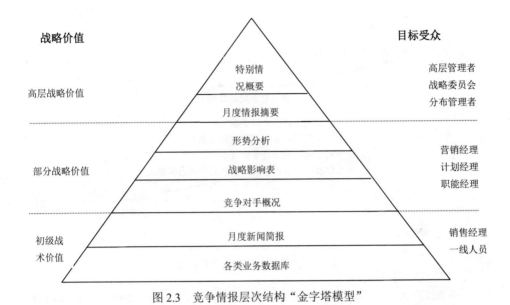

战略价值 **目标受众**

特别情况概要 — 高层管理者 战略委员会 分布管理者（高层战略价值）

月度情报摘要

形势分析 — 营销经理 计划经理 职能经理（部分战略价值）

战略影响表

竞争对手概况

月度新闻简报 — 销售经理 一线人员（初级战术价值）

各类业务数据库

图 2.3　竞争情报层次结构"金字塔模型"

资料来源：柯克·泰森（Kirk W. M. Tyson）著，王玉，郑逢波，张佳浩等译. 竞争情报完全指南. 第 2 版. 北京：中国人民大学出版社，2005：17.

2. 竞争对手分析模型

在竞争情报理论分析和实践应用中，竞争对手分析是一项重要内容[1]。1980 年，战略管理专家迈克尔·波特在其出版的《竞争战略》一书中，提出了如图 2.4 所示的竞争对手分析模型，该模型从企业现行战略、未来目标、竞争实力和自我假设四个方面分析竞争对手的为和反应模式，构成了竞争对手分析的全貌。

世界著名营销专家菲利普·科特勒（Philip Kotler）等则于 1996 年提出竞争对手分析的一个链状模型，即科特勒竞争对手分析链，其形状如图 2.5 所示。

---

[1] 包昌火，谢新洲，李艳. 竞争对手分析论纲. 情报学报，2003，22（1）：103-114.

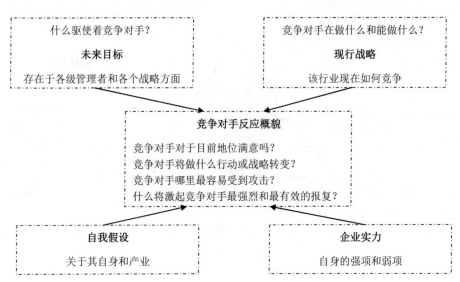

图 2.4　波特的竞争对手分析模型

资料来源：包昌火，谢新洲，李艳. 竞争对手分析论纲.情报学报，2003，22(1):103-114.

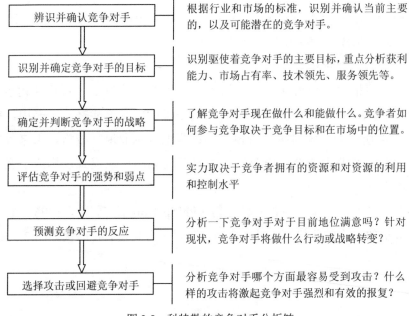

图 2.5　科特勒的竞争对手分析链

资料来源：包昌火，谢新洲，李艳. 竞争对手分析论纲.情报学报，2003，22(1): 103-114.

3. 竞争情报过程模型

竞争情报的实质是一个情报循环过程,该观点在 1988 年最早由美国竞争情报专家 Meyer 提出。1991 年拉瑞·卡哈纳（L. Kahaner）在其专著《竞争情报：怎样搜集、分析和运用情报使你的事业达到顶峰》一书中，对其作了详细的描述[1]。之后，有着军事情报背景的摩托罗拉情报主管、美国竞争情报创始人之一的简·赫灵（Jan P. Herring），将该过程描绘成了如图 2.6 所示的一个包括五个基本环节，相关环节首尾相接的闭环模型，该模型后来被称为赫灵竞争情报循环模型，并逐步成为了美国中央情报局（CIA）和美国竞争情报从业者协会（SCIP），乃至全球竞争情报专业人员从事竞争情报研究的基本程序。

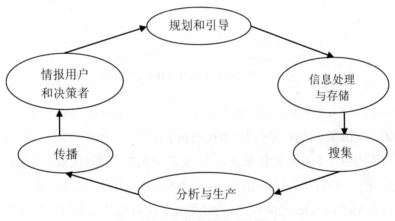

图 2.6　赫灵竞争情报循环模型

资料来源：Jan Herring, Key Intelligence Topics:A Process to Identify and Define Intelligence Needs, Conference Proceedings of 13th Annual International Conference and Exhibit of SCIP, 1998

图 2.6 所示的模型虽然是一种经典的竞争情报循环模型,但是实际上由于每个组织的工作性质与业务流程的不同，学者们对竞争情报流程的表述形式也不尽相同，所以随后出现了许多竞争情报流程的演化形式。例如，包昌火等认为，竞争情报过程就是竞争情报工作者根据情报用户的需求采集、加工、

---

[1] 对应的文字描述如下"从计划开始，进行定位，确定主要竞争对手；进行竞争情报搜集工作；进行竞争对手分析；将分析结果加以推广应用。然后再开始新一轮的竞争情报工作，周而复始，循环不已。"

分析、生产与传播竞争情报的过程，就一般情况来说，一个竞争情报过程包括以下五个步骤：规划与定向、信息收集、信息加工、情报分析和情报传播等。这几个步骤可组成图 2.7 所示的竞争情报过程模型。可以看出，包昌火提出的竞争情报过程与 Jan Herring 的竞争情报循环模型十分类似，不同之处在于，前者分得更加细致，而后者相对简略，在某种程度上可以说后者是对前者的一种简化处理。

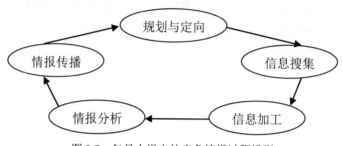

图 2.7　包昌火提出的竞争情报过程模型

资料来源：包昌火等.企业竞争情报系统[M]. 北京：华夏出版社，2001，11:3.

其实，美国军事情报领域后来也认识到了这种单向循环中存在的缺陷，并将该模型修正为图 2.8 所示的情报流程[1]，此模型抛弃了以往类似于线形或星形结构，而采用了一种网状的拓扑结构，强调了不同情报行动之间的相互联系。

John J. McGonagle（2007）认为赫灵竞争情报循环模型向管理者传达了三种缺陷：首先，它基于缺陷很大的美国政府情报模型，具有高度的官僚政治色彩；其次，在它的需求部分错误地包含了一个依赖竞争情报最终用户向竞争情报部门提供需求的过程，竞争情报部门获取那些需求后再做出反应，而这种过程实际上是为辅助战略的竞争情报设计的，因而未能支持战术层或竞争技术情报中使用的竞争情报；最后，它未能向提供和使用竞争情报的那些人提供一个可操作模型[2]。另外，Wayne A. Rosenkrans、Janes L. Hendrix、Hans Gieskes、John H. Hovis、Richard L. Pinkerton 都在赫灵循环模型的研究基础上，对竞争情报流程有

---

[1] 张晓军，任国军，张长军等. 美国军事情报理论研究. 北京：军事科学出版社，2007：67-75.
[2] John J. McGonagle. An Examination of the 'Classic' CI Model. Journal of Competitive Intelligence and Management, 2007, 4(2): 71-86.

所修缮[1]，其中 Janes L. Hendrix（1999）突出了用户需求及反馈；John H. Hovis（2000）把"建议"加入流程，以突出竞争情报的决策功能。

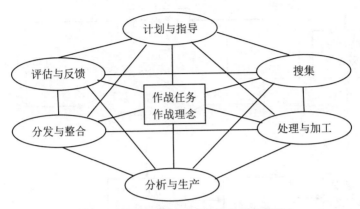

图 2.8　改进后的赫灵竞争情报循环模型

资料来源：张晓军，任国军，张长军等. 美国军事情报理论研究. 北京：军事科学出版社，2007：67-75.

除了上面的赫灵竞争情报循环模型之外，国内外的学者还对竞争情报的工作流程提出过其他一些不同的模型。如图 2.9 所示，为 Michelle Cook 和 Curtis Cook（2000）展示的竞争情报过程模型，该模型总共包括以下十个步骤[2]：

步骤 1. 决定为什么开展竞争情报。

步骤 2. 根据步骤 1 的要求提出需解决的具体问题。

步骤 3. 列出组织内外现有资源的分布，并找出差距，提高资源利用的效率。

步骤 4. 情报人员或团队开始信息搜集。

步骤 5. 信息加工。

步骤 6. 对信息的质与量、准确率、可信度等进行评估，如有差距，到 6*，再回到步骤 4；反之，则到下一步。

步骤 7. 分析数据和信息，使之成为情报。

---

[1] 陈维军. 企业竞争情报作战室设计研究[博士学位论文]. 天津：南开大学，2008.

[2] 王知津. 竞争情报. 北京：科学技术文献出版社，2005：75-76.

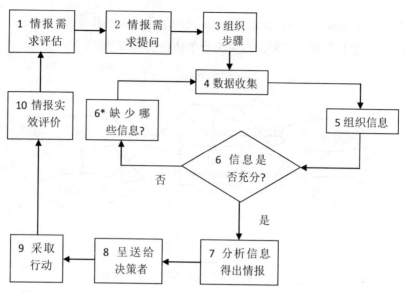

图 2.9　Michelle Cook 和 Curtis Cook（2000）提出的竞争情报过程模型

资料来源：根据王知津. 竞争情报. 北京：科学技术文献出版社，2005：75-76 改编.

步骤 8. 情报传播。

步骤 9. 情报应用。

步骤 10. 效果评估。

可以看出，虽然在组成该模型的步骤 4 到步骤 6 之间有一定的信息反馈，但是十个步骤之间总体上仍然是一种单线联系，缺少彼此之间的互动。

图 2.10 所示为 Calof（1997）和 Kahaner（1996）的"竞争情报循环"模型，他们提出了一个被称为"竞争情报轮"的多阶段过程，它由定义情报需求、规划情报项目、数据搜集、数据分析、数据评估和全部项目的扩散等组成。

图 2.10　Calof（1997）和 Kahaner（1996）的"竞争情报循环"模型

资料来源：Jan Herring, Key Intelligence Topics: A Process to Identify and Define Intelligence Needs, Conference Proceedings of 13th Annual International Conference and Exhibit of SCIP, 1998.

Kirk W. M. Tyson（2002）认为可以采用执行信息系统（Executive Information Systems，EIS）的方法，从职能、组织和系统三个角度出发，来设计竞争情报的流程模型[1]，其实笔者认为他提出的这种竞争情报流程并不是竞争情报工作开展的过程，而是一个包括组织系统、计算机系统和竞争情报任务系统的完整的竞争情报系统运作流程。

Kersi D. Antia 和 James W. Hesford（2007）认为竞争情报关注问题之一是挑战导致错误理解有关市场如何运行、竞争对手正在做什么、客户正在想什么，或者未来在哪里的盲点问题[2]。为了更好的理解竞争情报及其在组织成功中担任的角色，他们从识别竞争情报对组织绩效影响的角度调查其过程，并建立了如图 2.11 所示的框架模型结构，用来链接以下的相关要素之间的关系：

（1）企业环境和竞争战略；

（2）竞争情报过程——对竞争情报资源、竞争情报使命和竞争情报单元组织位置的管理和构建；

（3）竞争情报过程——情报分析与传播；

（4）以组织绩效表示的成果。

在我国，也有相关学者提出一些关于竞争情报流程的表示模型。例如，学者缪其浩（1996）认为企业竞争情报流程应包含图 2.12 所示的输入、输出及活动的完整顺序[3]。

从图 2.12 可以看出，企业决策层对竞争情报工作的支持与否，对竞争情报工作成效至关重要。但笔者认为，这种竞争情报工作流程，仍是一种缺乏循环机制的线性流程，不利于企业竞争情报工作的积累和可持续发展。

[1] 柯克·W·M·泰森（Kirk W. M. Tyson）著，王玉，郑逢波，张佳浩等译. 竞争情报完全指南 [M]. 第 2 版. 北京：中国人民大学出版社，2004：8-36.

[2] Kersi D. Antia, James W. Hesford. A Process-Oriented View of Competitive Intelligence and its Impact on Organizational Performance. Journal of Competitive Intelligence and Management, 2007, 4(1): 3-31.

[3] 缪其浩. 市场竞争和竞争情报. 北京：军事医学科学出版社，1996：142-143.

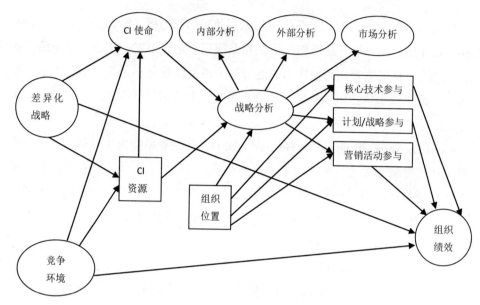

图 2.11　竞争战略对竞争情报过程的管理和结构和影响

资料来源：Kersi D. Antia, James W. Hesford. A Process-Oriented View of Competitive Intelligence and its Impact on Organizational Performance. Journal of Competitive Intelligence and Management, 2007, 4(1): 3-31.

　　樊松林等（2000）从竞争情报需求的角度，将竞争情报系统运作过程分为常规情报和特定情报的收集、加工、分析和提供机制两大类[1]。其中的常规情报主要指向决策者定期、定点提供的情报与信息；特定情报指决策者为制定一项专门的计划或策略，所需要的具有特定要求和内容的情报。

　　沈丽容（2003）诠释了竞争情报流程的五阶段工作周期模型，认为竞争情报工作的各个阶段都应紧紧围绕提高企业竞争力这一目的而展开，这五个阶段相辅相成，任一阶段的结构都将对下一阶段的工作产生影响，从而影响竞争情报工作的整体效果[2]。

[1] 樊松林，张怀涛，卢清. 竞争情报研究论. 西安：西安出版社，2000：337-339.

[2] 沈丽容. 竞争情报：中国企业生存的第四要素. 北京：北京图书馆出版社，2003：132-133.

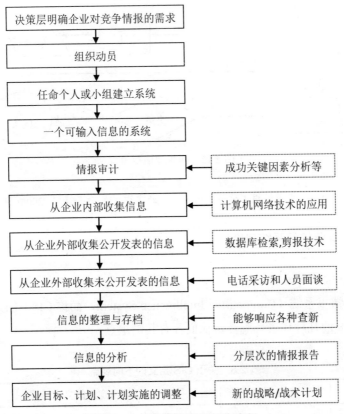

图 2.12　企业竞争情报工作流程

资料来源：缪其浩. 市场竞争和竞争情报. 北京：军事医学科学出版社，1996：142-143.

王琦（2004）提出的四步骤竞争情报流程模型，如图 2.13 所示。他认为，企业竞争情报工作的基本流程包括如下四个步骤：

一是企业内部情报审计；二是建立竞争情报小组，并确立目标；三是竞争性信息的主要来源和获得信息的技巧；四是设计竞争情报产品[1]。

---

[1] 王琦. 竞争情报工作在中国企业中的实施方案. 竞争情报，2004（试刊号）：19-25.

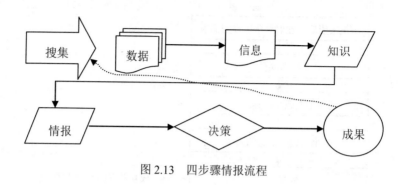

图 2.13　四步骤情报流程

资料来源：王琦. 竞争情报工作在中国企业中的实施方案.竞争情报，2004（试刊号）：19-25.

2.2.3　竞争情报系统理论

1. 竞争情报系统的定义

对竞争情报系统（Competitive Intelligence System，简称 CIS）的定义，相关文献有表 2.8 的几种代表性观点，他们各有其侧重点：

表 2.8　关于 CIS 定义的不同观点

代表观点	代表人物	给出定义的文字描述
突出竞争情报流程的系统化	约翰·E. 普赖斯科特（1997）	"一个持续演化中的正规化和非正规化的操作流程相结合的企业管理子系统，它的主要功能是为组织成员评估行业关键发展趋势、跟踪正在出现的非连续性变化、把握行业结构的演化以及分析现有和潜在竞争对手能力和动向，从而协助企业保持和发展可持续性的竞争优势。"[1]
突出以计算机信息系统为核心	刘玉照，曹君祥（1998）	"CIS 是指对反映企业内部和外部竞争环境要素或事件的状态或变化的数据或信息进行收集、存储、处理和分析，并以适当的形式将分析结果（即情报信息）发布给战略管理人员的计算机应用系统。"[2]

---

[1] 转引自包昌火，谢新洲. 企业竞争情报系统. 北京：华夏出版社，2002:1-2.
[2] 刘玉照，曹君祥.竞争情报和战略管理.情报学报，1998，17（4）：301-305.

续表

代表观点	代表人物	给出定义的文字描述
	陈峰（2002）	"所谓企业竞争情报系统，是指将反映企业自身、竞争对手和企业外部环境的事件状态和变化的数据、信息、情报进行收集、存储、处理、分析，并将分析结果发布给企业高层决策人员的信息系统。"[1]
	沈固朝（2005）	"CIS 是企业从竞争战略的高度出发，通过充分开发和利用信息资源来提高企业竞争能力的信息系统，是企业战略管理和信息系统的整体配合和有机协调。"[2]
综合考虑多种因素	包昌火（1998）	"企业竞争情报系统是以人的智力劳动为主导，信息网络为手段，增强企业竞争力为目标的人机结合的竞争战略决策支持系统。"[3]
系统论的定义	曾忠禄（2007）	他认为现的竞争情报系统的定义不完整，缺乏可操作性。根据系统论的理论，提出"竞争情报系统是为用户的需要创造情报产品的体系，它由相互联系、相互影响的功能、结构（资源）和方法（流程）组成，各构成部分有机地联系在一起，并随着外部环境的变化而动态发展"。[4]
企业的"中央情报局"的观点	谢新洲等（2001）	考虑到 CIS 是在企业竞争战略管理实践中出现的新概念，可为企业取得竞争优势提供强有力的智力支持和情报保障，因而可以把 CIS 看作是企业领导集团在经营战略和竞争决策过程中的"中央情报局"。[5]

资料来源：本研究整理

2. 竞争情报系统的组成结构

CIS 的组成可概括为"三大网络、三个系统、一个中心"，如图 2.14 所示。

[1] 陈峰. 论企业竞争情报系统的构建与运行——兼作企业竞争情报解决方案.情报理论与实践，2002，25（3）：190.
[2] 沈固朝. 两种情报观：Information 还是 Intelligence？.情报学报，2005，24（3）：259-267.
[3] 包昌火. 加强竞争情报工作，提高我国企业竞争能力.中国信息导报，1998（11）：33-36.
[4] 曾忠禄. 企业竞争情报系统再定义.图书情报工作，2007，51（11）：13.
[5] 谢新洲，包昌火，张燕.论企业竞争情报系统的建设.北京大学学报(哲学社会科学版)，2001，38（6）：55-56.

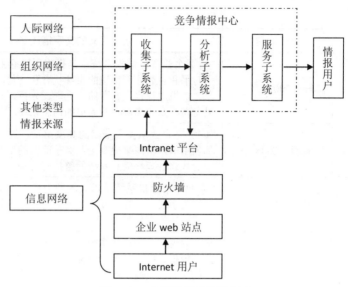

图2.14 竞争情报系统的组成

资料来源：本研究整理

　　当前 CIS 大多以内联网为平台，将企业内部的组织网络、信息网络和人际网络有机结合，从而建立起以竞争环境、竞争对手和竞争策略的信息获取和分析为目的，具有快速反应能力的一种系统架构。

　　其中，CIS 各组成部分的功能如表2.9所示。

表2.9 CIS 组成部分及其各自功能

组成部分	包含内容	主要功能
三大网络	组织网络	它是 CIS 的组织保障，信息网络要靠组织网络的结构与人员来实现。组织网络主要分为分散式、集中式、重点式、独立式四种
	信息网络	它以内联网为平台，包括竞争情报收集、分析和服务三个子系统（它们都与组织网络和人际网络相关，是 CIS 运作的核心网络）
	人际网络	完善的人际网络是搜集、分析情报的有效机制，也是提供情报服务的最好手段与途径之一
一个中心	企业竞争情报中心	它在 CIS 中处于核心地位。企业竞争情报中心专职负责竞争情报的收集、处理和服务；负责企业信息安全控制机制的运作；负责竞争情报人员的管理和培训；负责制定竞争情报的运行程序、工作制度，负责工作计划和任务的制定、实施和监管

续表

组成部分	包含内容	主要功能
三个系统	竞争情报收集子系统	根据确立的情报需求，收集、整理各种信息，并作初步筛选，同时做好文件、记录等资料的保管及定期归档工作
	竞争情报分析子系统	应用恰当的分析方法技术，深入分析竞争情报收集子系统收集的信息，生产竞争情报产品
	竞争情报服务子系统	以各种适当的方式提供竞争情报产品，及时将产品传送到用户手中，并为企业决策层提供快捷友好的浏览、查询服务和情报服务

资料来源：本研究整理

3. 竞争情报系统的功能分析

随着现代社会企业竞争情报的意识不断增强，竞争情报目前已经广泛深入到企业的战略决策层，成为企业信息化建设不可或缺的组成部分。

CIS 的基本功能是收集、录入信息，并通过一定的方式加以处理和分析，最终形成为企业战略管理层所直接使用的竞争情报分析报告。

一般来讲，一个功能完善的 CIS 应该具有五大功能：外部环境监视、内部环境分析、竞争战略的选择和制订、企业知识的共享以及企业情报的保护。

在市场竞争环境中，企业为了增加利润，围绕其经营战略目标，通过 CIS 可获取有关企业内部、竞争对手、竞争环境的信息，并加以存储、处理、分析、研究，最终的分析研究结果将对企业经营战略目标的确立与实施产生重要的调整作用。

由此可见，CIS 的价值在于充分利用国际互联网和企业外联网、企业内部网等技术，来构建企业的一个集成化管理信息系统，使得这个集成化的管理信息系统既能保留原企业的各种信息系统，又能适应国际市场大环境，以便用来建立沟通企业内部各业务部门、外部各分支机构和大市场竞争环境的整体信息化管理框架，以增强企业在市场中的综合竞争力。

2.3　技术竞争情报

2.3.1　技术竞争情报基本概念

1. 技术竞争情报的定义

关于技术竞争情报（Competitive Technical Intelligence，缩写为 CTI）的定义，国内外学者都提出了不同的见解，典型描述整理后如表 2.10 所示。

表 2.10　关于技术竞争情报定义的不同描述

学者	对 CTI 定义的描述
W.B.Ashton 和 R.A.Klavans（1997）	关于外部科技威胁、机会或发展的，可能影响企业竞争地位的商业敏感信息[1]
M.M.Coburn（1999）	将竞争对手数据转换成关于竞争对手的地位、努力程度和趋势的相关与可利用的战略技术知识的分析性过程[2]
斯蒂芬（2004）	竞争情报包括两个平行的信息轨道，一个来自于市场，另一个产生于技术；其中来自于技术数据的那部分就是技术竞争情报[3]
Savioz（2004）	通过搜集、分析和分发等手段，及时提供与组织所处环境中的技术事实和趋势相关的信息，以支持技术管理相关的决策活动[4]
李艳（2006）	能给组织竞争地位带来重大影响的外部科技威胁、机会或发展的信息，以及这些信息的获取、监控、分析、前瞻和预警过程[5]

[1] Ashton W B，Klavans R A. An Introduction to Technical Intelligence in Business//Ashton W B，Klavmls R A. Keeping abreast of science and technology：technical intelligence for business. Columbus，Ohio：Battelle Press，1997.
[2] Cobum M M. Competitive Technical Intelligence：A Guide to De sign，Analysis，and Action. NewYork：Oxford University Press，1999：10-26.
[3] 斯蒂芬著. 包昌火，谢新洲，王宇等译. 竞争情报应用战略[M]. 长春：长春出版社，2004：3-4.
[4] Savioz P 1. Technology intelligence：concept design and implementation in technology—based SME'S. New York：Palgrave Macmillan. 2004：48.
[5] 李艳，赵新力，齐中英. 技术竞争情报的现状分析. 情报学报，2006，25(2)：242-253.

续表

学者	对 CTI 定义的描述
刘细文（2008）	关注组织外部科技发展带来的机会和威胁，特别是竞争对手的技术发展态势；该项活动是一项分析性的工作，必须具有时效性，能够提供对未来科技趋势的预测；是一个完整的信息分析过程，以及由此形成的产品；它能影响竞争优势并服务于竞争战略[1]
李纲，李轶（2008）	技术竞争情报是竞争情报的一个子集，指那些来源于技术数据、经由技术背景的情报人员搜集、整理、分析得出的竞争情报[2]
周贺来（2009）	组织为获取技术竞争优势，对有关外部技术机会、面临技术威胁、以及未来技术发展等技术信息，进行全面收集、认真整理、综合分析，由此形成有关技术本身、技术环境、竞争对手、竞争战略的一种分析产品，以及据此组织实施技术战略管理的过程[3]

资料来源：本研究整理

综之，CTI 既是一种产品，也是一个过程。所谓产品，就是说 CTI 是指来自于企业外部的科技信息、知识以及经过分析得到增值的情报产品。所谓过程，是指企业技术需求驱动下的规范、系统、合乎道德的信息搜集、分析和扩散过程，如技术监视、技术扫描、技术跟踪、技术预警等活动都属于 CTI 的范畴。

2. 与 CTI 相关的其他术语

与技术竞争情报相近，还有其他几个术语，表 2.11 对它们进行了辨析。

表 2.11　与 CTI 相关其他术语的含义辨析

名称	含义
科学技术信息	science and technology information，指正式公开出版的科技文献
科学技术情报	scientific and technological intelligence，是指从科学技术文献中经过分析研究后，综合提炼出的结果，是包含了情报研究的智慧结晶
科学竞争情报	scientific competitive intelligence，指有关企业研发活动的技术情报，包括了对竞争对手研究开发活动和产品设计与生产的技术竞争，以及与企业发展有关的科学研究活动的监测，是技术竞争情报的一部分[4]

[1] 刘细文. 技术竞争情报的演化与发展. 图书情报工作，2008(10):6-9，其中的文字略有删减。

[2] 李纲，李轶. 互联网行业的 CTI 流程研究. 图书情报工作，2008(10):14-16,61.

[3] 周贺来. 论技术竞争情报在技术预见活动中的应用[J]. 情报理论与实践，2009(11):61-64.

[4] Krol T F，Coleman J C，Bryant P J. Scientific competitive intelligence in R&D decision making. Drug Information Journal，1996(30): 243-255.

名称	含义
技术情报	technology intelligence，是与市场情报、商业情报相对应的概念，是服务企业技术研发活动的情报工作，更多强调研发的作用与功能[1]

资料来源：本研究整理

3. 技术竞争情报的作用

关于 CTI 的作用，不同的学者都作过相关分析。例如，李纲，李轶（2008）认为 CTI 的作用体现在外部技术监测、研发管理支持、战略规划支持三个方面[2]。

孙琳，邵波（2008）认为 CTI 的作用包括五个方面，分别是：制定商业和技术决策、获取技术渠道、设置研发优先权、确定投资方向和生产产品。其中前两个方面作为企业关注的焦点，主要依赖于对竞争对手的研发活动以及技术变革的监测。后三个方面则强调将决策付诸于实践，改进本企业的产品并进行创新。除此之外，企业的市场营销、客户服务、成本预算和法律维权等活动也都得益于 CTI 活动的展开[3]。

连朝曦，邵波（2008）认为，CTI 在企业中将发挥了以下作用：第一，改善规划设想；第二，避免由于科技方面带来的利益损失；第三，提高研发组合管理及优化项目和产品次序；第四，为更好的战术和战略决策提供依据；第五，以最佳方式获取新技术（例如在内部研发、外部联盟与技术购买之间选择）；第六，改进研发项目的选择与评价（如决定某产品研发是否能立项，某项目遇到难题时是否继续，技术联盟是否终止等）；第七，更好地了解自身的优势和劣势；第八，警惕来自不法竞争者对专有技术的威胁等[4]。

周贺来（2009）在总结了上述学者的观点后，认为 CTI 的作用体现在以下方面：第一，帮助企业作好技术定位，为企业技术战略决策提供支持；第二，监测

---

[1] Cobum M M．Competitive Technical Intelligence：A Guide to De sign，Analysis，and Action．NewYork：Oxford University Press，1999：10-26.

[2] 李纲，李轶．互联网行业的 CTI 流程研究．图书情报工作，2008(10):14-16,61.

[3] 孙琳，邵波．企业技术竞争情报流程分析．情报杂志，2008(05)：101-104.

[4] 连朝曦，邵波．技术竞争情报及其在医药企业中的应用[J]．内蒙古科技与经济，2008(13): 64-67.

外部环境中的科技变化，为企业提供技术预警信息；第三，根据研发管理的需求，确定研发项目组合，并优化产品开发次序；第四，帮助企业以最佳方式获取最新技术；第五，改进技术研发项目的评价方法；第六，支持其他管理职能活动，如市场营销、业务拓展、客户服务、成本预算、知识产权等[1]。

4. 技术竞争情报的流程

W. Bradford Ashton, Richard A. Klavans（1997）认为：CTI 是针对特定的目标对象而展开的技术情报活动，其整体流程包括六个阶段，如图 2.15 所示。

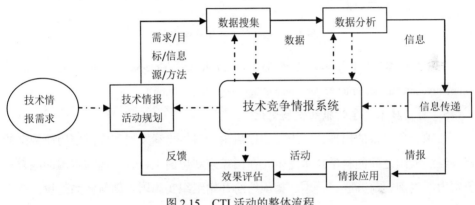

图 2.15　CTI 活动的整体流程

资料来源：根据如下文献翻译整理。W. Bradford Ashton, Richard A. Klavans.Keeping Abreast of Science and Technology: technicalintelligence for business. Battelle Press，1997：13.

图 2.16 所示，是从具体的工作活动来分析的 CTI 业务流程图。该图形可以这样来理解：首先，相关部门发觉技术情报需求，并以关键情报课题的方式提交给 CTI 团队；然后，CTI 团队会根据各种不同情报需求，去收集、整理有关的技术情报（具体包括技术环境情报、竞争对手情报、技术策略情报等）；最后，CTI 团队处理和分析技术情报，并提供相关报告，供相关部门进行决策参考[2]。

[1] 周贺来. 论技术竞争情报在技术预见活动中的应用[J].情报理论与实践，2009(11):61-64.

[2] THOMAL F. KROL., Coleman J C, Bryant P J. Scientific competitive intelligence in R&D decision making. Drug Information Journal，1996(30)：243-255.

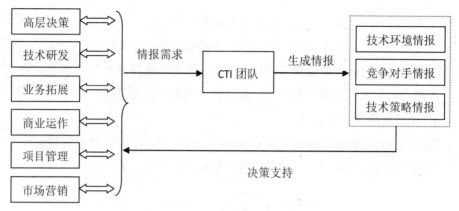

图 2.16　CTI 的业务工作流程图

资料来源: 根据如下文献翻译整理。THOMAL F. KROL., Coleman J C, Bryant P J. Scientific competitive intelligence in R&D decision making. Drug Information Journal，1996（30）: 243-255.

5. 当前技术竞争情报的发展变化

技术竞争情报的出现，始于二战以后由于科技迅猛发展和广泛应用而带来的相关经济大国之间的科学技术竞争。在国家宏观层面上，为了提高本国的综合竞争实力，美国、前苏联、日本、德国纷纷开始组织实施国家创新体系建设。在企业微观层面上，各类企业尤其是大型跨国公司，也纷纷加大技术资源的投入，大力研发新产品、改进新流程，淘汰落后的生产工艺。在这种国家宏观推动和企业微观需求双重力量的影响下，各国纷纷开展技术情报工作，并取得了卓越的成就。例如，前苏联依靠强有力的科技情报体系，成功地在美国之前发射了第一颗人造卫星；日本则依靠严密的情报工作实现了经济腾飞[1]。

当前，技术竞争情报工作已经从传统的科技信息服务演进到技术竞争战略管理上来。这主要体现在以下三个方面：第一，研究内涵的变化。CTI 的服务内涵已经开始包括与技术研发和产品设计有关的科学研究[2]。例如，一些"领导型"企业开始从事原创性的科学技术研究，这样其实已经开始将技术竞争的着眼点前

---

[1] 刘细文.技术竞争情报的演化与发展. 图书情报工作，2008(10):6-9.

[2] Ashton W B，Klavans R A. An Introduction to Technical Intelligence in Business//Ashton W B，Klavmls R A. Keeping abreast of science and technology: technical intelligence for business. Columbus，Ohio: Battelle Press，1997.

置，可以在当前动态变化的激烈竞争环境中占领市场先机。第二，服务形式的变化。当前的 CTI 服务内容已经与企业战略决策密不可分，已经参与了企业重大决策活动的各个阶段，它能通过有效的技术方法和工具为决策提供智能化服务。第三，应用范围的变化。CTI 已经开始渗透到与企业技术管理相关的很多活动中，特别是它已经成功应用到技术创新战略管理的各个过程中，形成了利用技术竞争情报获取核心技术、共享关键知识、实现知识在组织间成功转移、利用知识促成技术创新、提高企业竞争优势的技术竞争情报良性循环[1]。

2.3.2 技术竞争情报的理论研究

美国、日本、德国等情报事业比较发达的国家，对于 CTI 的研究开展的较早，他们已经从不同角度，不同层次对 CTI 的基础理论和实践应用展开分析，并取得了一定的丰硕成果。例如，W. B. Ashton、T. F. Krol、Coburn、D. W. McDanald、P. Savioz 等人的早期研究，已经构筑了 CTI 的基本理论体系（包括 CTI 的定义、目的、过程、作用、基本活动，以及技术竞争情报系统的结构、功能模块、设计步骤和实现过程等）。C.I.V.Kerr（2006 年）等人构建了一个由框架层、系统层和过程层构成的技术情报概念模型[2]。

近些年来，在我国情报学领域，已经开始有许多学者进行技术竞争情报理论的研究，例如：北京城市学院竞争情报研究所的李艳，云南科技情报所的彭靖里，中国科学院文献情报中心的刘细文，南京大学信息资源管理系的沈固朝，武汉大学信息管理学院的李刚，北京大学中国竞争情报与竞争力研究中心的谢新洲，中国科学技术信息研究所的陈峰，中国国际科技交流中心的赵新力，中国人民大学信息资源管理学院的卢晓宾等。其中，李艳在该领域中涉足较早，2006 年她通过对国外文献的调研分析，撰写了关于 CTI 的一个专门论文[3]，对国内外技术竞争情报的理论和实践做一个比较全面的梳理。后来，李艳（2008）又在文献调查的

[1] Apri K 1，Bessa J .A Critique of the Strategic Competitive Intelligence：Process within a Global Energy Multinational. Problems and Perspectives in Management，2006，4(2)：86-99.
[2] Kerr CIV，Mortara L，Phaal R，et a1. A conceptual model for technology intelligence. Technology Intelligence and Planning，2006，2(1)：73-93.
[3] 李艳，赵新力，齐中英. 技术竞争情报的现状分析. 情报学报，2006，25(2)：242-253.

基础上，对我国技术竞争情报的历史进行了简要回顾[1]。

目前我国学者关于 CTI 的理论研究，除了 CTI 基本概念的研究之外，主要集中于 CTI 信息源研究、CTI 过程研究以及 CTI 的组织管理研究三个方面。

1. CTI 信息源的研究

在 CTI 信息源的研究方面，各种科技文献资源（例如科技期刊、技术专利、技术标准、会议论文、学位论文、科研成果等）中都蕴涵着众多有价值的 CTI 信息，国内学者对这些传统技术信息源的研究已经比较深入。但是，对于工程技术数据库、专业技术网站、技术相关博客、技术网络论坛等这类信息源，国内的研究还很少，将高等院校、专业技术实验室、相关行业和贸易协会、各类会展、领先客户、供应链上的上下游企业作为 CTI 信息源来研究的更少。

2. CTI 过程的研究

在 CTI 过程的研究方面，当前我国学者的研究重点放到了对于技术信息所进行的信息获取、技术监测、信息分析、技术预测和技术预见几个方面。

（1）信息获取方面。汪雪锋，朱东华，胡望斌（2006）分析了国内企业获取 CTI 可以采用的一些主要措施和手段：第一，培养本企业在本行业的人脉关系，利用人际网络获取技术情报；第二，加入行业协会、学会或者联盟团体，以便了解同行企业的相关技术发展状况；第三，聘请资深专家担任技术顾问，并加强与科研院所的合作关系，以便获得本行业的先进技术信息；第四，依靠咨询公司为自身定做技术竞争报告；第五，积极进行相关技术情报文献检索，或者自己建立专业的技术领域数据库，跟踪行业的技术发展动向；第六，要学会通过使用互联网来自动获取技术信息[2]。在通过互联网自动获取技术信息方面，马静，倪辉峰（2007）研究了采用基于模式匹配的自动 Web 信息抽取技术，这可被用于跟踪分析竞争对手的新产品发展动向和技术特点[3]。

（2）技术监测方面。北京理工大学的朱东华教授做出了很大贡献，属于该领

---

[1] 李艳. 我国技术竞争情报的理论与实践研究. 图书情报工作，2008(10):10-13.

[2] 汪雪锋，朱东华，胡望斌. 促进技术监测在政府科研管理中的应用——纳米技术监测应用研究. 科研管理，2006(3)：123-127，134.

[3] 马静，倪辉峰. 基于模式匹配抽取技术的网上产品情报获取. 情报理论与实践，2007(2)：228-231.

域的国际权威。作为美国乔治亚理工学院技术政策与评估中心的资深研究员，他曾经与 Alan Potter 教授合作，于 2000 年主持开展了一个题目为"基于智能化知识采掘的高新技术监测分析技术研究"的科研课题，该课题由国家自然科学基金资助。这项课题的研究，在国内开创了 CTI 中技术监测专门领域研究的先河[1]。之后，他和他的研究团队一直对该领域跟踪研究，发表了一系列的研究成果（包括技术监测的概念[2]、对象[3]和过程[4]），并把其应用于纳米技术监测等领域[5]。在技术信息分析方面，李艳（2006）将 CTI 的分析方法划分为信息计量类方法（包括科学计量学、文献计量学、文本挖掘和内容分析等）、技术图表方法（包括技术路线图、技术描绘、技术生命周期、技术 s 曲线等）、创造性思维方法（包括情景分析法、头脑风暴法和六顶思考帽等）三种类型[6]。另外，专利作为技术信息最有效的载体，我国很多学者对其在 CTI 中的应用进行了分析，并出现了一系列的专著、学术论文和学位论文。例如，国家知识产权局陈燕等编著的《专利信息采集与分析》一书，对专利的定性分析、定量分析、指标分析、图表分析、软件分析方法等作了详尽的阐述[7]。郭婕婷（2008）等人提出了一个包含点、线、面、体四个层次的全面性的专利分析方法体系[8]。张帆，肖国华，张娴（2008）研究了专利地图的应用，包括专利管理地图、专利技术地图和专利权利地图三种类型[9]。在技术分析的具体领域应用方面，柯贤能在其学位论文中，系统地构建了基于企业技术创新过程的 CTI 分析方法框架[10]。

[1] 转引自彭靖里，李建平，杨斯迈. 国内外技术竞争情报的研究与应用现状及其趋势. 情报理论与实践，2008(2)：312-316，302.

[2] 董菲，朱东华，任智军，等. 基于专利地图的专利分析方法及其实证研究. 情报学报，2007(3)：422-429.

[3] 刘志强，朱东华，靳霞. 企业专利战略与技术监测理论研究. 情报杂志，2006(7)：65-57，70.

[4] 朱东华. 论技术监测的对象. 科研管理，2006(1)：23-28.

[5] 潘祺. 技术监测在科研管理中的应用——纳米技术监测. 科学学研究，2006(1)：82-86.

[6] 李艳. 我国技术竞争情报的理论与实践研究. 图书情报工作，2008(10)：10-13.

[7] 陈燕，黄迎燕，方建国等. 专利信息采集与分析. 北京：清华大学出版社，2006.

[8] 郭婕婷，肖国华. 专利分析方法研究. 情报杂志，2008(1)：12-14,11.

[9] 张帆，肖国华，张娴. 专利地图典型应用研究. 科技管理研究，2008(2)：190-193.

[10] 柯贤能. 基于创新过程的技术竞争情报分析方法框架构建[学位论文]. 北京：中国科学院文献情报中心，2007.

（3）技术预见方面。在基础理论方面，我国对于技术预见的研究起步较晚，开始更多的是注重实践应用，不过大多面向的是国家层面的宏观研究，目前国内有关行业层次、企业层次、产品层次的技术预见研究还较少。李艳（2008）认为：开展技术预见的主体并不一定必须是科技界和政府部门的专家，市场需求对技术的拉动作用，使得产业界在未来技术的应用推广和产业化方面发挥了巨大的推动作用。为此，可以把技术预见看作是是 CTI 过程的一部分[1]。同时，近几年已经开始有相关机构对技术预见进行系统的理论分析。例如，中国科学院科技政策与管理科学研究所，作为专门的研究机构，在过去的几年里，依托知识创新工程方向性项目"中国未来 20 年技术预见研究"，开展了技术预见方面的很多研究，详细分析了我国信息、通信与电子，能源，材料科学与技术、生物技术与药物等技术领域的研发前沿和热点，展望了各个领域（包括各个子领域）的发展趋势和前景，并对中国未来20 年各个领域最重要的技术课题进行了详细的述评。另外，很多科技政策、技术管理、情报分析等方面的专家、学者近年来也都开始涉足技术预见的理论研究[2]。例如，浦根祥等（2002）将技术预见概括为"整体化预测、系统化选择和最优化配置"[3]。崔志明等（2003）对技术预见的主体、基本原则及活动类型进行了研究 [4]。李万（2007）认为，技术预见作为一种日臻完善的科技战略管理工具，可以为自主创新提供战略导航[5]。叶继涛（2007）对技术预见与专利地图进行了关联分析，对构建技术预见专利地图法进行了可能性分析[6]。作为理论研究的产物，目前在我国技术预见方面的著作也越来越多，如李健民主编的《全球技术预见大趋势》（上海科学技术出版社，2002 年 10 月）、杨耀武编写的《技术预见学概要》（上海科学技术出版社，2006 年 12 月）、孙成权等编著的《战略情报研究与技术预见》（上海科学技术出

[1]　李艳. 我国技术竞争情报的理论与实践研究. 图书情报工作，2008(10):10-13.
[2]　周贺来. 论技术竞争情报在技术预见活动中的应用[J]. 情报理论与实践，2009(11):61-64.
[3]　浦根祥，孙中峰，万劲波. 技术预见的定义及其与技术预测的关系[J]. 科技导报，2002(7): 15-17.
[4]　崔志明，万劲波，孙中峰，浦根祥. 技术预见的主体、基本原则及活动类型[J]. 科研管理，2003(6):32-35.
[5]　李万. 技术预见：自主创新的战略导航系统[J]. 科学学研究，2007(6):2-5.
[6]　叶继涛. 技术预见与专利地图关联研究[J]. 科技与经济，2007(6):3-6.

版社，2008 年 10 月）；特别是中国科学院科技政策与管理科学研究所，根据中国科学院知识创新工程方向性项目"中国未来 20 年技术预见研究"的研究成果，已经出版了一系列技术预见方面的权威著作，如《技术预见报告（2005）》《中国技术前瞻报告（2006-2007）》《技术预见报告（2008）》《中国未来 20 年技术预见》等。我国著名技术创新管理专家，浙江大学陈劲教授在其国家"十一五"规划教材——《技术管理》（科学出版社，2008 年 12 月）中，专门设置了一章（第 5 章）介绍技术预见的知识[1]。另外，有三篇博士学位论文还对技术预见进行了较系统的研究。其中：陈峰（2006）探讨了技术预见与竞争情报有效整合的可能性[2]；刘兰（2007）提出了基于文本挖掘和技术路线图的技术预见方法[3]；郭卫东（2007）系统梳理了技术预见的理论和方法[4]。

（4）组织管理方面。相对于国外而言，我国建立有正式 CTI 系统的企业很少，所以在如何建立、组织和管理企业 CTI 系统方面的研究文献很少。仅有的几篇相关论文，也多是对国外该研究主题的相关内容介绍，例如，王鑫鑫、张志清、王静（2007）简单介绍了面向技术创新的技术情报系统的概念、基本模型，然后介绍了国外三个不同规模的企业技术情报系统[5]（包括戴姆勒—奔驰企业的大型技术情报系统、斯超曼企业的中型技术情报系统、泽普陀森斯企业的小型技术情报系统）的应用实例（其实这些实例也是来自于我国学者翻译国外的一本技术创新管理的图书）[6]，侯普育、杨生斌、胡华军（2007）通过两家企业技术创新流

---

[1] 周贺来.论技术竞争情报在技术预见活动中的应用[J].情报理论与实践，2009(11)：61-64.

[2] 陈峰. 国外技术预见项目过程与方法的竞争情报学透视及思考[博士学位论文]. 北京：中国科学院科技政策与管理科学研究所，2006.

[3] 刘兰. 基于文本挖掘和技术路线图的技术预见方法研究[博士学位论文]. 北京：中国科学技术信息研究所，2007.

[4] 郭卫东. 技术预见理论方法及关键技术创新模式研究[博士学位论文]. 北京：北京邮电大学，2007.

[5] 王鑫鑫，张志清，王静. 面向企业战略与创新决策的技术情报系统. 情报资料工作，2007(2)：36-39.

[6] 这里指的是由欧洲技术与创新管理研究院编著. 陈劲，方琴翻译的《企业战略与技术创新决策—创造商业价值的战略和能力》一书，该书由知识产权出版社在 2005 年出版。上面的实例在本书的第 215～221 页。

程的实际调研分析，提出了两种不同的技术情报管理流程 [1]。

李艳（2008）展望了我国未来 CTI 领域可关注的研究趋势：信息源研究的重点将源转向一手信息源；研究重点逐步转变为对 CTI 工作模式和运行机制的研究；与其他相关技术管理领域的交叉研究将会趋于活跃；技术竞争情报的研究主体将趋于多元化。她还认为企业自主创新主体地位的确立，会使得越来越多的企业发现 CTI 的价值，为此 CTI 的实践将会得到大力发展[2]。根据市场应用调查显示，CTI 的发展将呈现以下趋势：一是组织机构趋向于多样化；二是 CTI 流程更趋向于智能化和人性化；三是 CTI 应用趋向于多样化[3]。

纵观目前我国在技术竞争情报方面的理论研究成果，综述性的论述居多，探索性和应用性研究偏少。前期的技术竞争情报研究，较多地局限于国内外的技术竞争情报研究发展现状的分析，相关研究的综述，以及国外技术竞争情报理论的引进和介绍等。

而在我国当前情况下，最现实的需要是开展技术竞争情报实践研究，并及时总结实践经验，然后进行更深层次的技术竞争情报理论创新。

值得一提的是，技术竞争情报的重要性目前已经得到了我国科技情报界的高度重视。例如，北京大学和北京市科学技术研究院于 2008 年 10 月 16 日～18 日在北京举办了我国技术情报方面的一个高规格会议——"技术创新与技术竞争情报国际论坛（2008）" [4]。本次论坛得到了国际及国内业内人士的大力支持，邀请了国内外著名技术创新和技术管理专家、竞争情报研究专家、行业竞争情报服务专家等参加论坛，并做了主题报告。会议的承办单位有北京大学中国竞争情报和竞争力研究中心、北京市科学技术情报研究所和北京科技经济信息联合中心；协办单位包括北京科学研究中心、北京决策咨询中心、首都科技与社会发展研究中心、武汉大学信息管理学院、北京科学技术情报学会、北京科技

[1] 侯普育，杨生斌，胡华军. 基于根本性技术创新的企业技术情报流程管理研究. 情报杂志，2007(9)：74-76.

[2] 李艳. 我国技术竞争情报的理论与实践研究. 图书情报工作,2008(10):10-13.

[3] 王鑫鑫，张志清，王静. 面向企业战略与创新决策的技术情报系统[J]. 情报资料工作，2007(2): 36 – 39.

[4] 资料来源，会议专门网站：http://www.bjstinfo.com.cn/iticti08/index.htm，该网站上有这次论坛的详细内容介绍。

政策研究会以及北京国际科技服务中心；赞助单位包括清华同方、IBM 公司以及万方数据。本次"技术创新与竞争情报国际论坛"将技术创新和技术竞争情报相互关联，探讨技术创新的政策措施和管理方法；讨论国民经济、产业发展、企业发展的技术创新需求，进一步认识自主技术创新对国民经济发展的核心推动作用；讨论在我国产业、企业中建立技术竞争情报系统的现实意义；讨论技术竞争情报和技术竞争情报系统在技术创新政策制定、实施，在国家、产业和企业创新能力建设中的地位和作用；讨论建立企业、行业技术竞争情报系统的方法与措施；另外，结合国际技术竞争情报的发展，本论坛还重点讨论了技术竞争情报的理论、技术、方法与应用，讨论了技术竞争情报工作中所面临的各类问题，展示了技术竞争情报在我国的实践，积极推动了我国产业、行业、企业建立技术竞争情报系统的进程。

同时，相关专业期刊也开始大量登载这方面的理论文章，目前各类期刊上，以"技术竞争情报"作为标题中关键字的文章已经有 20 余篇；《图书情报工作》2008 年第 10 期，还专门由北京大学新闻传播学院谢新洲教授与中国科学院国家科学图书馆刘细文研究员，组织了一个包括四篇文章的 CTI 专题——《繁荣技术竞争情报研究，服务科技创新》，这些文章分别从理论起源、研究现状、创新性理论探索和行业应用等方面，对技术竞争情报的理论和实践加以呈现，为后续研究起到了抛砖引玉的作用。另外，《图书情报工作》2009 年第 24 期，由中国科学院国家科学图书馆刘细文研究员，又组织了一个包括四篇文章的 CTI 专题。同时，其他情报学方面的期刊，也纷纷开始刊登有关 CTI 的相关文章。

2.3.3　技术竞争情报实践的评价

国外在加强 CTI 基础理论研究的同时，也加强了对 CTI 在企业应用中的实证研究。例如，K.Brockhoff（1991）研究了德国企业在利用 CTI 分析竞争对手技术方面的应用实践[1]。P.M.Norling（2000）等人分别研究了 CTI 工作在跨国公司中

---

[1] Brockhoff K. competitor technology intelligence in Geman companies. Industrial Marketing Management，1991，20(2)：91-98.

的发展历程，并探讨了 CTI 在创新过程中的应用[1]。Eckhard Lichtenthaler（2004）对 CTI 方法进行了分类，并通过对欧美 25 个企业的研究（分布于制药、远程通讯设备、汽车、机械等行业），分析了各种方法的应用频率[2]。Lichtenthaler（2005）识别了在跨国公司中选择 CTI 方法的影响因素[3]。Y．Sugasawa（2006）等人通过对日本电子行业的案例研究，提出了与 CTI 有关的系列概念和过程，并验证了 CTI 在构建新的价值链、进而取得竞争优势中扮演的角色[4]。

在我国 CTI 实践活动的开展方面，相关研究还十分薄弱，缺乏在应用方面的实证研究，特别是缺乏 CTI 对技术分析和对技术战略制定影响方面的相关研究。不过，最近一个时期，我国已经有学者开展 CTI 在行业技术创新中应用的实践研究。例如，王瑶（2006）以产品技术为例，介绍了产品技术链发展过程中各阶段的技术信息特点，分析了跟踪特定技术信息源、搜集技术情报数据的方法；并介绍了几种在 CTI 工作中相对专用的信息分析方法[5]。

张磊（2006）剖析了技术竞争情报对我军后勤建设的重要作用，探讨了技术竞争情报在我军后勤科技和后勤装备建设中的应用[6]。

刘细文、柯贤能（2008 年）选择了中国电信行业的 14 家企业（所选企业覆盖了电信行业的整个产业链），进行了技术竞争情报的实证调研[7]。

李纲、李铁（2008）针对技术竞争情报在互联网行业应用的具体问题，提出一个基于 CTI 工作的传统模型——赫林模型之上的互联网行业 CTI 流程进化模

[1] Norling P M，Herring J P，Rosenkrans A，et a1．Putting competitive technology intelligence to work．Research Technology Management．2005(8-9)：23-28．

[2] Eckhard Lichtenthaler. Technological change and the technology intelligence process: A case study. Journal of Engineering and Technology Management,2004(21): 331-348.

[3] Lichtenthaler E．The choice of technology intelligence methods in multinationals：Towards a contingency approach. International Journal 0f Technology Management，2005，32(3): 388-407.

[4] Sugasawa Y，Takahashi F. Desirable technology intelligence with a new value chair-focus 0n the Japanese electronic industry．International Joural 0f Technology Intelligence and Planning，2006，2(4)：344-359.

[5] 王瑶. 论企业技术竞争情报的开展——以产品技术为例. 图书情报工作，2006（12）：66-70.

[6] 张磊. 军事后勤领域中技术竞争情报的应用研究. 情报学报，2006(S1)：231-233.

[7] 刘细文，柯贤能. 技术竞争情报在中国电信行业技术创新中的应用研究. 图书情报工作，2008(10): 17-21.

型，为互联网行业环境下 CTI 工作流程的问题提供一个可行的解决思路[1]。

连朝曦、邵波（2008）选择了医药行业进行 CTI 应用的研究，针对 CTI 是为了企业保持竞争优势的需要出发，研究了 CTI 在医药企业的各个部门中的具体应用（包括新药研发、商业运作、高层管理、投资管理、市场销售、产权管理等），并讨论了技术竞争情报工作的关键性因素等内容[2]。

孙涛涛、金碧辉（2008）以美国专利商标局（USPTO）1995～2004 年的专利数据为基础，利用关键词检索与专利引文检索相结合的方法来构建 DVD 激光头相关主题的专利数据集，利用专利文献耦合和专利引证关系的文献计量学方法，挖掘了 DVD 激光头技术中的关键技术，以此来获取企业技术竞争情报[3]。

总之，技术竞争情报作为一个特定概念，目前已经逐步被国内外专家、学者以及企业界人事所接纳。在今后我国关于 CTI 的研究中，CTI 的实践研究和理论研究必须紧密结合，而不能偏废其中的某一方。

CTI 的发展动力来自于强调发展技术竞争优势的企业需求。这些特别重视 CTI 应用的企业包括两大类型：占大多数的一类企业是处于技术发展相对迅速的行业中，其产品更加强调技术差异性，新产品的投入比率较高，市场投放时间对产品的盈亏关系重大；另一类型的企业则趋向于研发密集型，其产品成本主要取决于产品本身的技术含量[4]。

今后，国内相关学界还应进一步探索 CTI 系统的建设方法，CTI 服务体系的构建原则，以及 CTI 部门的组织模式及绩效评价等方面的相关研究。

2.4 相关研究的贡献与不足

通过以上对相关理论与应用的内容回顾与知识梳理，可以得到如下的结论：

[1] 李纲，李轶. 互联网行业的 CTI 流程研究. 图书情报工作，2008(10)：14-16，61.
[2] 连朝曦，邵波. 技术竞争情报及其在医药企业中的应用[J]. 内蒙古科技与经济，2008(13)：64-67.
[3] 孙涛涛，金碧辉. 关键技术挖掘与企业技术竞争情报——以 DVD 激光头技术为例. 图书情报工作，2008(05)：129-132.
[4] 孙琳，邵波. 企业技术竞争情报流程分析. 情报杂志，2008(05)：101-104.

第一，关于企业技术创新方面。作为一种重要的企业战略分析内容，目前技术创新战略已经渗透到企业管理的多个方面，相关的理论研究、模式分析、评价方法、实施策略都有了比较成熟、定性的研究结果，这为本文的研究提供了坚实的理论基础；但是，企业技术创新对于信息和情报的依赖作用，虽然得到很多企业的重视，也有学者在这方面进行了一定的研究，但是总体来看，研究的内容不够深入，研究的群体不够稳定，在企业技术创新和情报学方面的专业杂志期刊中，这类文章目前还非常匮乏。企业技术创新对于信息情报依赖作用缺乏系统、深度的理论研究，这一方面为本研究设置了一定的障碍，另一方面也为本文的研究提供了广阔的研究空间，特别是为 CTI 在企业技术创新战略与管理中的研究开拓了一个崭新的领域。

第二，关于技术竞争情报方面。竞争情报工作在我国已经开展近 20 年，但人们对"技术竞争情报"这一词汇还比较陌生，这说明 CTI 这一术语尚未被国内学界所广泛使用，更多的研究人员采用的是 CTI 的下位或相近概念，如科技情报、专利情报、技术预见和技术监测等，并且很多研究也是集中在国家、区域等宏观和中观研究方面，而以企业为研究主体的微观研究很少。

另外，从前面关于技术竞争情报的研究现状综合分析来看，我国 CTI 的研究中有待深入探讨的主题还有很多，这为本研究的必要性和可行性提供了可能。根据李艳（2008）对我国 CTI 研究趋势的展望，CTI 与很多相关领域有交叉，今后技术竞争情报与相关领域（例如技术创新、技术战略、专利战略、知识产权战略、技术转移、战略联盟、反技术壁垒）的交叉研究将逐步趋于活跃[1]。

笔者在本书选定"技术竞争情报"主题后，正是由于看到了上述趋势分析，再加上聆听了我国一位企业技术创新领域著名专家——浙江大学陈劲教授关于"开放式技术创新"的一个报告[2]后，依然决定将二者结合起来，作为本人博士学位论文选题。另外，北京大学和北京市科学技术研究院于 2008 年 10 月 16 日至

---

[1] 李艳. 我国技术竞争情报的理论与实践研究. 图书情报工作，2008(10)：10-13.
[2] 这个报告是指 2007 年下学期，由时任南开大学商学院副院长（目前为南开大学商学院院长）、企业创新管理研究中心主任张玉利教授，邀请浙江大学公共管理学院副院长陈劲教授到南开大学商学院所作的一个关于企业技术创新的专场报告。

18 日在北京举办的我国技术竞争情报方面的一个高规格会议——"技术创新与技术竞争情报国际论坛（2008）"，为我决定将本研究内容作为我的博士学位论文起到了"定心丸"的重要作用。因为本会议的研究主题就是将技术创新和技术竞争情报相互关联起来进行研究，探讨技术创新的政策措施和管理方法[1]，这使我看到已经有许多人开始认识到本研究的重要意义，我个人判断：相关杂志期刊将很快会对这方面的研究文章进行大量的刊载[2]。

第三，关于竞争情报系统方面。国内外的应用系统已经不少（虽然部分系统并没有体现出完整情报循环中各流程阶段的支持作用），这为本文进行面向技术创新的竞争情报服务体系的研究提供了一定的基础。但是，技术竞争情报与一般的市场竞争情报有所不同，这就要求技术竞争情报服务体系的分析和设计不能完全套用一般竞争情报系统的结构和功能，必须要有自己的特色所在；另外，对于我国数量很多的中小型民营企业和不断出现的高科技技术创新企业，如何帮助它们在技术创新战略管理中去规划、设计和应用竞争情报，也是一个难题，这也是本文作者未来研究的一个主要方向。

---

[1] 虽然这次会议上专家们专门关于二者关系的内容研究报告不多，但是也已经可以看出本研究领域得到了许多研究人员的关注，包括科技情报界的研究人员、竞争情报领域的高校教师，以及企业技术创新领域的相关专家、学者。之后，该会议的主办方还将收集到的相关论文以论文集的形式，于 2009 年 8 月在北京大学出版社专门出版《技术创新与技术竞争情报》一书（正文为全英文版）。

[2] 《图书情报工作》杂志在 2008 年第 10 期和 2009 年第 24 期，由北京大学谢新洲教授、国家社科图书管刘细文研究员分别组织了两次有关"技术竞争情报"的专题，每次 4 篇，共 8 篇文章，初步印证了本书作者的判断。另外，2009 年国家社科基金项目还批准了该领域的一个研究课题（由北京城市学院信息学部李艳申请的《技术创新环境下的企业技术竞争情报应用战略研究》青年项目）。个人认为这方面的相关研究以后会越来越多，会有越来越多的学者涉足其中，会有更多的相关学者从事相关领域的研究。

第 3 章　企业技术创新流程及其情报需求调研

3.1　企业技术创新的流程分析

企业技术创新包括基础研究、应用开发、工艺设计、产品生产和市场营销等一系列活动，这些活动相互关联、交错循环、并行联系，不仅包括着技术方面的变化，而且还涉及到设计、生产和营销等环节。本节对其流程进行分析。

3.1.1　基本模型描述

1. 线性模型

线性模型假设技术创新是由前一个环节向后一个环节逐步推进的过程。

根据不同的技术创新动力来源，线性模型又可以分为如下三种类型。

（1）技术推动模型。这是人们提出最早的技术创新过程模型，如图 3.1 所示。该模型认为研究开发（R&D）是技术创新的主要来源，创新过程起始于研究开发，经过生产和销售最终将新技术引入市场，市场是创新成果的被动接受者。

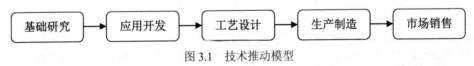

基础研究 → 应用开发 → 工艺设计 → 生产制造 → 市场销售

图 3.1　技术推动模型

资料来源：本研究整理

（2）市场拉引模型。该模型如图 3.2 所示，在这个模型中技术创新被认为是市场拉引的结果，市场需求和生产需求在技术创新过程中起着关键的作用。

（3）技术推动—市场拉引综合模型。技术创新往往是技术推动和市场需求拉引合力作用的结果。企业既要寻求技术可能性，又要挖掘潜在的市场需求。市场需求决定技术创新的报酬，而技术可能性决定了创新成功的可能性及成本。鉴于此，有学者又提出了"技术推动－市场拉引"综合模型，如图 3.3 所示。

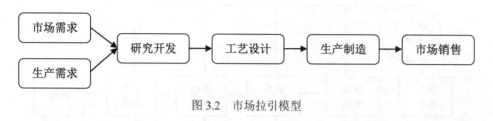

图 3.2　市场拉引模型

资料来源：本研究整理

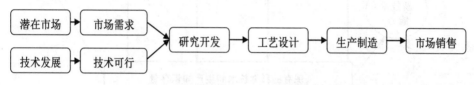

图 3.3　"技术推动－市场拉引"综合模型

资料来源：本研究整理

2. 交互模型

线性模型将创新过程界定为由逐个环节单向推进的过程，该过程过于简单化和绝对化。从 20 世纪 80 年代开始，相关学者又开始提出技术创新过程的交互模型，其中具有代表性的是罗斯韦尔（R. Rothwell）和罗伯逊（A. Robertson）提出的技术创新过程交互作用模型[1]。如图 3.4 所示，该模型不仅强调了技术和市场的有机结合，而且强调了创新过程中各环节之间的交互作用和不同功能。

3. 并行模型

20 世纪 80 年代，受到并行工程思想的启发，人们提出了技术创新的并行模型。如图 3.5 所示，它将技术创新看作是同时涉及创新构思、研究与开发、设计、制造和销售的并行过程。表 3.1 描述了并型模型相关主体在不同创新阶段所具有的重要职能。

---

[1]　程源等. 技术创新：战略与管理[M]. 北京：高等教育出版社，2005:14.

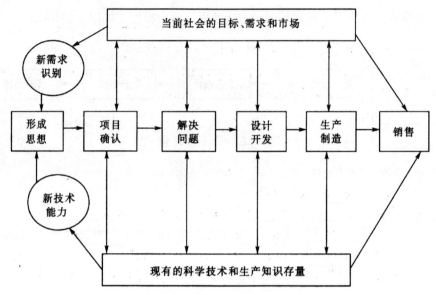

图 3.4　技术创新过程交互作用模型

资料来源：本研究整理

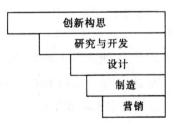

图 3.5　技术创新的并行模型

资料来源：本研究整理

表 3.1　并行模型相关主体及其在各个阶段中的职能

创新阶段	技术创新参与各部门的职能		
	设计部门	制造部门	营销部门
创新构思	提出开发新产品的构思；建立模型；实施模拟	提出并研究、审查各种工艺概念、方案	提供市场需求；提出新产品概念，做市场调查

续表

创新阶段	技术创新参与各部门的职能		
	设计部门	制造部门	营销部门
企业技术创新流程及其情报需求调研产品计划	选择部件并与供应商沟通；建立早期产品系统原型；确立产品结构	估计制造成本；确定工艺方案；实施工艺模拟；选定供应商	确定目标顾客；估计销售毛利；帮助研发人员与顾客进行早期交流
详细设计	完成产品详细设计；与工艺设计师合作研制和测试产品原型	完成详细工艺设计；制造或采购工具和设备；做产品中试工艺准备	指导顾客测试产品原型；参与评价产品的原型设计
产品开发	细化产品设计；对中间试验产品进行检测；解决技术难题	安装测试设备；建立工艺规程；制定操作程序；进行产品中试	指导顾客对产品进一步测试；评价产品原型；策划新产品首次亮相；制定分销计划
商业化准备	对工厂试生产的产品进行检测和评价；解决技术难题	进行商业目的的工厂试生产；细化工艺设计；培训人员和落实供应渠道	为产品投入市场作准备；培训销售人员和现场服务人员；设定订单接收和处理系统
市场引入	对上市新产品进行评价；发现新问题并加以改进	进行商业化生产，达到预期的质量、产量和成本目标	分销渠道供货；产品促销；与关键顾客联系、沟通；提供售后服务

资料来源：本研究整理

4. 链环模型

克莱茵和罗森伯格于 1986 年提出了一个表示技术创新过程的链环模型，如图 3.6 所示。该模型对技术创新过程的分析较为全面，它将技术创新过程的各个阶段与现有的知识技术存量和基础研究联系起来，同时考虑了创新链中各个环节之间的反馈关系，是对技术创新过程较为合理的一个解释框架。

在这一模型中，一共有五条创新过程路径，对它们的描述如表 3.2 中所示。

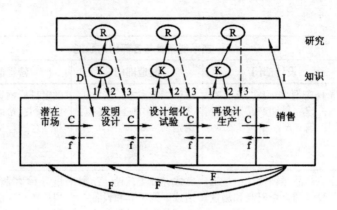

图 3.6　技术创新过程的链环模型

资料来源：程源等. 技术创新：战略与管理[M]. 北京：高等教育出版社. 2005：15.

表 3.2　技术创新过程链环模型中的五条路径

序号	路径含义	图中表示	说明
1	创新过程中心链	用 C 表示	该路径起始于对潜在市场的挖掘，通过发明、设计、设计细化到市场销售
2	中心链的反馈环	用 f 和 F 为标志表示，其中 F 表示主反馈	中心链存在对市场需求的反馈，然后返回到中心链的某一环节，继而完成中心链的后续阶段
3	中心链与知识和研究之间的联系	用回路 K→R 表示（根据不同情况，包括 1→K→2 和 1→K→R→3 两种情形）	在各个阶段如有问题，先看现有知识和技术能否解决，即 1→K→2 路径。如果现有知识不能解决，进一步做基础研究，解决之后，再返回创新过程的相应阶段，即 1→K→R→3 的路径
4	技术拉动	箭头 D 表示	相当于纯粹技术推动模型所描述的情况
5	需求推动	箭头 I 表示	相当于纯粹需求拉动模型所描述的情况

资料来源：本研究整理

　　上面介绍的只是一般意义上的技术创新过程模型，大都比较抽象。在企业技术创新实践中，还必须分析企业内部的技术创新流程。下面对其做分类整理。

3.1.2　"活动—阶段"模型

　　"活动—阶段"模型把技术创新看成是一个活动序列，反映创新各阶段的活动与外部环境之间的关系，代表性模型是特威斯（Twiss）提出的企业技术创新综合过程模型。如图 3.7 所示，该模型强调了企业外部环境的两个最重要的变量：科学技术知识和市场需求知识与创新过程各个阶段的关联；企业内部的两个最重要的职能部门（即研发部门和销售部门）与创新过程各个阶段的关联。由此可以看出，这个模型不仅综合了创新活动和企业内部部门的联系，而且表明了创新各阶段的任务，该模型对企业技术创新过程的描述较为准确、规范。

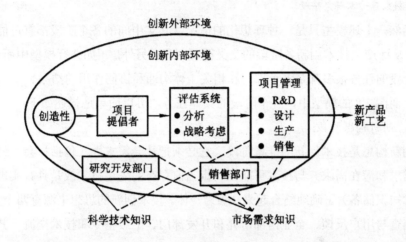

图 3.7　Twiss 提出的企业技术创新综合过程模型

资料来源：程源等. 技术创新：战略与管理[M]. 北京：高等教育出版社，2005：18.

3.1.3　"部门—阶段"模型

"部门—阶段"模型与前面的技术创新线性模型类似，根据中共中央、国务院《关于加强技术创新，发展高科技，实现产业化的决定》中的阐述，企业技术创新流程可以简单地划分为创新构思、项目决策、研究开发、产品试制、批量生产、市场实现等六个阶段[1]，对应的"部门—阶段"模型如图 3.8 所示。

---

[1] 资料来源：国务院《关于加强技术创新、发展高科技、实现产业化的决定》（中发〔1999〕14 号文件）.

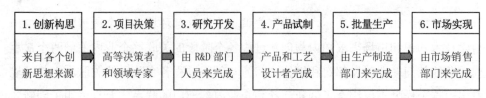

图 3.8　企业技术创新的"部门—阶段"模型

资料来源：本研究整理

当然，上述模型只是一种理想化的情况，其实中间的各个阶段都有可能产生反馈，从而产生技术创新各阶段的交叉循环现象。另外，正如并行模型中所谈的，各个阶段的任务很多都是多个部门和相关主体沟通和协同作用的结果。

上面图 3.8 的模型中，各个阶段的具体任务，可以简单地描述如下：

1. 创新构思阶段

创新构思是技术创新的准备阶段，它必须把社会需求性（包括社会、经济的现有需求和潜在需求）与技术可能性（指当前存在的先进技术或是具有实现可能的技术知识储备）正确地结合起来，融为一体。技术创新的思想来源有四个方面：市场调查与用户反馈、企业内部研究和开发部门、上级指令和技术交流。其中，用户和市场是创新思想产生和形成的主要来源。

2. 项目决策阶段

在该阶段要对所形成的创新构思进行评价，比较它的可能投入与预期收益及技术要求，参与人员包括高层领导、领域专家以及相关职能部门的领导。本阶段的意义特别重大，因为它要决定技术创新项目是否值得投入资源进行实施。

3. 研究开发阶段

研究与开发能力是企业竞争力的重要组成部分，是技术创新中最艰巨、最具创造性的实质阶段，也是要通过获取信息解决具体问题的阶段。在该阶段，研究人员必须认真选择技术方案。在开发初期，可以有多种理论设想和多种试验方案。经过反复的实验、探索和比较，研究人员对实验数据和记录进行综合分析，选择出最佳技术路线。在取得实验成果之后，再选择少数有较大开发利用前景的项目进入中试或工业性实践，使之能够逐步形成完整的科技成果。

4. 产品试制阶段

该阶段是把科技成果转化为生产技术的科技活动，是进行工艺准备和组织生产试制的依据，也是科学与应用、技术与产品、开发与市场之间的桥梁。

5. 批量生产阶段

技术产品在经过试制定型、市场验证后，就开始进入批量生产。因为达到一定的经济批量才是提高创新效益的基本条件。在确保产品产出率的基础上，逐步投入商业化生产阶段，这是技术创新成果从技术进入市场的最后一道关卡。

6. 市场实现阶段

这是技术创新创造效益和体现价值的阶段，也是收回创新投资、获得超额利润的阶段。为此，市场销售部门必须作好产品的市场调研和销售管理工作。

上述"部门—阶段"模型是从我国企业技术创新实际出发而提出的一种模型表示，其中的阶段划分方法是本文后面其他相关问题的研究支点和工作基础。

3.1.4 "阶段门"流程模型

"阶段门"流程模型，也称为"阶段评估"流程模型，是 20 世纪 60 年代的 NASA（美国航天局）提出的一种技术管理工具。它将技术创新分为相连续的几个阶段，以便在空间项目上能够与承造商和供应商一起使工作系统化，并控制工作进程。其中每一阶段的输入与输出是被限定的，并在每一阶段结束时进行管理评估，以决定项目是否继续进行下去（这就好比是为每一个阶段的结束设置了一个"门"，只有通过阶段审核后，才能出这个"门"进入下一个阶段，这样一来，以前特殊的活动就被标准化了，这就是"阶段门"的名称来历）。"阶段评估流程"模型提出后，被美国军队和多家大型企业（如惠普）所采用。

由于早期的"阶段门"流程模型是工程导向的，它的主要优势之一是减少了技术不确定性。除此之外，这一模型也确保了任务的完成。但是，这也会造成时间上的耽搁。因为在下一个管理评估结束之前，只有等到每个任务都完成了才能进行下一个项目。该模型的另一个缺点是：它们仅仅包含了开发阶段，而不是从创意产生到应用的全部创新过程，而且也忽视了市场活动。

后来经过修正的"阶段门"模型逐步弥补了第一代"阶段门"流程模型的有

关缺点。例如，第二代"阶段门"流程模型已经包含了市场活动的全部创新过程；第三代"阶段门"流程模型设置的更为柔性，为了加快速度，各个阶段并不再要求严格按顺序进行的，而是允许几个活动同时进行。

下面的图3.9，就是一个典型的反应产品开发的第二代"阶段门"流程模型。

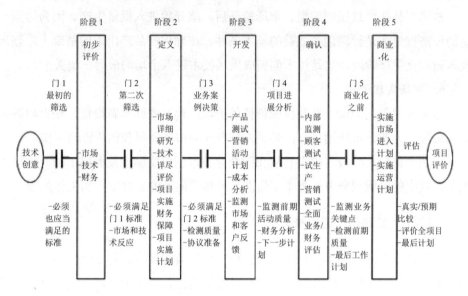

图 3.9　典型的第二代"阶段门"流程模型

资料来源：本研究整理

在上面的"阶段门"流程模型中，产品开发流程从创意开始，该创意来源于基础研究、以顾客为基础的技术及创造性技术。在"门 1"处，根据诸如战略联盟、可行性、适应公司政策这样的"必须满足和应该满足的标准"来评估创意。从市场、技术、财务等方面来看，第一阶段的项目评估是迅速的。并且代价是低廉的。在经过"门 2"之后，在第二个阶段就要进行详细的调查，其结果是得到一份商业计划，这也是"门 3"中决策的基础。第三阶段包含真正的产品及市场概念的发展。其结果是得到一个产品原型。"门 4"确保了所开发的产品与在"门 3"所明确限定的一致性。第四阶段的典型活动有内部产品测试、顾客领域试验、测试市场及试生产。"门 5"决定开始生产及进入市场，接下去进行第五阶段。最终评估的目的是比较真实的结果与期望的结果，并评估整个项目。

上面介绍了企业技术创新过程的各种具有代表性的模型，它们分别从不同的角度反映了企业技术创新的流程。从企业技术创新流程研究的发展来看，未来的发展趋势将是不同种类的企业技术创新过程模型会不断融合。

本研究中，一方面主要遵循上面"部门—阶段"模型中提出的阶段划分，另一方面也会强调"阶段门"模型中阶段评估的重要作用（这其中更加体现出来了竞争情报的作用所在），同时也会吸收其他相关流程模型中的有益成分。

3.2 企业技术创新活动的不确定性

从上一节介绍的企业技术创新流程模型可以看出，企业技术创新活动的过程非常复杂，它同时受市场拉动力、技术推动力、政策诱导力、管理保障力和组织协调性等多种作用的影响，是市场、技术与管理的结合，所涉及的研发、市场、技术和企业内部管理都具有很多不确定因素，存在一定的风险。前面的"阶段门"模型，其实就是为了削减各种不确定性因素，减少企业技术创新的风险而存在的。

1962 年肯尼思·阿罗提出技术创新过程具有三个突出的特征，即不确定性、不可分割性，以及创新利润的非独占性[1]。

笔者认为，不确定性应该是其核心特征，它存在于技术创新的每一个环节，影响着其中的每一项决策。具体来讲，这种不确定性来自如下几个方面：技术创新过程的复杂性，技术本身的不确定性，产品市场的不确定性，技术创新收益的不确定性，制度环境的不确定性。

3.2.1 技术创新过程的复杂性

在技术创新流程中，每个环节都包含多种可选的发展道路，因此它是一个复杂的技术经济活动。这种复杂性是导致技术创新不确定性的主要因素之一。

具体来讲，技术创新过程的这种复杂性主要体现在以下几个方面：

---

[1] 张凌. 企业技术创新项目评价与决策体系研究[M]. 北京：人民出版社，2006：3.

1. 创新项目筛选的复杂性

企业在进行技术创新活动之前，首先就必须从众多的项目中筛选出一种有用的创新项目，这是一个复杂的过程，要求相关人员不仅要充分了解有关技术成果及其发展潜力，而且要对这些成果产品化后的市场前景有一个整体的判断，同时要与其他技术成果进行比较、鉴别，并对竞争对手反应、技术创新成本等准确判断，然后才能做出决策。

对于创新型企业来说，以上所阐述的内容都是一件极为复杂艰难的工作。因此，技术创新成果的筛选是至关重要、非常复杂的一步。

2. 科技成果实用化的复杂性

在技术创新过程中，技术成果的实用化是一个核心环节，其成功与否的标志是看其能否及时产出具体的产品设计蓝图、技术创新计划书以及具体的产品样品。

在科技成果实用化阶段，技术创新企业不仅需要投入大量的无形资产，例如理论知识、科学技术、实际问题、核心思想、初步的发明与工艺的改良，而且要投入大量的有形资产，例如科学家、工程师、技术助手等人力资源，各种实验物资、实验设备、专有仪器、实验场地等物质资源，以及大量的财力资源、信息资源等。

因此，可以看出，科技成果的实用化不仅涉及到技术创新活动的技术方面，同时也涉及技术创新活动的组织方面，其复杂性是显而易见的。

3. 创新产品市场化的复杂性

技术创新产品的市场化的目标是建立起以新技术为基础的新型工厂，并生产出新产品投放市场。

在本阶段，企业的投入较前几个时期大幅度增加，不仅有无形投入，例如经过商业性开发的技术发明、市场预测、财务资金等，还有大量有形的投入，例如各种建筑材料、机器设备、工艺流程以及专用工具等，许多的管理人员、工程师、企业家、金融家以及建筑者和承包商也参与其中。该过程是企业开拓市场的阶段，而创新产品能否为消费者所接受也要进行验证。从技术成果到市场营销，也成为整个技术创新活动中非常复杂的一个环节。

3.2.2　技术本身的不确定性

所谓技术本身的不确定性，是指创新企业在技术发展的方向、速度以及所能达到的最终结果方面存在的不确定性。因为创新企业不能确定在所进行的诸多研究开发领域中，新的技术突破将在哪一个方向，以何种速度开始，不能确定这种技术突破将对现有技术结构产生何种影响及其后果。

因此，新技术的发展前景是不确定的，创新企业往往面临着相当大的风险。其中，创新方向的不确定性对于技术创新进程的影响是最大的，因为它在很大程度上决定了创新企业所选择的技术方向是否代表了该技术发展的主流方向，决定了创新企业的未来[1]。

3.2.3　产品市场的不确定性

任何技术创新的最终成果都必须接受市场的检验，技术创新必须恰如其分地描述并反映市场的需求，因此，市场方面的不确定性对于技术创新过程有着决定性的意义。

任何新技术在其诞生之初，由于市场上缺乏有关该技术的供求信息，创新产品的市场前景是不确定的，创新企业必然面临着在建立新的生产线、培训员工、推销产品、教育消费者等方面的巨大风险。因此，对于创新企业来说，很难准确地预测出未来何种技术将是有用的。

3.2.4　创新收益的不确定性

在创新过程开始以前的决策中，创新企业一般都有意或者无意地假定它们能够占有创新利润的全部或者绝大部分，而且任何技术创新决策都是以此为基础制定的。

但是，事实并非如此，由于受到技术扩散、知识共享、产品逆向工程、相关人员流动等因素的影响，创新企业其实是不能够占有技术创新的全部收益的。阿罗曾经提出，技术创新利润的非独占性是技术创新过程的一个特征。这是因为，

---

[1] 张凌. 基于 DEA 的企业技术创新项目评价与决策方法研究[D]. 哈尔滨: 哈尔滨工程大学博士论文，2005.

一个创新企业所进行的技术创新活动获得了成功，其他企业（包括其竞争对手）就会千方百计地获取有关创新技术的信息资料，并将其应用于本企业的生产经营活动之中。在这种情况下，创新收益不可避免地会从创新企业溢出。

因此，创新企业究竟能否实现其创新收益目标，主要取决于创新企业的市场地位、所在产业部门的市场结构、创新企业领先于其他企业的程度、模仿企业追赶创新企业的速度，以及有关知识产权保护方面的立法和政策法规的完善程度等多方面的因素。换言之，在创新收益的占有与分配方面，技术创新项目的前景是不确定的，企业并不能保证它能够占有技术创新的全部或者绝大部分收益。至于创新企业究竟最终能够占有多大比例的创新收益，企业所获得的创新收益是否必然大于社会收益，也是有高度不确定性的。

3.2.5　制度环境的不确定性

技术创新的主体虽然是企业，但是从制度经济学的角度来看，创新企业都是在一定的社会经济框架中进行技术创新活动的，它要受到各种各样外部环境因素的制约。

一般来讲，企业技术创新的外部环境包括：国家宏观层面的相关政策和法规，行业中观层面的有关制度和标准，微观层面关联企业（包括竞争者、互惠者、互补者，以及上、下游企业）的技术创新战略与管理状况，以及与技术创新密切相关的高等院校、科研院所、服务机构、领先客户等。

这种技术创新的外部环境，会通过不同的途径，直接或者间接地参与到技术创新的过程之中，并且对其发展的速度、方向以及技术创新的最终结果产生巨大的影响[1]。

从某种意义上讲，创新产品在何时、何地，以何种价格和规模进入市场，很大程度上并不是由技术或者市场决定的，而是由于这种制度环境所决定的。从上面的分析可以看出，制度环境主要是由政府行为、行业发展、关联企业和公众偏好所组成，而这几个方面均存在着极大的不确定性。

---

[1] 张凌. 企业技术创新项目评价与决策体系研究[M]. 北京：人民出版社，2006：3.

3.3 企业技术创新中竞争情报应用现状调研

在技术创新过程中的每一个阶段都存在着不确定性。要减少这种不确定性，降低技术创新的风险，必须及时、有效地收集相关的技术发展、专利成果、市场需求、国家政策等信息与情报，并做好相关信息和情报的处理、评估、决策和分析。因此，企业必须要注重对技术创新信息资源的开发与利用。

本节通过问卷调查和数据分析，了解了当前情况下企业技术创新中竞争情报应用和相关服务体系、保障机制的具体现状，并分析其中存在的一些主要问题。

3.3.1 调研目的与调研对象

技术创新的整个流程可以看作是多个决策阶段的演化过程，在这个过程中，技术创新主体根据收集到的市场需求、技术专利、国家制度、行业政策、人才资源等方面的信息，结合企业自身实际，做出正确决策，并不断地调整自己的技术创新战略、产品体系、资金投入、人员安排、生产工艺、市场体系等，使之更加适合当前企业所处环境以及未来发展的需要。

无论是从减少技术创新不确定性的角度，还是从技术创新决策的角度，技术创新过程在某种程度上都可以看作是一个情报处理过程。而准确、及时、全面的信息，可以消除企业技术创新的不确定性，减少创新风险。为了验证上面的观点，本节对当前企业技术创新中的竞争情报和信息应用情况进行调研分析，以便确定竞争情报在消除企业技术创新结果不确定性中的重要作用。考虑到部分企业对"情报"字眼比较敏感，对竞争情报的知识相对比较生疏，本调查问卷设计中全部使用了"信息"的字眼。

本次调查的企业重点是选取我国企业技术创新工作比较深入、扎实的相关行业（例如生物制药、电子信息等）。其中重点选取的样本企业包括三大来源：一是从 2008 年河南省工业企业 100 强名单中，选取相关行业中典型的一些企业（例如安阳钢铁、平煤集团、宇通客车、双汇集团、豫光金铅、福森药业、银鸽集团、黄河旋风等）；二是从天津市滨海新区开发开放建设中认定的高新技术企业中，选取一些代表企业（例如华宁电子、雷沃动力、信汇制药、大港仪表、春发食品、东洋油墨、百利电气、天地伟业等）；三是通过亲戚、朋友、同学、同事，根据各自人脉关系选取的当地一些技术研发活动开展比较好的民营企业。

3.3.2 问卷设计与调查方法

1. 指标体系设计

经过阅读大量国内外相关文献，参照企业技术创新活动和企业竞争情报其他问题相关的调查问卷，并且充分征询专家意见，将本次问卷调查的内容设计成七个部分（包括技术创新资源与能力情况，技术创新目标、内容与形式，技术创新信息需求及其来源，企业技术创新的自主实现，技术创新的外部合作，技术创新制约因素、常见问题与政策需求，技术创新工作绩效评价情况等七个部分），得到了基于竞争情报的企业技术创新评价指标体系（参见附录 A）。

该指标体系把整个企业技术创新工作的评价指标分为三级，第一级就是上面所列出的七个部分，然后将这七个一级指标再具体分成若干个二级指标，同样将每个二级指标进一步继续分解成多个三级指标，具体如下所示：

C 技术创新信息需求及其来源（一级指标）

　C1 企业技术创新所需信息类型（二级指标）

　　C101 国家宏观信息（三级指标）

2. 调查问卷设计

首先，参考相关的调查问卷和上面基于竞争情报分析的企业技术创新评价指标体系，并结合本次调查的目的，归纳总结调查问项，并将所有问项划分为企业技术创新的基本情况、技术创新中信息需求类型和信息来源、技术创新流程中各个阶段的信息需求情况，以及在不同企业技术创新活动中的信息和情报需求和应用情况几个部分，形成调查问卷初稿。然后利用调查问卷初稿，在南开大学商学院信息资源管理系和管理科学与工程系的博士、硕士研究生和部分教师范围内进行预调查，并咨询了国内技术创新和竞争情报领域有关专家的意见，根据预调查反馈和专家意见，对调查问卷进行了进一步修改，进一步优化、调整问项，力求保证调查的信度与内在效度，最终形成正式调查问卷（见附录 B）。

3. 调研步骤与方法

调查问卷的发放方式主要通过网络电子稿和邮寄打印稿，部分企业是通过寒假期间主动上门调研完成，调查过程在 2009 年 11 月 10 日到 2010 年 1 月 31 日之间进行，历时 2 个多月，发放问卷 215 份。调研过程中，发动了南开大学商学院信息情报学专业和技术经济与管理专业部分 2007 至 2009 级在校博士和硕士协助完成，所以被调查企业的地点分布比较广泛，除了占较大比例的河南省和天津市重点调研企业之外，还包括了北京、上海、辽宁、河北、山西、山东、江苏、浙江、安徽、广东、福建、湖南、湖北、四川、陕西等地，基本涵盖我国东部、中部和西部地区，较好地保证了样本的代表性与调查的外在效度。

本次调查回收问卷 168 份，回收率为 78.14%，其中有效问卷为 131 份，有效样本率为 60.94%，填写人员以各个层次的技术领导为主，例如首席技术官（CTO）、技术总监、技术部经理、新产品事业部经理、产品开发项目经理等。

在本次调查的 131 个有效样本中，各行业企业所占比例如图 3.10 所示。

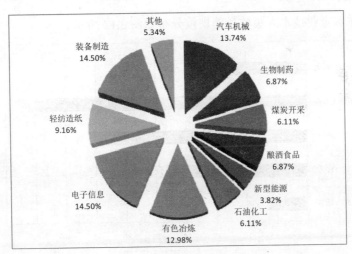

图 3.10　调查样本企业行业分布

资料来源：本研究整理

本次调查主要是为了考察在我国企业技术创新中竞争情报和信息资源的工作状况，因此调查事先没有限制企业的所有制性质。在 131 份样本中，主要以国有企业（58家）和民营企业（37家）为主，其次是中外合资企业（19家）、外商独资企业（12家），以及其他企业（5家），如图 3.11 所示。

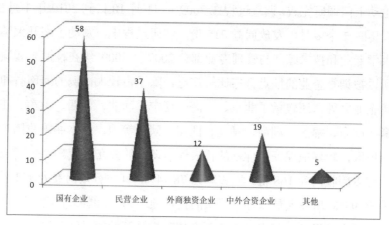

图 3.11　调查样本企业所有制性质分布

资料来源：本研究整理

调查样本企业技术人员数量的规模分布如图 3.12 所示。

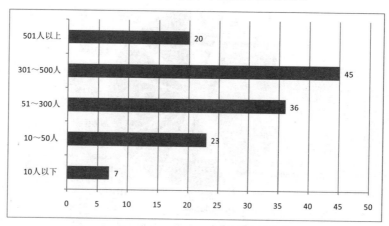

图 3.12　调查样本企业技术人员数量的规模分布

资料来源：本研究整理

从调查企业的行业、性质以及技术人员规模等情况来看，本次调查的企业基本涵盖我国各个行业、各种性质以及规模的企业类型，基本可以反映我国企业结构的分布状况。因此，本调查所获得数据具有一定的代表性，基本能够反映我国企业竞争情报工作的总体状况，可以保证研究结果的客观性和全面性。

3.3.3 调查结果的数据统计

1. 技术创新中信息需求类型与信息来源

在企业技术创新整个过程中，需要多种类型的信息来辅助整个过程，这包括政府宏观信息、行业政策信息、市场竞争信息、科学技术信息、技术人员信息、相关管理信息、设备原料信息、产品工艺信息、产品市场信息、客户反馈信息、资源所有者信息等。这些信息的来源包括企业内部来源和企业外部来源，其中的内部来源包括本企业技术开发部门、市场分析部门、决策层的思维、一线销售人员、客户服务人员以及其他职工建议等，而外部来源包括政府计划或行业政策信息，行业主管部门、专业行业协会，图书、杂志、报刊、专利等科技文献，国内外技术交流与考察，商品交易会、展销会、展览会、专业会议，领域专家学者、咨询机构、行业网站、高等院校、政府和公共研究机构，本行业的市场竞争对手，其他行业相关单位，设备、原材料、零部件或软件供应商，本企业领先客户和消费者，人际网络等。

调查样本企业技术创新中所需信息类型的统计分析结果如图 3.13 所示。

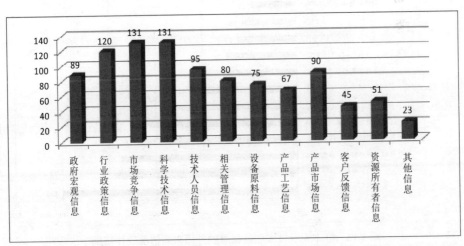

图 3.13 样本企业技术创新中所需信息类型的统计分析结果

资料来源：本研究整理

其中，调查样本企业技术创新信息内部来源情况统计结果如图 3.14 所示。

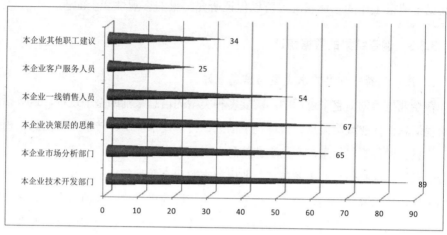

图 3.14　样本企业技术创新信息内部来源情况统计结果

资料来源：本研究整理

调查样本企业技术创新信息的外部来源情况统计结果如图 3.15 所示。

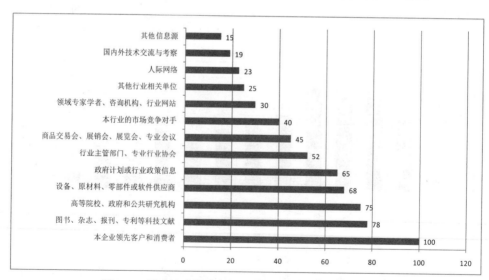

图 3.15　样本企业技术创新信息的外部来源情况统计结果

资料来源：本研究整理

2. 企业技术创新流程中各阶段的信息需求情况

在企业技术创新的整个流程中，无论是技术创新战略规划、技术创新构思形成、新技术的应用研究，还是新产品中试与批量生产、市场实现，各个阶段都需要信息的保障。如图 3.16 所示，为样本企业认可程度的统计分析结果。

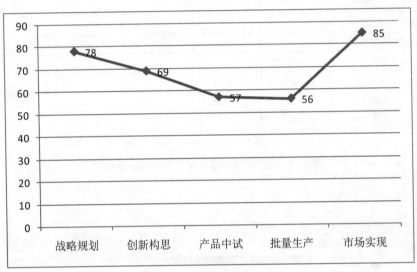

图 3.16　样本企业对各技术创新环节信息需求重要性的认可度

资料来源：本研究整理

每个阶段所需要信息的类型侧重点不同。经过对样本企业各阶段信息需求重要性的调查，可以画出各个阶段所需主要信息的矩阵分布图，如图 3.17 所示。

3. 各种企业技术创新活动中的信息需求情况

按照本研究的框架，调查问卷重点调研了样本企业在技术创新战略制定以及自主技术创新、开放式技术创新和技术创新联盟三种方式中的竞争情报需求情况。其中：在技术创新战略中各个活动信息需求统计结果，如图 3.18 所示。

创新阶段 信息类型	战略规划	创新构思	产品中试	批量生产	市场实现
政府宏观信息	+++				+
行业政策信息		++	+	++	
市场竞争信息	++	+			+++
科学技术信息	+	+++			
科学人员信息			+++	++	+
相关管理信息	++		+++	++	++
设备原料信息	+			+++	
产品工艺信息			++	+++	
产品市场信息	++				+++
客户反馈信息		+++			++
资源所有者信息	+++			+++	+

说明：+++非常重要　++重要　+一般重要　空白的为很少需要或者不需要

图 3.17　各个阶段所需主要信息的矩阵分布图

资料来源：本研究整理

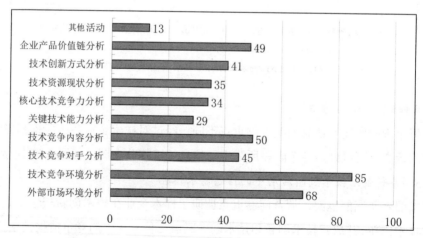

图 3.18　技术创新战略制定中各个活动信息需求统计结果

资料来源：本研究整理

在样本企业技术创新战略中所用情报分析方法的统计结果如图 3.19 所示。

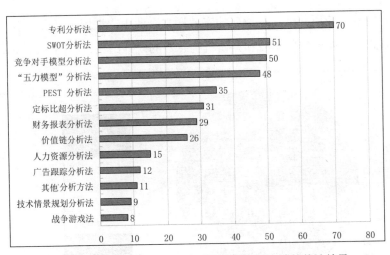

图 3.19 技术创新战略制定中所用情报分析方法的统计结果

资料来源：本研究整理

在开放式技术创新中，在很多的技术获取和技术扩散方式中都需要相关信息和情报的服务支持，例如委托技术创新、知识产权许可、联合技术开发、技术实现方式选择、风险项目投资以及外部技术购买等。

如图 3.20 所示，为开放式技术创新中相关活动信息需求的统计结果。

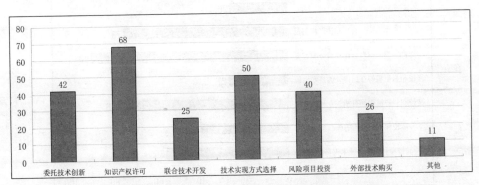

图 3.20 开放式技术创新中相关活动信息需求的统计结果

资料来源：本研究整理

在合作技术创新中，"产—学—研"技术合作方式目前越来越被很多企业，尤其是高新技术企业所接纳。在调研的有效样本企业中，采用了"产—学—研"技术合作方式，以及合作的高校和科研机构总数的统计结果，如图 3.21 所示。

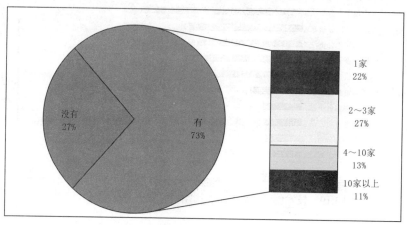

图 3.21　采用"产—学—研"技术合作方式以及合作高校和科研机构总数

资料来源：本研究整理

在"产—学—研"技术合作方式中，企业在与高校和科研院所合作中所关注的各个相关活动中信息需求情况的统计结果，如图 3.22 所示。

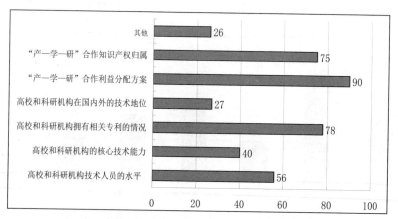

图 3.22　采用"产—学—研"技术合作时最关注信息的活动统计结果

资料来源：本研究整理

　　在开放式技术创新背景下，相关企业和研究机构建立技术创新联盟这种技术合作方式也越来越普遍。在调研的有效样本企业中，加入不同类型技术创新联盟（包括专利联盟、标准联盟）以及加入的个数统计结果，如图 3.23 所示。

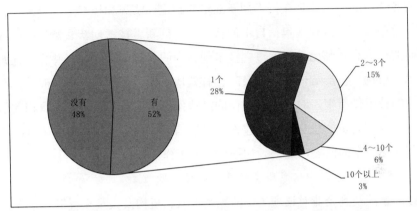

图 3.23　加入不同类型技术创新联盟以及加入的个数统计结果

资料来源：本研究整理

　　在技术创新联盟组建和运作中，企业所关注相关各个活动中信息需求情况的统计结果，如图 3.24 所示。

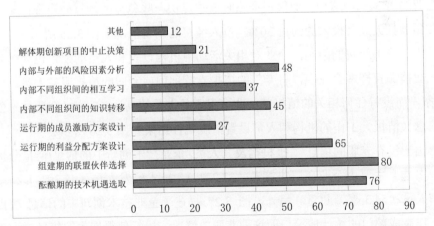

图 3.24　采用技术创新联盟进行技术合作时最关注信息的活动统计结果

资料来源：本研究整理

3.3.4 问题分析与调查结论

综合以上调查数据的统计结果，可以看出：不管是在技术创新过程的每一个阶段的各个活动中，还是在技术创新战略的制定、实施和控制中，以及在各种不同的技术创新活动方式（包括自主创新、合作创新、技术创新联盟）中，各个参与调研的样本企业都已经开始重视技术创新中的信息保障问题，并且都开始注重对技术、市场、生产等信息进行及时、有效地收集、处理与分析。但是，在大多数企业的技术创新中，对于信息工作的经费保障、人员和机构配备、相关信息系统建设、内部人员信息交流渠道建设，以及信息服务中现代化技术工具的应用方面，都存在一定的问题，还必须加强这方面工作的引导。

1. 技术创新活动中信息服务的资源保障问题

该问题涉及到企业对该项工作的经费投入、机构及人员配置等几个方面。

资金是任何一项工作成功开展的首要保证，但本次调查结果显示，在被调查样本企业中，对该项工作有专门经费投入，并且经费充足的仅为12%，他们已经认识到信息情报对技术创新的重要性；有专门的经费预算但经费不足的约为26%，他们知道该项工作的重要性但未给予足够重视；没有专门经费预算但有经费投入的企业约占32%，这种企业仅根据临时需求提供一些急需的预算外资金；无任何经费预算且无经费投入的约占30%。投入经费的调查情况如图3.25所示。

由于受到经费的限制，企业对相关活动中机构设置和人员的配备也会受到局限，在被调查样本企业中，有专门的情报支持部门或专职的情报服务人员的仅有15家，而没有任何相关的情报部门和情报服务人员的高达55家。企业技术创新中信息（情报）工作的机构和人员设置情况统计结果如图3.26所示。

由于没有专职的信息/情报机构及其人员，企业技术创新中的信息/情报分析工作（多选）主要由企业高层决策者（37.27%）、技术研发人员（48.39%）和市场营销人员（54.35%）负责。另外，图3.27描述了企业技术创新中的信息/情报分析工作完成部门的统计情况。而这种兼职的情况，虽然使得搜集的信息更为直接有效，但是也势必会造成情报工作在技术创新不同环节之间的不连续。

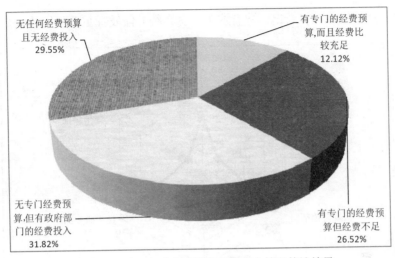

图 3.25　技术创新中信息服务经费投入情况统计结果

资料来源：本研究整理

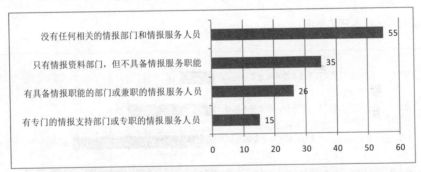

图 3.26　企业技术创新中信息（情报）工作机构和人员设置统计结果

资料来源：本研究整理

2. 技术创新活动中相关信息系统建设与运用问题

在企业技术创新的信息和情报服务中，必须要有一定的信息/情报支持系统以及人员之间进行信息化沟通的信息技术平台，该信息系统和技术平台对于保障技术创新中信息和情报功能的发挥起着非常重要的作用。

但是，在本调查活动中，样本企业的技术创新信息和情报支持系统的建设状况却不能令人满意。如图 3.28 所示，为调研样本企业技术创新信息支持系统建设状况的调查结果。可以看出，建有这类信息系统并能发挥重要作用的很少。

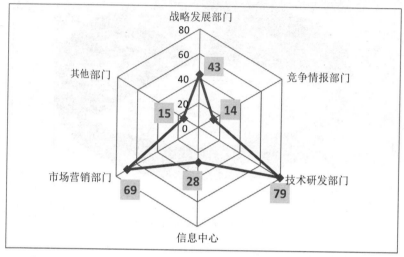

图 3.27　企业技术创新中的信息/情报分析工作完成部门的统计情况

资料来源：本研究整理

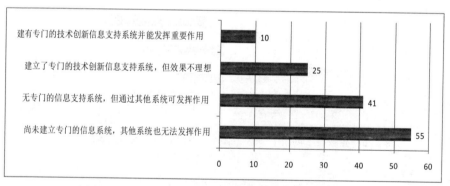

图 3.28　企业技术创新信息支持系统建设状况的调查结果

资料来源：本研究整理

　　对于建成的技术创新信息系统和内部信息平台，其应该是相关人员进行信息获取和技术交流的主要载体，但是调查结果发现：样本企业已经建成该信息系统的 35 家单位，有关人员对其功能的定位并不是很正确，如图 3.29 所示。

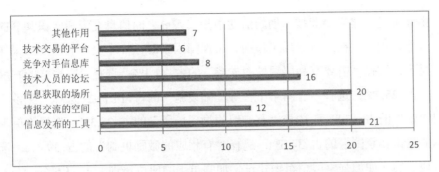

图 3.29　对技术创新信息支持系统作用认识的调查结果

资料来源：本研究整理

3. 企业技术创新中的信息交流渠道问题

在企业技术创新活动中，相关人员之间信息交流的渠道很多，在目前网络化、信息化发展日益强盛的今天，基于网络的各种信息交流方式越来越普及，这种交流方式对于大型企业集团不同技术人员之间，以及虚拟企业相关成员之间的联系变得越来越重要。但是在调研中发现，部分企业技术人员之间信息交流的方式还过于陈旧（参见图3.30），相关人员之间技术创新方案决策中常用的方法还显落后。

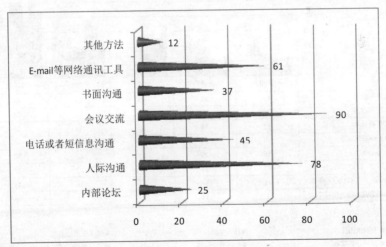

图 3.30　技术创新中人员之间信息交流渠道的统计结果

资料来源：本研究整理

　　由此可见，建立企业技术创新活动中相关人员之间信息交流和知识共享的内部平台非常重要。在调查这项工作的相关保障因素时，样本企业的调查结果（多选）显示：选择"需要有高层领导的支持"的占 41.1%；选择"有严格的制度保障"的占 25.7%；选择"有网络平台等基础设施"的占 14.7%；选择"配备有特定的设备"的占 17.8%；选择"有专用的物理场所"的占 28.3%；选择"员工有共享的意识和氛围"的占 34.6%；选择"有相应的激励机制"的占 39.6%；选择"其他"的（如加强学习型组织建设、加强员工的岗位培训）占 11.6%。

　　4. 企业技术创新中信息技术工具应用问题

　　在企业技术创新活动中，各种现代化的信息技术工具有助于技术创新活动的开展和相关情报信息的及时获取。这些技术包括专利地图技术、技术检测技术、技术挖掘技术、群件共享技术、协同办公技术、数据库/知识库技术、虚拟团队/交流论坛/实践社区、跨部门的技术研发项目小组等等，但是根据本次调查的数据统计结果，调研的样本企业应用这些工具还比较落后，如图 3.31 所示。

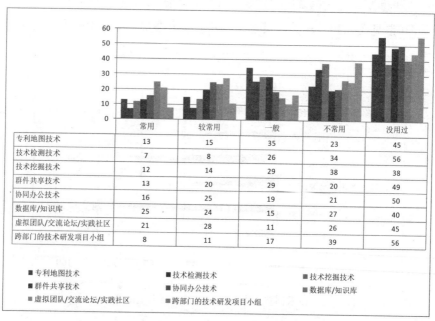

	常用	较常用	一般	不常用	没用过
专利地图技术	13	15	35	23	45
技术检测技术	7	8	26	34	56
技术挖掘技术	12	14	29	38	38
群件共享技术	13	20	29	20	49
协同办公技术	16	25	19	21	50
数据库/知识库	25	24	15	27	40
虚拟团队/交流论坛/实践社区	21	28	11	26	45
跨部门的技术研发项目小组	8	11	17	39	56

■ 专利地图技术　　　　■ 技术检测技术　　　　■ 技术挖掘技术
■ 群件共享技术　　　　■ 协同办公技术　　　　■ 数据库/知识库
■ 虚拟团队/交流论坛/实践社区　　■ 跨部门的技术研发项目小组

图 3.31　技术创新中相关技术工具应用情况的调研结果

资料来源：本研究整理

5. 本次调查的主要结论

通过本次问卷调查，可以发现：当前企业技术创新中对于信息和情报的需求越来越强烈，各种信息和情报对于减弱技术创新活动结果的不确定性，对于减少企业技术创新活动的各种风险具有重要作用，这已经被多数企业所认同。但是，对于企业技术创新战略管理与实现方式中信息和情报（特别是竞争情报）的内在作用机理以及所能发挥的重要价值还认识不清。例如：

- 在技术创新战略制定中，各类技术信息、市场信息、产品信息的获取以及利用中应该注意哪些问题，以及应该注意采用什么样的信息分析方法等还认识不清。
- 在自主技术创新中，如何发现技术机会和市场机遇，如何对技术竞争对手进行技术监测和技术跟踪，并成功使用专利地图等分析方法来制定专利战略，在技术创新活动的各个阶段如何使用哪些类型的不同信息和情报不是很清楚。
- 在开放式创新中，如何进行知识产权的选择决策，成功对自己研制的技术成果进行商品化、产业化、市场化或者对外进行技术经营、技术营销、技术许可，并能成功地从外部采取适当的方式来获取相关技术。
- 在技术创新联盟以及"产—学—研"合作等合作创新方式中，如何进行合作伙伴的选取，如何在不同组织之间进行相关的知识转移、信息共享、合作学习等。

以上这些方面对于技术创新的成果取得和绩效保证都是非常重要的，但是根据本次调查的反馈结果，这些方面都还没有引起相关企业的高度重视。

另外，在当前的很多企业中，在确保技术创新实现的信息支持系统，以及信息和情报功能实现的服务体系建设以及保障机制建立中，还存在着很多需要解决的问题。这正是本文下面几个章节所要重点研究和着力解决的核心内容。

3.3.5 本次调查活动局限性

虽然本次调查已经顺利达到了预期目的，但是在调查研究过程中由于相关主客观因素的制约，仍然存在着一定的局限性，主要包括如下几个方面：

（1）由于时间紧迫，本次调查没有事先对填表人员进行相关培训，这使得调查表的填写人员对部分内容的理解有差异，出现了某些选项漏答、错答，甚至相关项目答案之间有相互矛盾的出现，影响了有效问卷的回收比例。

（2）调查表结构设计上存在一定的不足，其中一种典型情况是没有对一些专业术语和名词、概念做出准确的界定。由于本调查问卷内容牵涉到两个不同学科领域的知识，这使得有些搞技术创新的人员会因为不太熟悉信息管理和竞争情报而对本调查问卷解答并不十分准确。

（3）个别选项特定内容的设置局限了填表人员的思维。另外，有些问题设置为二选一的形式（"有"或"无"）不尽合理，应考虑设置为李克特量表形式，并对相关项目的结果进行有权重的汇总计算，而不能只是简单的算术叠加处理。

第 4 章 技术创新战略中的竞争情报应用分析

技术创新战略已成为技术创新研究的一个热点，它对于企业在动态环境中赢得竞争优势具有重要导向作用。本章首先介绍技术创新战略的内容与类型，然后分析竞争情报的战略管理功能及其运作机理，最后阐述技术创新战略管理流程，并对其典型工作环节中的竞争情报活动进行理论分析和具体实例说明。

4.1 技术创新战略的内涵分析

4.1.1 技术创新战略的概念

所谓技术创新战略，就是指企业在一定时期内，为了获取一定的竞争优势，所从事的与技术选择相关的重大决策活动，具体包括技术的获取、维持和应用；相关技术资源状况和研发资金投入强度的确定；产品技术生命周期的分析；对企业内、外部客户需求的描述；相关知识产权的保护措施等。技术创新战略这一概念的产生时间不长，最初只是应用于二战后美国一些大公司对企业实现多元化经营的研发管理战略活动中。直到 20 世纪 80 年代，由于高科技的迅速发展及其在商业领域的广泛应用，技术创新战略才开始受到极大重视并广泛发展，对其含义也有了更深刻的认识。例如，Ford（1988）认为，理解技术创新战略的一个出发点是肯定企业的核心是它所知道的和它所能做的，而不是它所具有的产品和服务的市场[1]。Zack（1999）认为，技术创新战略就是企业的知识战略，是"描述组织意图采取的将它的技术资源和能力结合到其战略的智力需求的整体规划"[2]。Sally Davenport 等人（2003）认为技术战略是"企业为实现它的商业和技术目的

---

[1] Ford. D. Develop your technology strategy. Long Range Planning，l988（6）：21-29.

[2] Zack. M. Developing a knowledge strategy. California Management Review, 1999（5）：41-45.

而进行的技术知识和资源的获取、管理和利用"[1]。

当前，以技术选择为核心的技术创新战略已成为企业总体战略的重要组成部分。表 4.1 描述了技术创新战略与通用竞争战略之间的关联关系。

表 4.1　通用竞争战略与技术创新战略的联系

		通用竞争战略		
		总成本领先战略	差异化战略	专一化战略
技术创新战略	产品创新	降低制造等方面成本。包括：降低原材料用量、增强可制造性等	提高产品质量、性能、可交付性或转换成本	满足特定顾客群需要，小的产品范围内更高质量、性能
	工艺创新	降低制造、销售等方面成本。包括生产流程改造、制造设备研发、资金产品交付流程的改进等	实现更好的质量控制、生产进度控制，提高订单处理能力及其他执行能力	提高生产能力、质量控制，资金及产品交付流程的改进等

资料来源：本研究整理

从表 4.1 可以看出，针对每一种通用竞争战略，技术创新的实施重点有所差异。但是，不管是产品创新，还是工艺创新，在三种通用竞争战略实施的过程中，技术创新战略都可以作为一个强有力的工具，推动竞争战略的成功实施。

如果从企业整体经营活动的角度出发，来考虑技术战略与通用竞争战略之间的关系，则有以下多个方面的相互影响、相互促进关系，如图 4-1 所示。

4.1.2　技术创新战略的内容

技术创新战略的内容，主要是针对技术选择和技术应用的核心进行研究。其主要包括：当前企业技术资源状况、技术能力水平、技术创新组织与技术创新链的分析，企业的外部技术环境分析（包括技术演化趋势、技术竞争环境以及主要竞争对手状况），以及基于这种分析结果，最终对于当前技术竞争态势、企业技术创新选择模式、技术在企业内部的运用方式做出的分析和决策。

---

[1] Sally Davenport et al. The dynamics of technology strategy: an exploratory study. R&D Management．2003(5): 33-39.

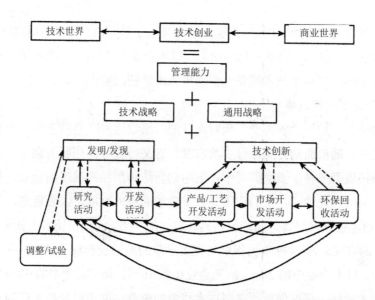

图 4.1　技术战略与通用竞争战略之间的整体联系

资料来源：赵修卫，黄本笑. 技术创新管理[M]. 武：武汉大学出版社. 2007：80-81.

具体地说，技术创新战略应该包括十个方面的相关内容，分别是：评价技术能力水平，分析产业竞争环境，评估技术演化趋势，筛选领域核心技术，研究开发投入的强度，确定技术源获取模式，筹备技术应用相关资源，决定技术成果实现方式，确定技术引入市场时机，管理技术创新项目流程[1]。

4.1.3　技术创新战略的类型

对于技术创新战略的分类，由于分类标准不同，也就存在多种分类方法。本文考虑进入市场时机、技术创新的特征和市场竞争的态势这三个方面，将其分为三种类型，分别是：领先型创新战略、跟随型创新战略和模仿型创新战略。

1. 领先型创新战略

采用领先型创新战略的企业，通常是各行业中的"领导型"企业，它们在研发费用的投入强度、技术人员的投入规模、技术风险的承担能力以及新产品市场

---

[1] 程源，傅家骥. 企业技术创新战略的理论构架与内涵[J]. 科研管理.2002(5)：75-80.

开拓速度等方面都有相对优势。据美国麻省理工学院（MIT）的罗伯茨教授在 1999 年末所做的全球技术战略管理标杆研究，日本企业有 74％、欧洲企业有 84％、北美企业有 79%，采取了技术领先并快速推入市场的战略[1]。

2. 跟随型创新战略

"跟随型"是与"领先型"相对而言的。采取这种战略的企业，选择的是一种跟随先进、随机而动、见机行事的态度。它又可以分为创新防御型、创新改进型、市场拓展型三种子类型。其中：采用创新防御型技术战略的企业，只愿意维持既有产品的领先地位，他们在研究开发资源的投入强度、人力资源、现有的技术体系、技术创新网络等方面一般也具有较强的实力，因此在技术上就采取了"快速跟进"的方式。据 1999 年美国麻省理工学院的罗伯茨教授的调查，在选择的样本企业中，日本企业中的 21%、欧洲企业中的 16％、北美企业中的 17％采取创新防御型技术战略。采取创新改进型技术战略的企业，囿于自身技术资源和核心能力的限制，从来没有建立技术领先和市场领导地位的想法，而是注重发现潜在的产品市场和市场机会，他们技术创新的重点是实现对领先创新者所生产产品的工艺改进和性能完善上。二战后日本经济的复兴，许多日本企业就是采取了这种创新改进型技术战略，得以赢得竞争优势。采取市场拓展型技术战略的企业，技术创新战略是有选择性的，其主要特点是抓住"市场缝隙"——某一个很小方面的关键技术改进，仅仅考虑到具体市场细分的需要。这与波特基本竞争战略中的"差异化战略"是相对应的。

3. 模仿创新型技术战略

采取模仿创新型技术战略的企业，一般技术资源缺乏、技术实力薄弱，自身技术积累较差，技术创新源主要来自外部空间，大多数的技术通过技术交易市场购买来实现，其技术战略重点是快速、廉价地购买所需技术并模仿应用。

---

[1] 这次调查的企业样本是精选的，必须是 1999 年北美、西欧和日本所有 R&D 投入超过 1 亿美元的公司。

4.2　竞争情报战略功能及其运作机理

竞争情报的战略功能指在战略管理过程中竞争情报所发挥的作用，如竞争环境监视、竞争对手分析、竞争风险防范、市场信号解读、竞争态势预测、预警信息反馈等。本节对竞争情报的战略功能及其运作机理进行分析阐述。

4.2.1　竞争情报的战略功能

对于竞争情报的战略功能，国内外学者已经从不同的角度进行了阐述。

在国外，这方面的相关研究比较早，也比较深入、细致，他们大多是从管理流程、情报流程或者二者相结合的角度来研究竞争情报的战略功能。

例如，早在 1988 年，Carolyn M.Vella 和 John J.McGonagle 就研究了竞争情报与企业规划的关系，内容包括三个方面：第一，为什么企业规划需要竞争情报；第二，竞争情报在何处与战略规划相匹配；第三，适合规划者的竞争情报类型。在对上述三个问题研究之后，他得出了"竞争情报可以改善企业规划"的重要结论[1]。到了 1996 年，上述二人又提出了战略情报（strategic intelligence）的概念，认为它是支持战略的一种情报，也即最高层次的管理信息。他们认为，竞争情报可以向战略情报提供输入[2]。他们所说的战略情报从情报产品的角度分析，其实就是最高层次的竞争情报产品，强调了要为战略管理和决策服务。

Alf H. Walle（1999）认为：竞争情报可以为整个战略制定过程提供信息，使得战略的制定更加有效和富有柔性，更能适应内外部环境的变化 [3]。

Kirk W.M.Tyson（2002）指出：必须要关注竞争情报与战略管理的联系，在设计竞争情报流程的时候，需要从职能的角度、组织的角度和系统的角度三个方

---

[1] Carolyn M.Vella, John J.McGonagle.Improved Business Planning Using Competitive Intelligence.Westport:Quorum Books,1988.6: 19-26.

[2] John J.McGonagle, Carolyn M.Vella.A New Archetype for Competitive Intelligence. Westport:Quorum Books,1996: 52-53.

[3] Alf H. Walle. From marketing research to competitive intelligence: useful generalization or loss of focus?.Management Decision, 1999, 37(6): 519-525.

面协同分析，以便制定出有效的战略决策方案[1]。

Stephanie Hughes（2005）从资源观的视角，讨论了竞争情报对于竞争优势的重要价值，并且评论了竞争情报对战略过程的影响[2]。他认为任何战略成功的关键是识别、建立并维持本企业相对于竞争对手的竞争优势，而竞争情报活动可以成功配置这种竞争优势，这表现在两个方面：一方面，经过分析的与战略管理相关的，具有及时性、相关性、经济性、实用性的竞争情报，在战略形成过程的重要阶段提供有关环境和竞争对手的重要数据，并能积极影响战略管理整体过程的不同阶段；另一方面，竞争情报职员所拥有的企业特定的隐性知识可以积极影响战略开展过程，确保搜集到的情报能够到达有影响力的决策者，并融入战略管理过程的所有阶段。

Ranjit Bose（2008）认为竞争情报可以通过对企业所处行业、企业自身，以及竞争对手的理解，来验证或补充企业假设中未能考虑到的问题[3]，这其实对于战略管理的制定是非常重要的。因为在之前，大多数人一般都是认为：企业战略的制定，都基于由公司高层和战略专家主观判断做出的假设。

在国内，战略管理和竞争情报的交叉研究相对晚一些。但是进入到 20 世纪90 年代末期，特别是进入 21 世纪之后，关于二者的交叉研究也越来越多。

例如，刘玉照和曹君祥（1998）从竞争情报系统的模型研究出发，按照系统论的观点，认为基于系统的竞争情报是战略管理的基础[4]。

王曰芬和臧强（2001）分析了竞争情报对于战略管理的重要作用，她们指出：竞争情报作为一个过程，其目的就是向企业管理人员描绘出一个全面、动态的竞争环境图景，以便使企业决策层能充分准确地估计自身的竞争能力、竞争对手的实力和外部环境蕴藏的各种机会与威胁，从而制定和实施竞争战略，创建并保持

[1] 柯克•泰森(Kirk W. M. Tyson)著，王玉，郑逢波，张佳浩等译.竞争情报完全指南.第 2 版[M].北京：中国人民大学出版社，2005：10-12.

[2] Stephanie Hughes. Competitive Intelligence as Competitive Advantage. Journal of Competitive Intelligence and Management, 2005, 3(3): 3-18.

[3] Ranjit Bose. Competitive intelligence process and tools for intelligence analysis. Industrial Management & Data System, 2008, 108(4): 510-528.

[4] 刘玉照，曹君祥. 竞争情报与战略管理. 情报学报，1998,17(4): 301-305.

持久的竞争优势[1]。他们认为无论是战略的制定，还是战略的实施和评价，都需要对企业的竞争环境、竞争对手和竞争战略进行基于信息的搜集、研究和分析，并分析了战略管理与情报研究的互动过程。

胡鹏山（2002）指出，竞争情报是企业竞争战略制定的重要依据，竞争战略的制定对企业竞争优势的达成至关重要[2]。

王明明（2003）前瞻性地看出，竞争情报已经成为了战略管理的新热点[3]，并且预见性地指出，今后竞争情报在战略管理重点应用要不断走向实践，而不只是相关研究人员的"纸上谈兵"。之后很快，相关的实践研究性文献就开始出现，例如任珂（2004）在研究竞争情报与电信企业的战略管理问题时指出，竞争战略的选择和制定是竞争情报研究的核心问题，企业竞争情报及研究就是以战略管理为目的的关于竞争环境和竞争对手的信息活动[4]。

李艳（2006）把竞争情报与企业战略风险管理联系起来，认为竞争情报是企业战略风险管理的重要手段和有效工具。她指出，竞争情报在风险管理中的应用主要有三个方面：第一，用于企业风险识别（采用情景分析和战争游戏的竞争情报方法）；第二，用于企业风险监视（采用风险监视矩阵的方法）；第三，用于企业风险预警（采用军事或国家安全情报领域的做法，通过设定一定的预警级别，如用绿、蓝、黄、橙、红 5 色代表从低到高 5 种危险程度，以便根据需要启动预警机制）[5]。

周九常（2007）研究了竞争情报在战略管理发展历程中的作用，指出在战略管理发展的不同阶段，竞争情报的作用重点是不同的[6]，如图 4.2 所示。

杨冰（2007）分析了环境竞争情报在企业决策过程中的重要意义，认为环境竞争情报可以减少企业在决策过程中对事物认识或判断的不确定性和信息的不对

[1] 王曰芬，臧强. 企业战略管理与竞争情报. 情报科学，2001（1）：9-10.
[2] 胡鹏山. 竞争战略与竞争优势. 北京：华夏出版社，2002：96.
[3] 王明明. 竞争情报企业战略管理的新热点. 科学决策，2003（11）：14-16.
[4] 任珂. 竞争情报与电信企业的战略管理. 湖北邮电技术，2004(4)：25-27.
[5] 李艳. 竞争情报与企业战略风险管理. 情报理论与实践，2006(1)：20-24.
[6] 周九常. 竞争情报在战略管理发展历程中的作用. 情报学报，2007（2）：216-221.

称性，是联系企业与外界的桥梁与纽带[1]。

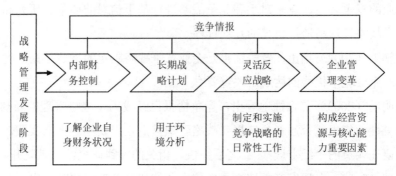

图 4.2　竞争情报在战略管理发展阶段的主要作用

资料来源：周九常. 竞争情报在战略管理发展历程中的作用. 情报学报. 2007(2)：218.

周九常（2007）还基于战略管理的未来发展趋势，分析了竞争情报未来在战略管理中的作用重点，包括：第一，竞争情报的服务范围将进一步扩展，不但为单一企业服务，而且为企业所在的整个商业生态系统或企业网络组织提供情报服务，不仅要注重竞争情报的独占性，也一定程度上要求竞争情报的共享性；第二，更加注重竞争情报的连续性、灵敏性和及时性；第三，更侧重于支持企业长远战略的谋划、制定、实施和调整；第四，强调为企业占领未来战略制高点提供有价值的情报服务。

上面对竞争情报在战略管理中功能的一些具有代表性的相关研究，进行了总结整理，从中可以全面理解竞争情报的战略管理功能，那就是：战略管理催生竞争情报，竞争情报支持战略管理，二者互相依赖、互为依托，共同消长。没有竞争情报的支持，企业决策者就不可能全面掌握竞争环境、竞争对手和竞争策略的相关信息，也就不可能制定出正确、有效的战略；反之，竞争情报没有战略管理的需要，企业决策者对外部环境信息的需求有限，竞争情报也难以拥有生存和发展的土壤。这个结论的获得，将是本章后续内容的研究起点，可以很好地用来指导后续研究中企业技术创新战略中的竞争情报实践性应用。

---

[1]　杨冰. 企业环境竞争情报的战略地位及其开发路径. 情报杂志，2007（5）：90-92.

4.2.2 竞争情报与战略管理的关联

竞争战略需要信息，竞争情报提供信息，但是在过去相当长的一个时间内，企业决策者却没有严格、及时的信息分析，用来辅助制定具有决定性的有效的行动，这种现象出现的主要原因是竞争情报与竞争战略之间存在"缺口"。对如何弥补这种"缺口"，实现竞争情报与竞争战略之间的关联，有效发挥竞争情报对企业战略的辅助功能，相关学者不断探索，其中大家比较一致地认为关键解决途径就是要确立争情报与战略管理之间的关联关系。

例如，Mark J. Chussil（1996）提出了弥补竞争情报和竞争战略之间"缺口"的三种嫁接工具：第一，情景思考和规划，利用竞争情报跟踪可以展示情景演变的早期预警指标；第二，实时战略，组织竞争战略信息系统，在相关数据被请求之前就对它们进行跟踪；第三，根据不同的情景应用新的战略工具和过程，如竞争战略模拟器[1]。Tyson（2002）中明确地提出竞争情报与战略管理之间的链接关系，分析了竞争情报活动与战略管理流程之间存在"缺口"的原因：缺少一种运行在动态性、及时性、结构化、模块化基础之上的决策流程，以及不断地从竞争情报流程获取信息的持续的战略流程[2]。

Liam Fahey（2007）则认为可以通过两个问题诊断竞争情报团队与经理层之间是否存在着沟通问题[3]。第一个问题是：贵企业是否支持促使"战略—情报链接"的合作调查？第二个问题是：有关的市场情报是否激励战略思维？如果回答是否定的，可能有两种原因。首先，经理人员不知道向情报人员提出哪些特定问题。结果，在许多情况下他们提出了一些非常笼统的问题。第二，情报人员未能将战略制定看作他们工作的一部分，因此无法挑战管理者根深蒂固的视角、观点和假设。他认为，从"战略—情报链接"的根本上矫正这种通信不畅的现象，需

---

[1] Mark J. Chussil. Competitive Intelligence Goes to War: CI, the War College, and Competitive Success. Competitive Intelligence Review, 1996, 7(3): 36-69.

[2] 柯克·W·M·泰森（Kirk W. M. Tyson）著，王玉，郑逢波，张佳浩等译. 竞争情报完全指南. 第 2 版. 北京：中国人民大学出版社，2004：8-36.

[3] Liam Fahey. Connecting Strategy and Competitive Intelligence: refocusing intelligence to produce critical strategy inputs. Strategy & Leadership, 2007, 35(1): 4-12.

要高层管理者提出由情报解决的特定问题，指引并驱动对话；也需要情报人员创造成为重要战略输入的情报输出。而评价"重要性"的标准应该包括：整个组织的执行经理和管理者能否找到与战略开发和执行相关的情报输入？这种高层管理者的定向问题和情报人员的真正战略输入创造整合的目标是，实现情报部门能力的重大改进。这种提升的能力将使情报部门的日常工作不再是单纯的市场变化描述而是战略评估。

4.2.3　竞争情报战略功能的运作机理

如果分析竞争情报的战略功能，可以看作是让我们"知其然"的话，那么分析竞争情报对企业竞争战略的作用机理，就是让我们知其"所以然"，这具有更为重要的实际意义。在这方面，陈峰和梁战平（2003）从战略管理全过程入手，阐述了竞争情报与战略管理的互动与融合关系[1]。他们认为没有竞争情报能力的同步跟进，企业传统信息功能难以完成监测、分析外部环境信息和竞争对手的任务，在不能"知己、知彼、知环境"的情况下，战略制定、战略选择和战略实施都难以高质量完成。后来，陈峰还在其博士论文中提出了竞争情报价值链模型，在国内较系统地研究了战略管理中竞争情报的运作机理[2]。

另外，董素音和蔡莉静（2007）认为战略管理是一个多次信息反馈构成的闭环过程，竞争情报的作用正是在企业战略决策过程的不同阶段实现的[3]，她们形象地描绘了竞争情报在企业战略决策过程中的作用机理，如图4.3所示。

---

[1]　陈峰，梁战平. 构建竞争优势：竞争情报与企业战略管理的互动与融合. 情报学报，2003（10）：632-635.
[2]　陈峰. 面向企业战略管理的竞争情报研究[博士学位论文]. 北京：北京大学，2002.
[3]　董素音，蔡莉静. 竞争情报理论与方法. 北京：海洋出版社，2007：12-15.

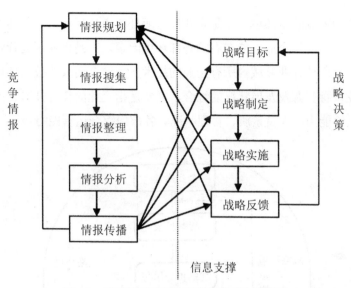

图 4.3　战略管理过程中竞争情报的作用机理

资料来源：董素音，蔡莉静. 竞争情报理论与方法. 北京：海洋出版社，2007：12.

4.3　技术创新战略情报流程与分析方法

在企业技术创新战略管理过程中，必须要有竞争情报的支持。本节首先分析技术创新战略的组成要素，然后从竞争情报的视角分析技术创新战略管理的整体流程，最后介绍在企业技术创新战略管理中所使用的主要竞争情报方法。

4.3.1　技术创新战略的组成要素

技术创新战略的制定取决于各个企业的实际情况。不过就技术创新战略制定的过程而言，在需要考虑的组成要素方面，却是相对固定的，如图 4.4 所示。

从上图可以看出，技术创新战略的组成元素包括了以下六个主要方面：

1. 战略环境

战略环境是指企业制定、实施技术创新战略所面临的总体环境，可分为外部环境和内部环境两部分。外部环境由三方面构成：一是国际市场环境、政府政策法规等构成的宏观政策环境。二是企业经营所处的市场环境，它包括顾客需求状况、竞争对手状况等企业不能左右的外部环境因素。三是企业所处行业技术发展的状况，这是由该行业领域内所有企业的技术实力综合而成的技术环境。内部环境则是企业自身资源及发展状况的综合，主要是指企业的核心技术、技术研发实力、资金供给能力、人员素质、管理状况、各部门综合运营能力等。

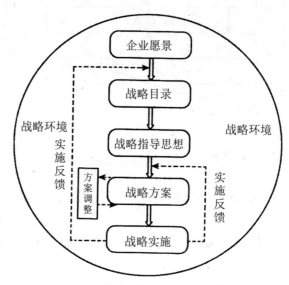

图 4.4　技术创新战略的组成要素

资料来源：本研究整理

2. 企业愿景

企业愿景是指企业可以预见，并且可以用语言加以描述的对未来的憧憬，是一种意愿的表达，概括了企业的未来目标、使命及核心价值。它能指引企业的发展方向、经营策略、通信技术、产品研发等所有细节，是企业的行动纲领。摩托罗拉公司早在"二战"时就确立了其未来发展的整体愿景——"让每个人都拥有一部手机"，其中也包含了对未来技术创新活动的设想。在之后的几十年时间里，摩托罗拉公司正是在这一愿景的指引下，开展了大量的技术创新活动，生产出体积更小、成本更低、性能更卓越、造型更美观的手机。

3. 战略目标

战略目标是企业愿景的具体化、清晰化，是企业技术创新活动对内外部环境变化所做出的恰当反应，是企业计划和评估技术创新战略管理活动的依据。

企业技术创新战略目标按其时间的长短，可分为长期战略目标和短期战略目标两类。长期战略目标具有长时间、较稳定、前瞻性等特点。其中的"长期"具有两方面含义：一方面是说该目标的实现需要长期的努力才能实现；另一方面是指该目标对企业技术创新的指导意义，将在很长时间内持续发生作用。短期目标在时间上与长期战略目标相对应，是企业为实现长期目标而将其分解成的具体的阶段性目标。它的制定将指导企业在一个较短时间内的技术发展方向。

4. 战略指导思想

在确定了战略目标后，战略指导思想则是关于如何实现战略目标的基本思路和整体观念，它是技术创新战略的灵魂，包括了对技术方向、企业技术创新能力获取渠道的选择，对基本技术路线、实施战略的基本策略的确定等内容。

5. 战略方案

战略方案是在确定了战略目标及战略指导思想后，为技术创新战略的实施所做的具体安排，也可以说是企业的战略行动部署。它包括以下四方面内容：

（1）创新技术的筛选。由于技术资源的有限性，企业不可能发展每一种技术。这就要求企业分清自身核心能力，将技术资源用到最具价值的技术上。

（2）技术创新模式的选择。在这方面，企业需要综合自身研发力量与资金实力，具体考虑是选择自主研发、外部引进还是与其他企业或部门合作开发，或者组建技术创新联盟。当然，只要对企业有利也可考虑多种方式的综合应用。

（3）技术创新协作方案。技术创新的成功不仅仅取决于技术部门本身，而且还要取决于营销、管理、生产等企业部门以及与外部资源的合作。为此，必须设计好与相关部门的"界面"协作，以及与相关外部力量和资源的协调。

（4）创新成果市场化推广方案。企业技术研发的目的是为了占有市场、销售产品、获取利润。因此，技术创新成果的市场推广方案是否成功，对技术创新的最后结果显得十分重要。其内容主要包括上市时间选择、广告宣传筹划、商务模式选择、促销计划制定、分销渠道设计、物流运输安排等。

6. 战略实施

战略实施是在创新战略方案制定完成后的实施操作活动。实施过程中一个非常重要的方面就是控制，就是要及时监控技术研发、产品生产、市场开拓等过程中出现的任何与计划不相符合的信息，并及时向有关方面反馈。反馈类型按信息接收对象的不同分两个层次，一是出现了较大的方向性差异，必须要反馈到最高管理层，对战略目标进行调整；二是在总体目标正确，但出现操作性差异的时候，将信息反馈到战略方案确定层，对战略的具体实施方案适当调整。

4.3.2 技术创新战略的竞争情报流程

如果从竞争情报的视角分析，技术创新战略管理的整体过程如图4.5所示。

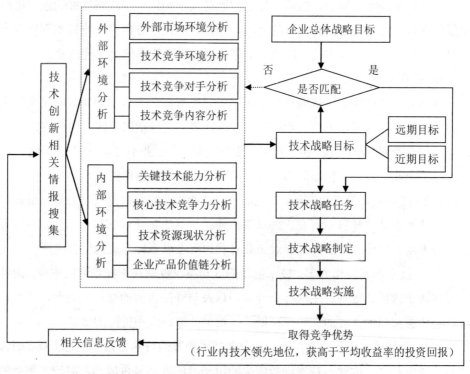

图 4.5 竞争情报视角的技术创新战略流程

资料来源：本研究整理

对于图 4.5 所反应的技术创新战略管理整体过程，可以这样进行描述：

首先，需要对与技术创新有关的相关情报进行搜集，以便在技术创新战略制定之前进行环境分析，这里的环境分析包括内部环境分析和外部环境分析两个部分，其主要目的是了解外部环境的宏观环境、市场环境和技术竞争态势，以及企业内部的技术资源状况、关键技术能力、产品价值链、核心竞争力等。

然后，根据对内外部环境的分析结果，确定本企业的技术战略目标，并将该技术目标与企业的总体战略目标相对比，如果匹配成功，则可以据此确定技术战略任务，否则需要再进一步去搜集相关的技术创新情报，对内外部环境再进行分析，之后再根据新的分析结果，结合企业总体战略来调整技术战略目标。

最后，根据确定的技术战略任务，即可进行技术战略的制定和实施。实施成功之后，应该能给企业带来一定的竞争优势，这可以表现在不同的方面，例如本企业在行业内取得技术领先地位，获得高于平均收益率的投资回报；或者是企业取得了一定的技术专利，但是不自己实施，而是通过转让获得了超额利润。在技术创新战略实施一段时间后，还必须作好实施效果的反馈，为此需要及时盘点技术创新的应用价值，必要时需要根据反馈结果再重新做战略规划。

4.3.3 技术创新战略的竞争情报方法

关于竞争情报方法的文献较多，但与技术战略管理联系起来，研究其中竞争情报方法应用的很少。本小节探索性地对企业技术战略管理中常用的竞争情报方法进行归纳，并对各种不同方法的适用对象、应用目的进行了归类分析。

1. PEST 分析法

在企业制定技术战略的时候，必须对外界的宏观环境进行分析，这通常可以采用 PEST 分析方法。所谓 PEST 方法，就是指从政治（Politics）、经济（Economy）、社会（Society）和技术（Technology）等多个不同的角度，分析环境变化对本企业技术战略影响的一种方法，如图 4.6 所示。

（1）政治环境。是指那些制约和影响企业运营的政治环境要素，包括政治形势、政府结构、法律法规、军事政策等。政治环境的变化对企业的生产经营活动的影响往往是明显的。但是，政治因素对企业来说是不可控的，带有强制性的约束力，企业必须适应这些环境。

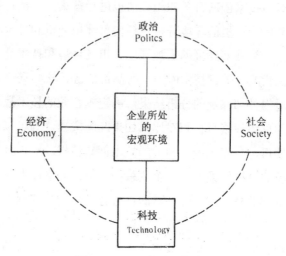

图 4.6　PEST 宏观环境分析

资料来源：本研究整理

（2）经济环境。是指构成企业生存和发展的社会经济状况及国家的经济政策，包括社会经济结构、经济体制、发展状况及发展速度、宏观经济政策要素、生产力布局、银行信贷和市场发育程度等。

（3）社会环境。是指企业所处的社会结构、社会风俗和习惯、价值观念、行为规范、生活方式、文化传统、人口规模与地理分布等因素。

（4）技术环境。是指目前社会技术总水平及变化趋势，技术变迁、技术突破对企业的影响以及技术对政治、经济、社会环境之间的相互作用的表现等。从一定程度上来讲，技术环境对企业技术创新战略的制定最为直接。这里的技术包含了"硬技术"和"软技术"两个方面。前者是指一切对企业颇为重要的物质化的新技术，包括新材料、新能源、新工艺、新设备和新产品等；后者是指可以直接用于生产产品的信息化技术，同时还包括管理思想、经营策略等。

2. "五力模型"分析法

在企业进行技术创新战略指定的时候，进入某一新领域或进行多元化经营时，都应注意对新进入领域的产业结构进行分析，特别是要对该领域现有竞争对手的竞争强度、生产经营成本、生产能力的饱和状况、替代产品威胁的大小、买方供方侃价能力的大小等进行详细的分析。在此基础上，结合本企业的条件才能决定是否进入该技术领域。在这一方面，迈克尔·波特教授提出的"五力模型"是行业竞争结构分析的一种最主要的分析工具，其结构如图 4.7 所示。

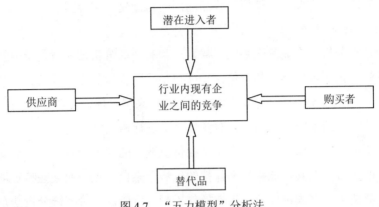

图 4.7 "五力模型"分析法

资料来源：本研究整理

根据该模型，产业竞争的强度以及产业利润率是由产业内现有企业之间的竞争、供应商、购买者、替代品以及潜在进入者五种作用力共同决定的。

（1）现有企业之间的竞争。需要分析产业增长率、固定成本及增值、产品差异、商标的知名度、转换成本、集中程度和平衡情况、信息上的复杂性、竞争厂商的多样化、公司的利害关系、退出障碍等。

（2）潜在进入者。主要分析行业进入壁垒，如行业的规模经济、独具一格的产品、商标的知名度、转换成本、资本需求、销售渠道、绝对的成本优势、必要的投入、专有的低成本、产品设计、政府政策、竞争对手的预期反击等。

（3）供应商。需要分析供应厂商和企业在产业里的转换成本、投入代用品的存在、供应厂商的集中程度、批量大小对供应的重要性、与产业里购买总量有关的成本、投入或成本与众不同的影响、产业内企业前向联合的威胁和后向联合的威胁的比较等。

（4）购买者。需要分析用户讨价还价的力量、客户的集中程度、企业的集中程度、客户的购买量、客户的转换成本与企业的转换成本的比较、客户的信息、后向联合的能力、渡过危机的能力、价格敏感性、价格与购买总量、产品差异、商标知名度、对质量与性能的影响、客户的利润、决策者的积极性等。

（5）替代品。需要分析替代品的技术成熟度、产品生命周期、相对价格表现、生产与转换成本、主要客户使用替代品的倾向与接受程度等因素。

3. 价值链分析法

当企业在分析一个竞争对手的时候，一种有效的分析方法就是价值链分析。这种方法就是按照价值链中的价值活动（包括采购物流、生产经营、发货物流、市场销售、售后服务在内的基本活动，以及包括高层管理、人事劳务、技术开发、后勤供应等方面活动的辅助活动）对竞争对手进行相关分析。

企业所创造的价值，实际上来自企业价值链上的某些特定的价值活动。企业在竞争中的优势，尤其是能够长期保持的优势，来自于该企业某些特定环节的竞争优势，抓住了这些关键环节，也就抓住了整个价值链。价值链分析法是识别企业竞争优势的一个有利的战略工具。但是，如果把企业作为一个整体来考虑，就无法识别这些竞争优势。因此，必须把企业活动分解，并通过考察这些活动本身及其相互间的关系，来确定企业的竞争优势，这就是价值链分析法的内涵。也就是说，价值链分析法将企业分解为构成竞争优势的基础活动，并确定对竞争优势起作用的活动间的联系，判定出企业在创造价值过程中的利弊。

价值链分析法在技术创新战略管理中，可以用来对企业技术跟踪与监测，其主要贡献在于通过对企业技术开发这一基础性活动的全面剖析，从而分析出技术开发对企业价值链中其他环节的作用，最终找到企业竞争优势的来源。而企业的竞争优势，对于企业技术创新战略的选择，具有重要的影响。例如，采用低成本竞争优势的企业，一般来讲就不适合采用技术领先战略，而对于采用技术性能领先优势的企业，在制定技术创新战略时，最好采用技术领先战略。

4. SWOT 分析法

SWOT 分析方法的具体分析框架如表 4.2 所示。实际应用时，只要将优势（S）、劣势（W）、机会（O）和威胁（T）分别逐条标注到对应的空格中，然后根据各个因素之间的交叉关系，可以从 SO 战略、ST 战略、WO 战略和 WT 战略中选择对自己最有利的一种。SWOT 分析方法在技术创新战略管理的情报分析中，可以用于技术跟踪与监测方面，这主要是通过优势、劣势、机会和威胁的分析，发现并利用自身的技术优势，创造企业发展机会，以此规避技术风险和威胁。

表 4.2　SWOT 分析矩阵

内部因素 \ 外部因素	机会（O）	威胁（T）
优势（S）	SO 战略	ST 战略
劣势（W）	WO 战略	WT 战略

资料来源：本研究整理

5. 竞争对手模型分析法

波特的竞争对手分析模型，如图 4.8 所示，该模型通过对长远目标、先行战略、自我假设和企业实力四个方面的分析，可以了解竞争对手的战略，评估其优势、劣势以及可能的竞争反应模式。竞争对手分析模型和 SWOT 分析方法有着千丝万缕的联系，因为各个因素的分析最终的归结，还是对竞争优势的讨论。

图 4.8　竞争对手分析模型

资料来源：本研究整理

下面是一个竞争对手分析模型法和 SWOT 分析方法相结合的案例。

在 20 世纪 90 年代初，本田已经在美国消费者心目中成为了轻型摩托车的代名词，而重型车市场却一直被美国的摩托车制造商哈雷—戴维逊所主导。这无疑对本田进入重型车市场造成很大困难。因此，本田公司就对它将在重型车市场上遇到最强大的竞争对手——哈雷公司，进行了竞争对手分析模型法和 SWOT 分析方法相结合的综合分析，并开展了长期的技术跟踪与监测，然后在此基础上做出如表 4.3 所示的战略分析表，并制定了相应的技术创新战略对策。

表 4.3   "哈雷—戴维逊公司"技术战略分析表

实力	假设	目标	战略	分析	对策
重型车技术成熟，设计先进	当前产能不能满足市场需要	不断推出哈雷非摩托车产品及开发轻型车	正积极扩展自己的产能	威胁到自己的轻型车和其他相关产品销售	推出有竞争力的重型车产品并占领市场的机会
品牌影响大，客户忠诚度高	过去产品形象不佳	继续保持在技术上的优势	正在逐渐改变，力图吸引年轻人客户	是自己重型车进入市场的强大阻力	要加大促销力度，保住老顾客，争夺新顾客
美国人工成本比较高	产品价格高				利用低成本来产生价格竞争优势

资料来源：本研究整理

根据上述分析，本田公司做出了竞争对手可能对自己进入重型车市场采取的回应预测，并且也设计好了自己可选择的战略：利用哈雷公司当前生产能力不足的时机，积极向美国重型车市场推出自己的重型摩托车，以价格优势、高性价比争取顾客和经销商；同时出击哈雷公司在较长时间都不可能进入的欧洲市场；加大广告力度，以经济、环保、形象优雅等不同特征吸引新一代不同类别的顾客，巩固自己的轻型车市场；以更先进的技术、更现代的设计风格、体现节能与环保参与重型车高端市场的竞争，积极开发其他商品强化品牌影响。

6. 定标比超分析法

"定标比超"是由英文 Benchmarking 翻译而来，也称为基准调查、基准管理、标高超越、立杆比超等，是指将本企业经营管理各方面的状况与企业竞争对手或行业内外一流的企业进行对照分析的过程。

定标比超作为一种重要的竞争情报分析方法，还可以从情报这个角度作进一步的理解：运用情报手段，将本公司的产品、服务或其他业务过程与本公司的杰出部门、确定的竞争对手或者行业内外的一流企业对照分析，提炼出有用的情报或具体的方法，从而改进本公司的产品、服务或者管理等环节，达到取而代之、战而胜之的目的，最终赢得并保持竞争优势的一种竞争情报分析方法。

自从 1979 年在施乐公司首创以来，定标比超的概念已为许多的企业所接受，并逐渐风靡全世界。在日益激烈的市场竞争环境中，越来越多的企业意识到定标比超之于企业生存和发展的重大意义——提高产品质量和生产效率、提高企业管理水平和客户的满意度，从而赢得和保持企业竞争优势。

事实上，定标比超分析已经成为竞争情报领域的重要工具，是目前使用最多的竞争情报分析方法之一。福特汽车公司早在 20 世纪 80 年代初期，在进行一种新产品研制时便开展了定标比超。它列出了 400 多条用户认为最重要的汽车性能，然后找出各项指标均属一流的车型，千方百计赶上和超过强劲的竞争对手。最后的结果是，该企业造出了当时畅销一时的"金牛座"牌汽车。

定标比超方法的整体过程包括五个阶段，各阶段包含的步骤如图 4.9 所示。

7. 广告跟踪分析法

广告跟踪分析法，就是本企业通过对竞争对手发布广告的内容、容量、密度、媒介等进行调查，据此分析竞争对手的技术优势、重点市场、重点品种、竞争策略等等。

需要说明的是，一般企业不会把具体的技术信息放到广告里系统地告诉受众。所以，竞争情报收集者要注意通过广告词与对于产品或者技术的描述，提取出其中的技术要素，然后加以整合，形成一个系统的竞争情报报告。

例如，我国某汽车公司 A 产品的主要定位是中档商务轿车，在国内这一市场的主要竞争车型有 M 和 B 两大品牌。A 公司发现包括上述两者在内的许多车型在国内各大电视台、电台、报纸及网站上都作广告宣传。

于是，A 公司特别注重对这两个竞争对手的广告分析。他们决定根据广告内容对竞争对手的产品进行分析，以便发现其技术情况及主要性能，然后根据自己的资源优势，进行整合突破。以此谋取市场中的竞争优势。

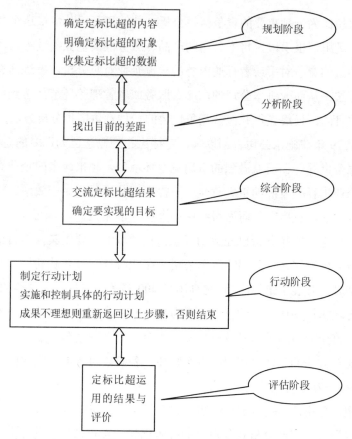

图 4.9　定标比超的整体过程

资料来源：本研究整理

　　下面以其对 B 品牌的广告跟踪分析为例，对其广告跟踪分析法做简要说明。

　　首先，根据 B 品牌的广告词"静与美，动于千里之外"与"赢万千掌声易，赢内在宁静难"等，可以看出，该汽车主要吸引用户的是其宁静与美观：其一，发动机声音小，怠速时觉察不到已打着了火；其二，外形美观，迎合大众口味。

　　然后，又根据平面广告上该汽车的图形、图片分析：发现 B 品牌车外形大方、美观，坐进去让人觉得稳重、大气；悬挂的舒适性很好，空间绝对够大。

　　接着，根据网站上比较详细的广告内容，查找出相应的技术参数，具体包括车身参数、发动机参数、底盘参数、安全装备、驾驶操控设备、舒适性装备、其他个性化设备参数等等。根据这些参数，对照自身的技术实力，逐个检查，进行关键技术突破。

例如，从动力提升和油耗方面考虑，对发动机位置及最大功率提升进行技术创新；从舒适性方面考虑，则对 B 品牌未配备的防眩目后视镜、GPS 导航系统、氙气大灯、加热座椅等方面重点创新；从安全性方面出发，对 B 品牌没有配备的侧安全气囊、后坐安全气囊、防盗系统等进行技术创新。在此基础上，又进行了用户调查，找出各类用户对各种参数的不同需求，以及对同档车型优缺点的评价，在已有技术的条件下进行科学的技术创新要素组合。

最终，A 公司顺利地推出了多款适合不同消费群体的档次不同的商务车型。

8. 财务报表分析

在技术创新过程中，因为牵涉到资金投入，所以还需要进行财务情报分析，为此可使用财务报表分析方法。通过认真分析本企业的财务报表，可以从资金支持方面为企业的技术战略决策和技术模式选择提供重要依据。而通过各种方法收集和分析竞争对手的财务报表，可以分析其目前的经营状况、融资渠道以及投资方向等情报，进而可以预测其在近一段时间内技术创新资金投入的强度。

财务报表分析可以按照不同的标准，进行不同的分类，如表 4.4 所示。

表 4.4　财务报表分析的多种分类方法

分类依据	类型划分	含义
分析主体	内部分析	内部管理部门对本企业财务状况进行的分析
	外部分析	外部利益集团根据各自的要求对企业进行的财务分析
分析对象	资产负债表分析	对资产负债表中相关财务指标所进行的财务分析活动
	损益表分析	对损益表中相关财务指标所进行的财务分析活动
	现金流量表分析	对现金流量表中相关财务指标所进行的财务分析活动
分析方法	比率分析	将财务报表的相关项目对比，得出一系列的财务比率
	比较分析	包括纵向比较与横向比较，前者将企业本期的财务状况同往期的财务状况对比，揭示其变动趋势；后者与同行业或其他企业对比，了解本企业在同行业中位置
	图表分析	通过制作数据图表来直观地对财务数据进行分析

分类依据	类型划分	含义
	综合分析	对各种财务数据和财务指标进行系统的综合分析，典型的方法有财务比率综合评分法、杜邦模型分析法等
分析目的	可分为偿债能力分析、获利能力分析、营运能力分析、发展趋势分析等	

资料来源：本研究整理

9. 人力资源分析法

在技术创新过程中，因为牵涉到大量的技术研发和项目管理人才的参与，所以还需进行人力资源分析。对于技术创新战略中的人力资源分析来说，通常可以采用"人力资源系统树模型"的分析方法，如图 4.10 所示。

利用图 4.10 的模型时，应从人力资源激励和考核两个方面入手，采取向下逐级拓展的方式，最终可以分解出企业内部人力资源的状况和所具备的能力。

10. 专利分析法

专利是技术竞争情报中一种最为有效的载体，能否有效利用专利情报是企业技术取胜的关键。专利分析法，就是通过分析专利申请人在申请专利时的书面文件，来发现申请人的技术水平、工艺路线、经营方向等情报。其作用体现在三个方面：第一，为新产品开发带来市场竞争优势；第二，促进新产品开发快速进入良性循环；第三，为企业提供保护自己出击竞争对手的法律武器。

关于专利分析法的具体内容，这里不再展开。在下一节，将介绍专利分析方法中一种重要的情报分析工具——专利地图在技术竞争态势分析中的应用。

以上介绍的竞争对手分析方法，在技术创新管理中各有不同的作用，例如广告分析法、财务报表分析法、专利分析法等大多倾向于竞争对手的战术跟踪和分析，而价值链分析法和 SWOT 分析法，则可以比较具体地对竞争对手、企业自身和竞争环境做出分析研究。图 4.11 说明了各种分析方法的具体应用职能。

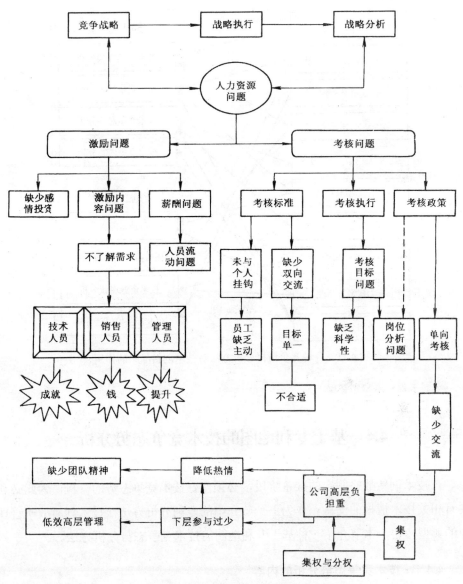

图 4.10　人力资源系统树模型

资料来源：王苹非. 企业决策工具与方法：欧美工商管理经典工具的解析、使用和操作. 北

京：机械工业出版社，2002.

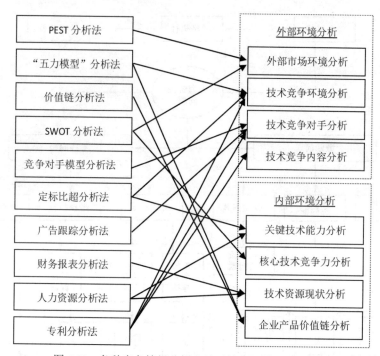

图 4.11　各种竞争情报分析方法对技术创新战略的作用

资料来源：本研究整理

4.4　基于专利地图的技术竞争态势分析

在技术创新战略制定的准备阶段，必须作好技术竞争态势的分析，为此必须要有相关技术情报的支持。作为上一节介绍的专利分析方法在技术创新战略管理中的典型应用，本节介绍一种基于专利地图的技术竞争态势分析方法。

4.4.1　技术竞争态势分析的内容

进行技术竞争态势分析是制定技术创新战略准备工作中的重要一环。只有熟悉了包括技术对手、技术环境、竞争技术在内的整个技术竞争态势，企业制定的技术创新战略才能有的放矢。

当前，国内外有关于技术竞争分析的研究不少，但大多只是单一阐述或简单运用，很少提到对技术竞争态势的分析。

结合国内外相关研究，根据现代企业竞争理论，本研究把技术竞争态势分析分成三部分：竞争技术环境分析、竞争技术内容分析和竞争技术对手分析。

1. 竞争技术环境分析

当一家企业已经进入某技术领域之后，或者是准备涉足该技术领域之前，都需要对该技术领域的整体技术竞争环境认真分析，以便了解该技术领域的总体竞争环境态势。

具体来说，企业所面临的竞争技术环境主要包括四个方面：该领域的目前技术发展趋势，该领域主导产品的技术生命周期，相关国家或地区在该领域的技术发展情况，一些主要技术竞争对手的识别与分析。

2. 竞争技术内容分析

每个行业都有其主要的技术区域或发展分支，这些技术属于研究的重点。竞争技术内容的分析，就是针对某个技术领域中的重点研究分支、重点发展技术进行分析和研究，以便找出当前最具有竞争力的技术，或者是找出在未来可能会具有竞争力优势的潜在技术。

换句话说，竞争技术内容分析的目的，就是整体了解当前某技术领域中的重点应用技术、核心发展技术和潜在可行技术。

3. 竞争技术对手分析

企业要想顺利发展，就必须充分了解自身的技术竞争对手。要了解竞争对手在双方具有竞争关系的技术领域上技术资源投入情况，以及资金投入量随时间的变化情况，特别要了解到技术实力较强的竞争对手，要了解其研发趋势的变化，这对于准确判断其产品动向，进而采取相应的应对方案十分重要。

需要注意：在特定情形下，竞争对手也可能会成为合作伙伴（比如组建技术合作创新联盟）。对技术竞争对手的跟踪包括多个方面，例如竞争对手的研发重点、人员情况、技术实力、核心团队、研发趋势以及不同竞争对手之间的关联关系。

只要对上面三个部分的情况都进行了深入的分析，一个技术领域的竞争态势就基本上已经确定，然后企业就可以据此制定具有针对性的技术发展战略。

4.4.2　专利地图及其绘制方法

1. 专利地图的含义

狭义的专利地图指对搜集到的各种专利数据，进行形象化的表示后，所得到的有关专利信息的各种图形、表格。而从广义来讲，专利地图可以看作是一种整理、分析和利用专利的综合性方法，这种方法将定量和定性分析结合在一起，并使得分析结果更加便于利用，可以从中获得有用的专利情报[1]。

2. 专利地图的作用

专利地图是一种重要的专利情报工具，它能够很好地搜集、整理和利用专利信息。不论是在知识产权管理、技术营销管理还是在技术创新管理中，专利地图都已经发挥着举足轻重的作用。具体来说，专利地图在专利情报利用中，可以起到"承上启下"的重要作用。这里所谓"承上"，就是可以将检索到的专利信息，经过归纳、整理与加工，以数据的形式归入各种不同格式的图表中，供定量分析使用。所谓"启下"，就是指通过对相关专利信息的对比、分析，做出推测和判断，从而得到相关专利可利用水平、技术动态、发展趋势等重要情报，为企业分析技术竞争态势、制定技术战略、限定开发目标等服务[2]。

当前，专利地图在世界技术发达国家和地区得到广泛的应用。例如，日本政府在过去 20 多年的时间内，为了帮助企业制定技术发展战略、开发最新商机，并进一步促进对专利情报的使用，一直坚持收集和分析每个技术领域的专利信息，并制作好专利地图，免费放在网上，供相关企业参考使用。其中仅在通讯技术一个领域，日本的专利地图就涉及到红外线传感和应用、图像识别技术、无线通讯技术、视频通话技术等十五个方面。韩国知识产权组织也通过其典型项目——移动电话专利地图的激励，从 2000 年开始在所有的工业领域制作和推广专利地图。我国台湾地区在最近 10 年里，也成功地制作出语音辨识、多芯片模块、MPEG 视讯、碳纳米管等诸多技术领域的专利地图，并以此指导技术的研发和进行未来产

---

[1] 王兴旺，孙济庆. 专利地图在技术竞争分析中的应用研究[J]. 图书情报工作. 2009（12）：79-82.

[2] 戚昌文，邵洋. 市场竞争与专利战略[M]. 武汉：华中理工大学出版社，1995：126.

品的战略部署。在我国，近几年也有许多学者开始研究专利地图，并开始将其实际运用在某些行业，但是产业化趋势还不明显。

3．专利地图的类型

按照不同的分析目的，专利地图可划分为如下三种类型：专利管理地图、专利技术地图、专利权利地图[1]，它们各自的含义与目的如表 4.5 所示。

表 4.5　专利地图的类型划分

类型	含义	目的
专利管理地图	针对管理和决策层面的以经营管理为目的的专利情报分析	查明竞争对手动向、产品开发趋势、市场占有率和研发费用和人才投入情况
专利技术地图	针对研发部门的应用以技术研发为目的的专利情报分析	了解某技术在该领域内的发展趋势、集中程度，预测技术的未来趋势。从而可以为研发中的回避设计、技术地雷、技术挖洞等战略提供重要信息参考
专利权利地图	将专利权利要求作为主要的分析目标，将现有技术专利的权利范围进行整理分析，揭示出权利要求范围、权利转让、侵权可能性、权利状态等信息	一方面可以明晰自己的权利要求和研发目标，以免今后产品在生产或是投放市场时与竞争对手发生专利纠纷。另一方面，通过检索专利权利范围，可以评估自身技术是否具备可专利性、是否可以产业化

资料来源：根据下面的文献整理。金泳锋，唐春. 专利地图对技术创新风险的认知及预测初探[J]. 电子知识产权，2008，(07): 34-37, 42.

4．专利地图的绘制流程

专利地图的绘制流程，可以分为六个阶段，分别是确定研究主题、专利数据获取、建立专利数据库、专利数据分析、专利地图生成和专利地图更新。其中每一个阶段又包括一些具体的操作步骤，整体的流程如图 4.12 所示。

4.4.3　专利地图与技术竞争态势分析的关联

对于技术竞争的态势分析，其实也可以利用前面介绍的一些常用的竞争分析方法，例如波特"五力"模型分析方法、SWOT 分析方法、定标比超方法、价值

---

[1] 金泳锋，唐春. 专利地图对技术创新风险的认知及预测初探[J]. 电子知识产权，2008,(07): 34-37，42.

链分析方法等。但是，根据上面的介绍，专利地图能很好地揭示出包含在专利文献中的各种技术环境和技术对手的重要情报，这对于了解相关技术领域的外部发展趋势、当前技术发展态势、竞争对手的技术策略都有重大帮助。

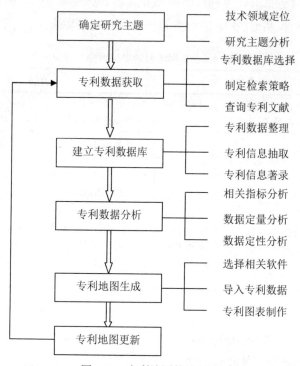

图 4.12　专利地图的绘制流程

资料来源：本研究整理

通过专利地图工具，针对技术竞争态势分析的三个方面（竞争技术环境分析、竞争技术内容分析和竞争技术对手分析），就可以挖掘出相关专利分析、技术专利地图与技术竞争态势分析之间的内在联系，如图 4.13 所示。图中蕴涵的工作流程可以描绘为：首先，确定技术竞争态势分析的研究主题，然后根据研究主题来绘制各种专利地图，接着运用专利地图来分析包括技术竞争环境、竞争性技术、竞争对手在内的技术竞争态势，最后根据相关专利地图的分析结论，再结合企业的技术发展战略，形成最终的技术竞争态势分析报告。

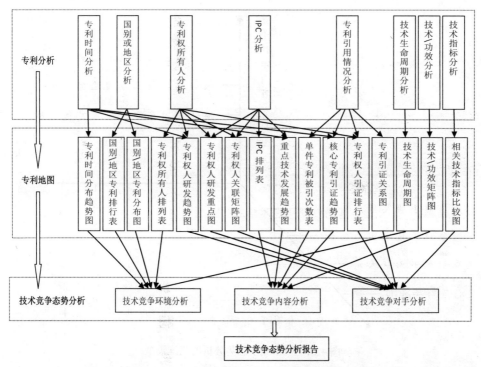

图 4.13 专利分析、专利地图与技术竞争态势分析的关联关系

资料来源：本研究整理

4.4.4 基于专利地图的技术竞争态势分析模型

基于专利地图的技术竞争态势分析，可以围绕所分析的三个方面展开，将竞争技术环境分析、竞争技术内容分析和竞争技术对手分析各自作为一维，就形成图 4.14 所示的技术竞争态势分析三维模型，每一维又包括了多个角度。

上图所示的技术竞争态势三维分析模型，每个维度的分析可以分别通过相关的专利地图来阐释。其在技术竞争态势分析的具体应用，如表 4.6 所示。

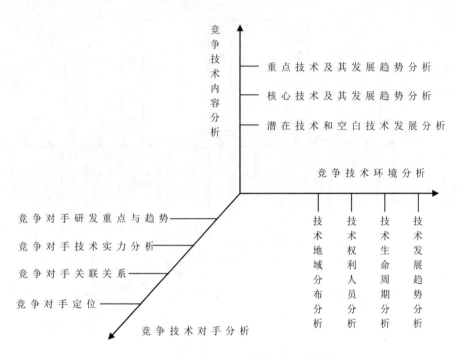

图 4.14　技术竞争态势分析的三维模型

资料来源：本研究整理

表 4.6　基于专利地图技术竞争态势三维分析模型的应用

维度	具体内容	地图类型	应用说明
竞争技术环境分析	技术发展趋势分析	专利时间分布趋势图	如果近年专利申请数量少，并且增幅明显，表明该技术处于导入期。若近年专利申请绝对数量比较大，并且呈上升趋势，说明处于发展期；若呈下降趋势，则说明处于衰退期；若升降幅度不大，则说明该技术目前处于成熟期
	技术生命周期分析	技术生命周期图	基于相关技术领域专利授权数量、专利权拥有人数量的变化，以及其中发明专利所占比重来反映该领域的兴衰，分析技术未来走向，预测今后技术发明的生长点、技术开发的新方向和技术进入市场化阶段的可能性，这可以为企业的市场进入或退出决策提供参考的依据
	技术地域分布分析	相关区域专利分布图	同样的技术在不同的地理区域会有不同的侧重点。因此，了解一项技术的地理区域分布，可以帮助企业了解相关技术在空间上的分布，便于制定专利空间区域的布局战略

续表

维度	具体内容	地图类型	应用说明
竞争技术环境分析	主要技术权人分析	专利权持有人排行表	通过分析专利权持有人，可以揭示出当前主要的专利技术拥有者，进而可以了解技术实力较强的竞争对手
竞争技术内容分析	重点技术热点分析	IPC 排行表	能揭示某技术领域的专利在各个 IPC 类别中的分布情况。某 IPC 类中聚集的专利数量越多，表明该类技术越重要
	重点技术发展趋势	重点技术发展趋势图	针对 IPC 排行靠前的技术类别，可以揭示出该类技术专利数量随时间而变化的趋势，进而可判断其发展轨迹
	核心技术发展趋势	核心专利引证趋势图	核心技术往往被后期的专利所大量引用。因此，通过核心专利引证时间趋势图，就可以找到当前的核心技术专利
	潜在空白技术分析	技术/功效矩阵图	根据该图中的专利分布密度，可以很容易地判断出技术密集区、地雷禁区、尚未开发区，以及有利可图的利基
竞争技术对手分析	对手研发趋势分析	专利权人研发趋势图	竞争对手在技术上投入的技术资源多少，可以通过其专利产出来判断。运用专利权人研发趋势图，可以非常清楚地发现竞争对手在技术研发过程上的投入强度和变化趋势
	对手研发重点分析	专利权研发重点分布图	运用该图，可以分析出竞争对手在该技术领域内申请专利技术的分类，进而可清楚地识别出竞争对手的重点技术
	对手潜在关联分析	专利权人关联图或矩阵	识别竞争对手之间的关联性，有助于了解竞争对手之间的潜在联系。这表现在两个方面：技术合作的紧密度和研发技术的相似性，专利权人关联图可发现这些信息
	竞争对手定位分析	专利引证图	通过竞争对手所拥有专利的质量，可以来评价竞争对手在整个行业中所处的地位，然后据此来判断企业的类型
	对手技术实力分析	专利权人引证排行榜	通过专利权人引证排行榜，可以看出各个专利权人所拥有的专利被引次数的多少，这可以从质量上来测度专利权人的技术实力，也就可以从本质上揭示出企业的技术实力
	专利指标评价	CHI 专利指标体系[1]	利用相关指标可比较企业的技术实力，可以是本企业与行业平均值对比，也可以是本企业与若干标杆企业的对比

资料来源：本研究整理

---

[1] 专利评价指标有多种，比较常用的是这里提到美国 CHI Research 公司构建的 CHI 专利指标体系，该指标体系包括多个量化指标，其中针对企业技术实力进行评价的指标主要有 5 个，分别是：专利增长率（Patent Growth Rate，PGR）、当前影响指数（Current Impact Index，CII）、技术力量（Technology Strength，TS）、科学关联度（Science Linkage，SL）、科学力量（Science Strength，SS）。

第 5 章　自主创新竞争情报应用分析

在 2006 年召开的以"自主创新"为主题的全国科技大会上，"建设创新型国家，创建国家创新体系，增强自主创新能力"被国家领导人多次强调。而要创建国家自主创新体系，作为创新主体的企业必须加强创新过程中的竞争情报建设，以此提高创新成功率。本章对自主创新中的竞争情报应用进行分析。

5.1　自主创新能力与自主创新体系

5.1.1　自主创新能力的组成

自主创新是相对于他人创新而言的，是相对于技术引进、技术模仿而言的一种创造活动，创新活动中所需的核心技术来源于内部的技术突破，摆脱技术引进、技术模仿对外部技术的依赖，依靠自身力量、通过独立的研究开发活动而获得的，其本质就是牢牢把握技术创新核心环节的主动权，掌握核心技术的所有权，并在此基础上实现新产品的价值，其成果一般体现为新的科学发现、新产品的开发以及拥有自主知识产权的技术、品牌、服务等。自主创新的特点包括三个方面：创新动力来源的主观性、技术与市场的率先性、知识和能力支持的内在性。从自主创新的构成来看，它是以本企业为主体，含有较多自主知识产权的创新；从活动过程来看，是以本企业为主导，不受他人主宰的创新；从创新结果来看，它是为己而谋，为己而用，并为己带来较大收益的创新。

要想提高自主创新水平，必须注意提高自主创新能力。从字面上理解，自主创新能力就是依靠自身的力量进行创新的能力，也就是将创新资源转化为新产品、新工艺、新服务、开拓新市场、新品牌的能力。这里的自主创新能力按照创新主体的不同，又可以分为国家（区域）层面的自主创新能力和企业自主创新能力两种。前者有助于支撑国家经济发展、保障国家经济安全，并能对全球科技发展产生重大影响；而后者通过建立新的企业技术平台或者改变企业的核心技术和关键技术能力，可以实现产业关键技术的重大突破或开发出新产品。

其实，自主创新能力是贯穿于技术创新过程中的一种合力，国内外不同的学者分别从不同角度对其组成要素进行过分析，表5.1所示为一些代表性观点。

表5.1 自主创新能力组成要素的不同观点

序号	内容
观点1	是R&D能力、生产准备、市场营销能力、管理能力等的综合体现
观点2	包括创新决策能力、R&D能力，技术引进与消化吸收能力、市场开拓与竞争能力、资金筹集与调度能力、对外协作与公关能力、人才开发与培训能力等
观点3	是组织能力、适应能力、创新能力和技术与信息获得能力的综合
观点4	是一种包括选择能力、研发能力、集成能力和学习能力的综合能力
观点5	是产品开发、改进生产技术、储备、生产、组织等能力的综合
观点6	可以分解为资源投入能力、创新管理能力、创新倾向、R&D能力、制造能力、营销能力以及它们的组合效率——技术创新产出
观点7	分为创新决策能力、R&D能力、生产能力、市场营销能力、组织能力
观点8	由可利用的资源、对竞争对手的理解、对环境的了解能力、公司的组织结构和文化、开拓性战略等组成

资料来源：根据下面图书中的相关内容整理，清华大学技术创新研究中心.创新与创业管理[M].北京：清华大学出版社，2006.

借鉴以上观点，本书将自主创新能力的构成要素划分成如下四个方面。

1. 创新资源的支配能力

创新资源的支配能力就是指可支配的技术创新资源的数量和质量。这些主要包括财力、人力和物力资源，也就是经费、人员和技术设备。创新主体拥有或可支配上述资源的多少以及质量的高低，是自主创新能力形成的基础，并在一定程度上体现自主创新能力的未来发展趋势和技术发展的作用空间。

2. 创新平台的建设能力

创新平台将人力、财力、物力等创新资源合理搭配，最终实现创新资源向最终产品的转化。从宏观方面看，国家层面科技创新体系的完备与否是技术创新活动的一个重要平台；从我国现实状况来看，国家和省部级工程技术研究中心、生产力促进中心，以及高新技术企业孵化器等是从事创新活动的重要载体。只有掌握了这些创新载体，才能够真正实施"自主"意义上的创新。而从技术创新的微观主体——企业来说，企业信息化水平、技术创新氛围、情报服务体系、技术创新激励机制等都是创建平台的基础工作。

3. 创新环境的保障能力

创新环境要素作为自主创新活动的社会支持系统，它是创新资源要素和创新平台要素在市场上实现的政策、体制和文化保障，这其中包括宏观经济环境、社会人文环境、区域市场化程度、对外开发开放程度、技术与知识的流动能力以及科技政策、管理措施、软环境建设等等。

4. 创新成果的产出能力

创新成果是指创新主体借助于创新载体，运用创新资源，向社会提供的新科学发现以及拥有自主知识产权的技术发明、新产品、市场品牌等。它们是先前创新活动（研究开发）的产出，又是后续创新活动（商品化、市场化）的投入，是自主创新能力的直接体现。根据创新成果的表现形式，创新成果的产出能力又可分为知识创造能力、技术创造能力、新产品创造能力、品牌创造能力、产品营销能力等。

上述四个构成要素中，核心和显形的（它是看得见、摸得着的，"外人"最容易看到的）是创新成果的产出能力，其他三个方面在"外人"看来可能是隐形的，但是它们对创新成果的产出能力的形成和发展具有决定性的影响。以上四个要素整体上是一个紧密结合的统一体，他们之间的关系如图 5.1 所示。

5.1.2　自主创新体系的结构

中国科学院在《迎接知识经济时代，建设国家创新体系》的报告中，提出了关于中国国家创新体系的概念："国家创新体系是由与知识创新和技术创新相关的机构和组织构成的网络系统，其主要组成部分是企业（大型企业集团和高技术企业为主）、科研机构（包括国立科研机构、地方科研机构和非赢利科研机构）和高等院校等；广义的国家创新体系还包括政府部门、其他教育培训机构、中介机构和起支撑作用的基础设施等。"[1]这表明国家创新体系是一个知识创新和技术创新并举的系统，其中包括知识创新系统、技术创新系统、知识传播系统和知识应用系统等不同的组成部分，具体组成结构如图 5.2 所示。

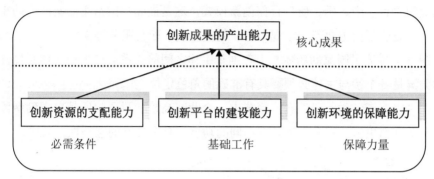

图 5.1   自主创新能力构成要素及其相互关系

资料来源：本研究整理

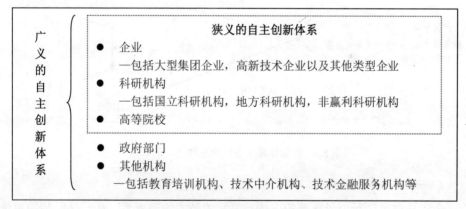

图 5.2   自主创新体系的构成

资料来源：本研究整理

5.1.3   自主创新主体及其作用

在图 5.2 中只是指出了国家技术创新体系的组成情况。其实，在国家创新体

---

[1] 迎接知识经济时代,建设国家创新体系[J]. 中国科学院院刊，1998(3)：165-169.

系中，每个创新主体都发挥着各自不同的作用，它们之间相互影响，相互协作，只有处理好各个创新主体的关系，才能使创新体系发挥其最大的优越性。

在整个国家创新体系中，企业、高校和科研院所之间的紧密合作，体现了一种高效的"官、产、学、研"合作创新模式，这是提高我国自主创新能力的重要保证。而政府部门主要起到宏观指导、整体协调、配套服务等作用。

图 5.3 描述了国家创新体系中各创新主体之间的关系。自主创新体系良性运行的关键是各个参与主体必须要具有准确的角色定位。

在"官、产、学、研"合作模式中，企业、高校和科研院所是自主创新体系中的三个创新主体。三个主体具有不同的功能，具有良好的互补性。其中：

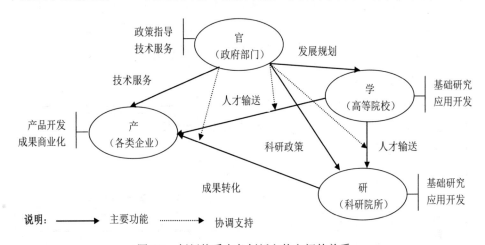

图 5.3　创新体系中各创新主体之间的关系

资料来源：本研究整理

企业是自主创新中最重要的主体，是相关技术的需求者，在产品研制和市场开发方面具有一定的优势。其作用主要体现在两个方面，一是进行研究开发，产出科研成果，二是进行成果商业化，实现自主创新的经济效益，这两方面不一定是一对一的承接关系，因为企业也会直接引进高校和科研院所的科技成果。

高校的工作主要偏重于基础理论研究和科研人才培养，其在自主创新体系中的作用体现在两个方面：第一，在研究开发方面，可以向企业提供科研成果；第二，能够培养大量的自主创新技术人才，向企业和科研院所顺利地输送。

　　科研院所在应用研究方面有专长，但一般来说对市场需求关注不足，在自主创新体系中其主要功能是通过研究开发方面向企业提供科研成果，不过其科研方向要保证不能与企业实际需要相脱节，创新成果的内在价值必须要经得起市场的检验，要"以产定研、以研促产"。特别是在目前各级各类科研机构都在逐步改制的情况下，其科研活动必须要以市场为导向，科研选题以市场前景作依据，只有这样，创新成果才能够顺利实现商业化，从而增强自主创新能力[1]。

　　在自主创新体系的运行过程中，政府具有重要的指导和服务功能。从国际经验上看，政府要促进企业自主创新，可以给予项目资金和政策支持，也可以提供相应的配套服务。更重要的、具有普遍适用性和长期性的手段，就是创造良好的政策环境。只有好的创新政策，才能真正调动企业技术创新的激情。

　　从图 5.3 可以看出，政府作为创新体系的主导，不但要对企业、高校和科研院所的创新方向进行引导，做好宏观调控，提供良好的保障制度，制定符合国情的自主创新政策，同时还要引导产、学、研之间建立一定的技术创新联盟。

　　综上分析，我国自主创新体系中各主体的作用方式，可描绘成图 5.4 所示。

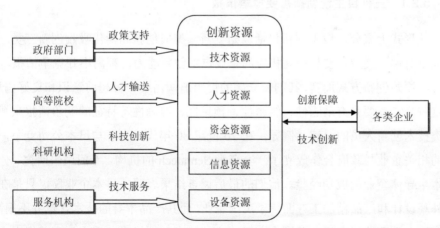

图 5.4　我国自主创新体系中各创新主体的作用

资料来源：本研究整理

---

[1]　许宗衡. 坚持产学研一体化增强自主创新能力[J]. 求是，2006(9)：39-41.

5.2　竞争情报对于自主创新的价值

在当前的动态竞争环境下，提升企业自主创新能力是确立企业竞争优势的重要手段。进入新世纪以来，党中央从战略高度明确了科技创新对我国经济社会发展的重大意义，做出了"自主创新是推进经济结构调整的中心环节"这一重要论断，强调通过自主创新增强企业核心竞争力的战略思想。

2004 年 12 月 29 日，胡锦涛总书记在视察中国科学院时强调："坚持把推动科技自主创新摆在全部科技工作的突出位置，坚持把提高科技自主创新能力作为推进结构调整和提高国家竞争力的中心环节[1]。"

但是，自主创新是一种新的探索，整个过程充满了不可控因素。降低这些不可控因素的一个重要手段，就是要及时地获得全面、准确的情报。竞争情报是企业自主创新取得成功的一个重要法宝。

5.2.1　三种自主创新都需要竞争情报

从形式上来分，自主创新包括原始创新、集成创新和消化吸收创新三类。其实无论对哪一类型，要想提高相应的企业自主创新能力，都离不开竞争情报。

就原始创新方式而言，其创新立题的提出迫切需要一种超前意识和良好构思，而这些都是需要具有前瞻性、缜密性、预见性、准确性等特征的竞争情报来触发各类技术创新人员的灵感。例如，在 20 世纪 80 年代，为了与日本公司竞争，美国的相关企业与政府合作成立了一个名为 Sematech 的机构，专门用来研究、分析日本半导体企业的成功经验。他们的最后调查结果表明：日本企业仅仅只是在产品外观设计和产品精加工方面优于美国企业，而其产品本身的技术含量并不很高。得知这一重要情报之后，美国企业迅速启动技术创新战略，重点放到了提高本土半导体产品的技术含量。通过一系列半导体产品和技术原始创新战略的实施，美

---

[1]　周宇华，王健，李志勇. 科研院所科技成果转化工作中的障碍因子分析[J]. 科学学研究，2005 (1): 182-186.

国人最终重新获得了全球半导体市场的垄断地位[1]。

对于集成创新而言，其本身的决策过程需要不断优化，而这与竞争情报的数量和质量密切相关，与集成创新相关的竞争情报越具有针对性，其最终的决策优化就越有把握。例如，在 20 世纪 80 年代末，微软公司因为决策失误，没有投入全力开发网络浏览器项目，结果使得网景公司一度占据高达 80%市场份额。微软公司为夺取该市场，竞争情报部门每月定期监视网络浏览器市场占有率的变化，作为本公司制定网络浏览器市场策略的指导方针。经过认真分析，并通过制定网络浏览器与操作系统不断捆绑的技术方案，最终夺取了网络浏览器市场领导者的地位。微软公司与网景公司争夺网络浏览器的过程，既是集成创新的决策优化的过程，也是竞争情报充分体现针对性、跟踪性、有效性特征的过程。

对于消化吸收创新来说，其成功运作更要依靠高度智能化的竞争情报应用，消化吸收创新离不开竞争情报的支持。例如，1969 年，瑞士人研制出了世界上第一块石英电子手表，但是对该项技术没有重视，也没有预见到石英表的未来发展趋势；而之后日本著名钟表商西铁城掌握了石英电子表技术后，认为石英电子手表市场大有可为，该公司于是通过技术创新，制造出了高精度石英电子手表。随后又借鉴了机械表的优点，推出了世界上最精确的高频石英表。西铁城的成功，就是得益于不断运用竞争情报引导企业进行消化吸收创新活动。

5.2.2　竞争情报推动自主创新能力提升

竞争情报能够推动企业自主创新能力的提升。竞争情报提升企业自主创新能力过程，实际上就是竞争情报向技术知识演变的一个过程，如图 5.5 所示。

图 5.5 表明，企业自主创新能力越强，就意味着企业技术开发能力越强。而企业技术开发能力越强，将情报转化为知识的能力就越强。因此企业自主创新能力越强，其技术能力也就越强，与之对应，该企业将竞争情报转化为知识的能力也越强。由此可见，竞争情报和自主创新能力二者具有良好的互动关系。

---

[1] 黄国涛. 竞争情报推动企业自主创新能力提升[J]. 科技管理研究，2006,(06)：97-99.

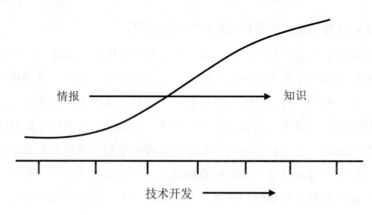

图 5.5　技术开发与情报、知识的关系

资料来源：[美]普赖斯科特. 竞争情报应用战略[M]. 吉林：长春出版社，2004: 312.

5.2.3　竞争情报提高自主创新的效率

在促进技术创新效率提高方面，竞争情报可以起到很好的助推剂和催化剂作用[1]。具体来讲，这种作用主要体现在五个方面：有利于不断优化创新决策；有利于把握市场创新战略；有利于降低技术创新的投机性风险；有利于提高技术创新的效率；有利于技术管理水平的提高[2]。

在新产品开发的自主创新战略中，竞争情报所起到的作用是：为确立产品创新战略提供依据；在产品创新中起导向作用；为产品创新战略的制定和实施提供保证；有助于优化产品创新战略[3]。

5.2.4　竞争情报支持自主创新全部阶段

在自主技术创新的不同阶段，都需要各种不同类型的竞争情报，例如：科学技术情报、产品竞争情报、产业竞争情报、技术竞争情报、市场竞争情报、人力资源情报信息、政策环境竞争情报、金融财务情报等。

---

[1] 谢新洲，柯贤能. 技术竞争情报在技术创新体系建设中的应用[J]. 图书情报知识，2009 (1): 121–124.
[2] 黄国涛. 竞争情报推动企业自主创新能力提升[J]. 科技管理研究，2006,(06)：97-99 .
[3] 倪伟明. 掌握利用竞争情报提高企业自主创新和市场竞争能力[J]. 冶金信息导刊，2007 (2): 37-38.

由此可见，在企业自主创新过程中的各个不同阶段，竞争情报都能起到重要的支持作用。当然，对于各个不同阶段，竞争情报所起的作用是不相同的[1]。

具体表现为：

- 在技术创新的创意构想阶段，竞争情报能够帮助企业敏锐地感知市场机遇。
- 在技术创新的模式决策阶段，竞争情报能够优化企业创新的决策流程和效果。
- 在技术创新的产品研发阶段，竞争情报能够提升技术创新的工作效率。
- 在新产品的批量生产阶段，竞争情报能够提高和加快产品生产进度。
- 在新产品的市场销售阶段，有效的竞争情报有助于快速实现产品市场化，进而能够增大产品的市场竞争力。

5.2.5 自主创新与竞争情报的流程融合

在通过对企业技术自主创新的组织机理进行了分析之后，李艳刚，郝学东（2008）得出了一个结论：企业竞争情报的流程与企业技术创新过程可以实现有机的融合，在具体的融合形式上包括纵向和横向的两种方式[2]。其中：

二者之间纵向融合的实现机制包括两个层次：第一个层次是企业创新战略与竞争情报进行融合；第二个层次是竞争情报流程与技术创新过程进行融合。

二者之间横向融合的实现机制主要是通过竞争情报系统来融合技术创新网络。这体现在三个方面：首先，竞争情报系统与国家层面、行业层面和企业更面的科研网络进行融合，构成技术创新协作情报支持系统。其次，企业竞争情报系统与企业组织创新系统融合，以便构建企业组织创新模型。最后，进行企业竞争情报组织系统的创新。企业技术创新的信息网络、人际网络、技术联盟决定了企业组织创新的成败。

5.2.6 竞争情报为自主创新的内生变量

企业自主创新模型中包含着内生变量和外生变量两种类型。其中，内生变量

---

[1] 刘小韩. 竞争情报在技术创新中的作用[J]. 河南科技,2007(5): 4-5.

[2] 李艳刚，郝学东. 企业竞争情报与技术创新融合机制探讨[J]. 商业时代，2008 (33): 62 - 63.

是指企业自主创新所要决定的或决定企业自主创新的内部因素，例如创新要素、创新资源、创新成本、创新组织、创新收益等；外生变量是企业自主创新据以决定的外部因素，例如市场竞争、创新竞争、产业政策、相关法规、技术标准等。那么，竞争情报到底是企业自主创新的内生变量，还是外生变量呢？

从当前的研究看，竞争情报正被一些学者视为企业自主技术创新模型的内生变量[1]。例如，仪德刚，齐中英（2007）构建了集技术竞争情报、技术路线图、技术预见和技术发展战略于一体的企业自主技术创新模型[2]，如图 5.6 所示。

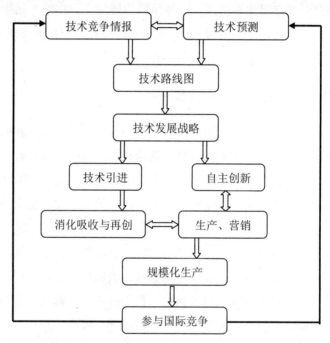

图 5.6　基于 CTI、技术预见和技术路线图的企业自主创新模型

资料来源：仪德刚，齐中英. 从技术竞争情报、技术预见到技术路线图——构建企业自主创新的内生模型[J]. 科技管理研究，2007(3):18.

---

[1] 吴琦磊，邓金堂. 竞争情报与企业自主创新关系问题研究进展与方向[M]. 情报杂志，2009(11)：112-115.

[2] 仪德刚，齐中英. 从技术竞争情报、技术预见到技术路线图——构建企业自主创新的内生模型[J]. 科技管理研究，2007(3): 13-14,18.

图 5.6 所示模型中的要点包括：首先，设计基于 CTI 和技术预见基础之上的技术路线图，其中技术路线图这一工具可以作为企业实现自主创新的内生条件；其次，在制定企业技术路线图的过程中，信息、计划、营销等部门负责人共同参与，其主要任务是搜集 CTI，并结合政府机关或行业协会的技术预见工作，多方位综合技术发展机会，并最终制定创新战略目标。可以看出，CTI、技术预见与技术路线图的联合是企业自主创新顺利实施的内在因素。CTI 是企业技术创新模型的内生变量之一，它与技术路线图、技术预见两个内生变量的关系是：基于 CTI 的技术路线图是企业完成自主创新的根本保证；基于技术预见的技术路线图是企业可持续发展的根本前提；CTI 在技术路线图制作中可发挥重要作用。

从企业自主创新阶段模型还可以看出，企业自主创新各个阶段需要的技术信息、市场信息、管理信息等，已经成为企业自主创新阶段模型所要决定的变量，也就是已经成为企业在各个阶段取得创新成功的内在因素[1]。企业获取不同阶段的信息需要有不同的方法。例如，设想阶段采用 SWOT 分析、技术评价、定标比超方法；研发阶段采用竞争对手跟踪和监测法、专利情报分析法；商品化阶段采用波特"五力模型"分析法；市场化阶段采用波士顿矩阵分析法等[2]。

5.3　自主创新竞争情报内容与作用分析

在企业自主创新的过程中，各类情报发挥着重要的保障作用。本节分析企业自主创新情报需求的动因、情报需求的类型，以及各类情报的内容分析。

5.3.1　自主创新竞争情报需求的动因

关于企业自主式技术创新中的信息情报需求，很早就有学者进行分析。不过开始的时候，人们用的更多的术语是信息，而情报在当时被视为是一个特定的称

---

[1] Hesting William Roy , Woods Hathleen H. Experiential Modeling : Innovation Opportunity for Competitive Intelligence Professionals[J]. Competitive Intelligence Review ,1996 (7): 35-44.

[2] 齐仲锋，张薇. 竞争情报在企业技术创新中实现机制的分析与设计[J]. 情报杂志，2006 (8): 84-88.

谓。例如，吴丹和易辉（2001）指出：在企业自主式技术创新过程中，如果缺少现代化的科技信息系统和丰富的信息资源作支撑，技术创新工作将很难获得成功。因此，在经济全球化的时代，相关信息已成为企业自主式技术创新的重要基础和成功保证[1]。徐士敏（2001）论述了企业自主式技术创新中信息需求的形成、内容特征、形式特征、影响因素及满足条件等内容[2]。陈义浩（2002）分析了企业自主式技术创新中三类主要信息及其各自作用，并列举了企业获取这些信息的十大渠道（从企业内部获取，从用户处获取，从图书情报机构获取，从政府机构获取，从竞争对手处获取，从中介机构处获取，从研究机构获取，从新闻媒体获取，从相关会议上获取，从网络上获取）[3]。陈益君（2002）调查分析了浙江省企业技术创新中信息需求的现状，发现传统媒体已经不再是企业自主式技术创新信息获取的主导性渠道[4]。孙克，李焕萍（2004）认为：很多情况下企业技术创新能力低下的一个重要制约因素，就是信息不足，必须加强企业内外部组织之间的沟通来解决信息不足的问题[5]。

根据以上分析，可以看出，企业技术创新的情报需求是在企业完成技术创新任务、实现创新目标的过程中自然形成的，其根本原因是企业需要通过信息的搜集、处理、分析和利用，来保证创新产品的研制或引进成功，并占领市场，消除企业技术创新过程中的各种不确定性因素，从而赢得最大化的效益。

也就是说，企业自主式创新活动对于情报需求的动因，主要源于以下方面：第一，它是企业准确把握市场创新战略的需要；第二它是优化技术创新决策的需要；第三，它是提高技术创新效率的需要；第四，它是降低技术创新投机性风险的需要；第五，它是提高企业技术管理水平的需要。

[1] 吴丹，易辉. 企业技术创新中的情报需求与情报信息服务. 图书情报知识，2001(01)：39-41.
[2] 徐仕敏. 企业技术创新的信息需求及其满足[J]. 情报理论与实践，2001(03)：190-193.
[3] 陈浩义. 论信息在企业技术创新中的作用[J]. 现代情报，2002(03)：75-77.
[4] 陈益君. 浙江省企业技术创新及信息需求现状的调查分析. 图书情报工作，2002(06)：37-41.
[5] 孙克，李焕萍. 企业技术创新中信息需求及组织沟通的作用[J]. 地质技术经济管理，2004(03)：70-73.

5.3.2 自主创新的情报源及其类型

企业创新情报源，是指与技术创新相关的情报资源的总称。企业在技术创新时，为了规避风险，减少不确定性，获得预期的效益，就必须综合考虑来自多个方面、多种类型的情报资源。对于企业技术创新情报源的类型，有很多人曾经做过一定研究。例如，张刚（1998）将其分为内部来源与外部来源两个方面。内部来源可概括为：最高管理层、内部 R&D、营销、生产、内部激励措施、技术监测、具有特殊技能的人员等；外部来源可概括为：政府支持企业创新的计划、政府合同、各种会议、竞争态势、有形技术的获取、无形技术的获取、培训课程、与客户的合作、与咨询者的合作、与分包商的合作、与其他企业的合作、与大学的合作、与研究机构的合作、科学技术文献、专利、商业文献以及各种法规、准则、规章、标准和税收[1]。

目前关于自主创新情报需求的研究还较少，但有些文献研究了企业作为创新主体其自主创新不同阶段的信息需求，其实这里的信息在一定程度上就是本文研究中的情报。例如，吴晓明（2000）研究了企业技术创新不同阶段的信息需求，创新构思阶段的信息需求包括科技动向信息、技术信息、政策法规信息、竞争信息、经济走向信息、社会需求动向信息、企业内部信息；研究开发阶段的信息需求包括产品动向信息、生产工艺状况信息、标准信息、企业自身状况信息；应用与扩散阶段的信息需求主要包括国内外先进管理理论、管理制度、管理水平、管理方法、管理手段、管理技术和管理创新、市场状况、市场竞争状况和售后服务等[2]。常永华（2004）认为企业自主创新信息需求包括技术信息、市场信息、企业环境信息和竞争情报[3]。张培锋（2005）认为企业自主创新信息过程中需求的最主要信息类型包括市场信息、政策信息、技术信息、管理信息和人才信息[4]。朱秀梅、陈凌（2008）提出企业自主创新过程中所需要的信息类型主要包括市场

[1] 张钢. 企业技术创新的动力源与信息源[J]科研管理，1998，(04)：27-31.

[2] 吴晓明. 企业技术创新中的信息需求及其对策[J]. 情报杂志，2000，19 (3): 56-58.

[3] 常永华. 面向企业技术创新的信息需求及支持系统研究[J]. 情报杂志，2004 (12): 38-40.

[4] 张培锋. 企业技术创新的信息需求与信息服务[J]. 情报探索，2005 (1): 81-83.

信息、技术信息、竞争信息、人才信息、管理信息、政策信息和资源信息[1]。许家梁（2001）认为，企业技术创新信息源可分为三类（人才信息、科技信息、市场信息），共 22 项：（1）创新人才信息；（2）科技成果信息；（3）在研项目信息；（4）知识产权法律状态信息；（5）实验设备信息；（6）标准计量与检测技术信息；（7）加工设备与加工技术信息；（8）产品造型与包装设计信息；（9）各级技术中心信息；（10）高新技术创业中心信息；（11）教育与培训信息；（12）科技文献信息；（13）科技经贸法规信息；（14）科技经贸政策信息；（15）科技经贸统计信息；（16）技术创新示范信息；（17）金融信息；（18）国内外产品市场信息；（19）国内外原材料及市场信息；（20）潜在合作伙伴与潜在竞争对手的信息；（21）企业信息化建设进展情况及相关软件的开发信息；（22）产品创新案例信息[2]。陈浩义（2002）将创新信息源分为技术信息、市场信息和政策信息三类[3]。

综合上述分析，本文将企业自主创新中的情报源进行如表 5.2 所示的分类。

表 5.2 企业自主创新中所需情报的类型划分

类型	内容
技术情报	与产品本身发展有关的技术情报 与产品生产过程相关的技术情报 与产品的管理、销售、服务相关的技术情报
市场情报	市场需求/市场环境方面的情报 市场行情/市场销售方面的情报
竞争情报	竞争对手的基本信息 竞争对手的市场占有率情况 竞争对手的经营活动信息
人才情报	信息"看门人"和市场"看门人"的相关信息 创新倡导者/领先客户/创新构思生产者/技术难题解决者的信息 技术创新项目管理人员的信息
政策情报	国家科技政策方面的相关情报 产业发展优惠政策方面的情报 财税金融方面优惠政策的情报

[1] 朱秀梅，陈凌. 企业自主创新信息服务体系构建研究[J]. 情报资料工作，2008 (2)：49-52.
[2] 许家梁，刘宏仁. 开发信息资源为技术创新服务[J]. 津图学刊，2001(1)：23-25.
[3] 陈浩义. 论信息在企业技术创新中的作用[J]. 现代情报，2002(03)：75-77.

类型	内容
管理情报	国内外企业技术创新管理的先进经验
	国内外企业技术创新管理的相关技能
	技术创新管理方面的最新理论
资源所有者情报	有利于企业接近并说服资源所有者向企业投资的情报

资料来源：本研究整理

5.3.3　竞争情报在自主创新中的作用

吴永忠和关士续（1999）在我国最早论述了技术创新中的信息范畴，信息与技术创新的不确定性，信息沟通与技术创新，技术创新过程的信息分析，技术创新的信息网络系统等问题[1]。他们在同年的另一论文中，又谈论了技术创新的不确定性与信息在技术创新中的作用，并且开创性地把技术创新看作是一种信息过程[2]。张新生（2000）将信息在企业自主式技术创新中的作用归纳为：信息能丰富创新思想；信息能优化创新决策；信息能加速创新进程；信息能提高创新效益[3]。胡伦赋（2001）将信息在企业自主式技术创新中的功能归纳为：信息能增强企业技术创新意识，触发创新构思；信息能优化企业技术创新决策，加快创新进程；信息能保障企业技术创新管理科学化，从而提高创新效益[4]。以上他们虽然提的都是信息，其实他们认为所需要的信息已经是一种重要的竞争情报。

综合以上分析，可以看出：在企业自主式技术创新中，竞争情报具有重要作用，具体体现在以下方面：

1. 增强企业的技术创新意识

信息和情报的输入可以连续地向企业传递创新思想、创新知识以及成功的创新实例，可以提高企业经营管理者的认识，形成企业技术创新理念。

有效的信息传输还能让企业全面掌握市场需求动态、市场竞争压力、科技成

[1] 吴永忠，关士续. 技术创新中的信息问题研究[J]. 自然辩证法通讯，1999,(01)：32-39 .
[2] 关士续，吴永忠. 从信息过程的观点研究技术创新[J]. 自然辩证法研究，1999(03)：32-36.
[3] 张新生. 企业技术创新与信息资源开发[J]. 冶金信息导刊，2000（1）：33.
[4] 胡伦赋. 企业技术创新与信息利用. 中国高新技术企业，2001（6）：20-21.

果水平、国家创新政策等。这样，可以形成企业技术创新的动因，诱发技术创新的构思，丰富技术创新的思路。

2. 优化企业技术创新的决策水平

企业技术创新决策包括创新选题、拟定方案、方案评价与修改、方案最终确定等。每个环节必须以充分的信息和情报作保障，创新决策者要在掌握相关市场信息、技术信息、政务信息、管理信息的基础上进行创新决策。

创新决策的优化与所掌握情报和信息的质和量成正比，信息吸收得越全面、准确、及时，创新决策才可能越科学。准确、及时的信息可以调整创新过程中的人流、财流和物流，使创新运行处于最佳状态，从而加速创新进程。

3. 保障企业技术创新管理的科学化

企业技术创新过程对内涉及对人、财、物等技术资源的协调和创新项目的管理，对外涉及市场竞争、技术成果、联盟合作、社会环境和经济政策等，若管理不当，很难达到预期的创新目标，甚至造成创新失败。企业通过信息不断吸收国内外技术创新的成功经验和失败教训，最终将会提高创新效益。

4. 保障技术创新整个过程的顺利

企业技术创新是一个动态的复杂过程，在其全过程中都离不开情报的支持。表 5.3 归纳了企业自主创新不同阶段的情报需求、各自功能和情报获取途径。

表 5.3　企业自主创新不同阶段情报需求、功能及其获取来源与途径

阶段	情报需求	功能	情报获取来源和途径
创新构思阶段	技术情报	正确的创新定位 避免重复开发 有效把握市场前景	技术博览会、各种专业杂志和专利出版物、顾客、竞争者、供应商、大学和科研机构
	市场情报	寻找、发现或创造顾客需求；发现新机会；减少创新风险；有效把握市场前景	互联网、电视、报纸、年鉴等二手资料企业调研资料
	竞争情报	先于竞争者发现市场机会 能形成领先竞争优势	公开的企业报告、期刊杂志、企业间合作、员工非正式、反求工程
	资源所有者情报	识别资源获取渠道 提高创新可行性	互联网、电视、报纸、亲戚朋友、企业和机构

续表

阶段	情报需求	功能	情报获取来源和途径
	政策情报	创新项目符合国家技术和行业发展的总体趋势 利用一些优惠政策措施	互联网、电视、报纸、各种出版物，其他企业和机构
研究开发阶段	技术情报	提高企业技术创新效率 减少技术开发的不确定性	技术博览会、各种专业杂志和专利出版物、顾客、竞争者、供应商、大学和科研机构
	人才情报	有利于其获得所需要的人才	互联网、电视、报纸、亲戚朋友、企业和机构
	资源所有者情报	有利于企业接近并说服资源所有者向企业投资	互联网、电视、报纸、亲戚朋友、企业和机构
试生产阶段	技术情报	有利于企业有效组织产品生产，提高产品质量和实用性	技术博览会、各种专业杂志和专利出版物、顾客、竞争者、供应商、大学和科研机构
	市场情报	使企业进一步提高产品性能、提高服务质量合理订立产品价格提供依据	互联网、电视、报纸、年鉴等二手资料企业调研资料
市场实现阶段	管理情报	树立先进的管理理念 有效组织生产和市场推广	期刊、书籍、观察、交流
	市场情报	制定有效的市场推广规划 促进销售并实现价值增值	互联网、电视、报纸、年鉴等二手资料及企业调研资料
	人才情报	有利于企业弥补人才缺口	互联网、电视、报纸、亲戚朋友、企业和机构
	资源所有者情报	提高企业资源可获得性	互联网、电视、报纸、亲戚朋友、企业和机构

资料来源：本研究整理

第6章 开放式创新竞争情报应用分析

上一章分析了自主创新中的竞争情报应用问题。其实，无论是原始创新、集成创新，还是消化吸收再创新中的哪一种自主创新形式，只要方法适当，效果明显，都是我国企业自主创新工作的可选模式。但是，强调企业自主创新，并不是要"闭关自守"地创新，还必须要将自主创新与对外开放结合起来，实现所谓的开放式创新。本章在阐述开放式技术创新的基本理论的基础上，分析了开放技术式创新中针对不同技术获取和技术实施方式中的竞争情报应用。

6.1 开放式创新基本理论

进入 21 世纪以来，企业之间的竞争已经由传统的、封闭式的"扑克规则"，逐步演变为新型的、开放式的"象棋规则"[1]。在这种自身技术资源和外部市场都具有开放性的"象棋规则"下，各个企业和竞争对手都已处于完全开放的环境，他们逐步锁定当前科技发展脉搏，并对自己的市场作好准确定位。同时，影响企业技术创新绩效的因素日益突现，例如：社会信息化背景下知识性员工的数量骤增；经济全球化背景下技术人员流动性加强；企业开放式环境下外部创新来源的增多以及可用性的增加；领先客户消费观念的不断更新；供应商的定制化生产；高校与科研机构研究能力的提高；风险投资市场的日益繁荣；技术交易市场的不断成熟；技术营销活动的逐渐普及；技术经纪人的逐步显现等等。上述因素导致现代企业的技术创新发展战略，必须要逐步向开放式创新思想转变。

6.1.1 创新理念与产生动因

开放式创新（open innovation）这一概念，最早由美国哈佛大学教授 Henry

---

[1] 郑小平. 企业开放式创新的产权欲望研究[J]. 科学管理研究，2007(03)：42-45.

W.Chesbrough 于 2003 年 5 月提出，他通过相关实证研究发现：原先那些处于行业领导地位的企业，却未能从技术创新中获益。他分析其中的原因主要在于：这些企业大多采用传统的"封闭式创新"（closed innovation）模式，而封闭式创新的原则是企业必须依靠自己的技术创意和内部市场化途径，强调成功的技术创新需要强有力的内部控制。也就是说，企业首先必须开发技术创新思维，自己想点子、筹措资金，然后进一步自主开发、研制新产品，最后将自己开发的新产品推向市场，自己建立分销渠道，自己提供售后服务和技术支持。

图 6.1 描述了封闭式创新模式下技术创新管理的流程。其中，粗实线勾勒出企业的边界。技术创意从左侧流入企业，从右侧流向产品市场。在技术创新的过程中，这些想法要经过多次的挑拣、甄选与淘汰，最后只剩下来很少一部分的创意，他们将会被进一步地进行应用研究和产品开发，直到将其推向市场。

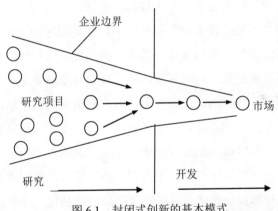

图 6.1　封闭式创新的基本模式

资料来源．本研究整理

在 20 世纪大多数时间，封闭式创新方式被很多"行业领导性"企业所采纳，并且使他们获得了巨大的成功。例如，美国通用电气公司由托马斯·爱迪生创建的著名实验室，实现了很多重要的技术突破；德国化学工业创立了中央研究实验室，成功地研制出了大量的新产品；美国贝尔实验室先是通过基础理论的研究，发现了许多令人吃惊的物理现象，然后利用这些研究成果和技术发明，成功地开发了包括晶体管在内的一些当时非常先进的产品。当时内部研究开发被企业视为一项战略性资产，甚至是许多行业禁止竞争对手进入的重要门槛。

　　但是，到了 20 世纪末，特别是进入 21 世纪之后，随着企业经营环境的变化，旧的"封闭式创新"模式已不再适用，其赖以发展的很多因素都受到严重挑战，主要表现为：第一，随着信息化和全球化的发展，技术高超、经验丰富的知识型员工流动性不断加大，这使得很多来之不易的研究成果可以非常容易地"外流"到本企业之外，使得技术外溢经常发生，进而影响本企业的技术竞争力。第二，接受高等教育的人数不断递增，高校和科研院所的技术研发力量不断增强，使得各种专业知识、核心技术开始从企业的中心实验室"外溢"到高校和科研机构，然后再通过"产学研"联盟的方式，逐步渗透到各种不同的行业、不同规模的企业中。第三，风险投资基金的发展，能够通过将外部的研究成果商品化的方式来创立新的企业，然后再把这些企业转变成为高增长、高价值的公司，这些发展速度极快的新建企业很快就会成为那些大规模"老牌"公司的强劲竞争对手，而在此之前，行业内绝大多数的技术创新和研发工作都是由这些"老牌"公司提供资金的。第四，随着许多商品和服务向市场推广的速度越来越快，基于特定技术的产品生命周期变得越来越短，同时客户的消费观念也不断变化，产品定制在某些行业成为主流。第五，随着网络化的发展，客户和供应商在产品、技术方面专业知识越来越广、博、深、准，这也降低了企业利用专业知识壁垒获利的能力。基于以上原因，Henry W.Chesbrough 提出了"开放式创新"的新模式，他认为当企业在技术创新时，应同时将所有来自于内部和外部的有价值创意有机结合，并同时使用内部生产和外部市场两条通道，实现产品的商品化。此外，根据企业内部创意最终实现的技术成果，也可以通过外部渠道使之市场化，摆脱企业当前业务模式的束缚，以此获得超额利润。

　　图 6.2 描述了开放式创新模式下技术创新管理的流程。其中用虚线勾勒出了企业的边界，这意味着企业的边界已经变得多孔疏松，是可以轻易地渗透的。

　　图 6.2 中的技术创意仍然从左侧流入企业，但是它们既有来自企业内部的技术创意（通过正常的流程流入本企业，然后进行甄选与淘汰），也有很多是来自于企业外部的技术创意（它们通过一定的方式，渗透过企业边界进入本企业内部流程。例如宝洁公司每年约 50％ 的技术灵感来自公司外部）。创新成果从右侧流向

产品市场时，既有流向现有市场，利用本企业现有商务模式来实现的；也有流向新市场的（自己未采用自己的创新成果，而是通过向其他企业颁发技术许可证实现技术转让，或通过技术交易市场、技术经纪人等进行技术外销），这可以摆脱企业当前业务范围的束缚，以此获得超额利润。例如，朗讯科技、IBM 和道氏化学（DowChemical）每年获得超过 1 亿美元的技术许可利润[1]。

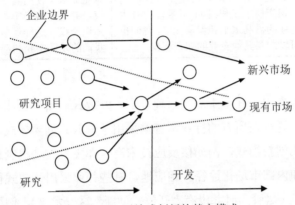

图 6.2　开放式创新的基本模式

资料来源：本研究整理

6.1.2　基本原则与适用对象

表 6.1 列出了开放式创新模式的一些基本原则，并与封闭式创新做了对比。

表 6.1　开放式创新与封闭式创新基本原则的对比

比较项目	开放式创新	封闭式创新
创新人才理念	并非聪明的人都在本企业，需要和内、外部的所有创新人才通力合作	本企业技术创新主要依靠内部的技术创新人才即可，不需要借助外力
创新构思来源	外部 R&D 也可创造巨大价值，内部 R&D 需要或有权分享其中的一部分	为了从 R&D 中获利，本企业必须自己发明创造、开发产品并投入市场
研究开发过程	并非只有本企业研究才能从中获利	需自己研究才能把产品推向市场

[1] Lichtenthaler U.External commercialization of knowledge：review and research agenda[J]. International Journal of Management Review，2005（7）：231-255.

续表

比较项目	开放式创新	封闭式创新
创新获利理念	建立一个更好的适合技术的商业模式，要比把产品推向市场更为重要	最先把新技术变化为新产品，并成功将其推向市场，就是一种胜利
市场取胜武器	如果能够充分利用企业内、外部的所有好的创意，本企业一定能获胜	如果本企业创意是行业内最多并且领先，则本企业一定在竞争中获胜
知识产权选择	本企业应当从其他企业使用我们的知识产权中获利，同时只要能提升本企业的盈利水平和竞争优势，我们也可以购买其他企业的知识产权	本企业从不使用其他企业的知识产权，并且还应当牢牢控制住自己的知识产权，这样竞争对手就无法从我们的发明中获利

资料来源：本研究整理

通过上表可以看出，在基本的创新理念上，开放式创新确实比封闭式创新先进，但是这并不是说现在所有的行业都普遍采用了开放式创新模式。有些行业仍然继续采用封闭式创新模式，例如核反应技术产业和飞机发动机制造业仍然主要依靠自己的创意和内部市场化途径。相应地，有些行业采用开放式创新模式的历史已经有几十年了（尽管当时并没有"开放式创新"这一术语），例如美国好莱坞的电影制造业，早在多年前就已经改变了其技术创新的模式——在电影制作室、导演、明星经纪机构、演员、编剧、专业外包商（例如，专门负责制作某些电影特效）和独立制片人之间通过合伙或联盟等方式建立网络关系。

表 6.2 是采用封闭式创新行业与采用开放式创新行业的特征对比。

表 6.2　采用开放式创新与封闭式创新行业的特征对比

创新方式	封闭式创新	开放式创新
行业范例	核反应、大型主机	个人电脑、电影制造业
主要特征	•主要依靠内部创意 •技术人才流动性低 •风险投资很少光顾 •新创企业很少，力量微弱 •大学等机构的影响力并不重要	•很多创意来自外部 •技术人才流动性高 •风险投资非常积极 •新创企业数量众多，力量较强 •大学等机构的影响力很重要

资料来源：本研究整理

其实不同的行业可以被排列在一条连续光谱上，其一端是完全使用封闭式创新模式，另一端则完全使用开放式创新模式，而很多行业则处在这两种模式之间的过渡段，如汽车制造、生物制药、卫生保健、电脑软件、通信设备、零售业等。

6.1.3 创新源及其动力模型

企业开放式技术创新的创新源很广，参与机构很多，这些机构之间关系也非常复杂。另外，在开放式技术创新过程中所需的与技术创新相关的资源也很多。其中，人才、技术、知识、情报是开放式创新中所需的最为重要的三类资源，其余的重要创新资源还包括资本、市场、信息以及管理等。

根据前人研究成果和自己调研分析，本文描绘了企业开放式创新的动力模型，如图 6.3 所示。

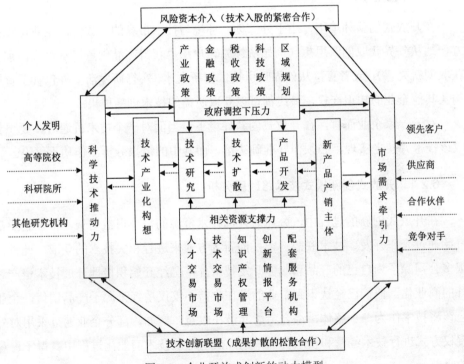

图 6.3 企业开放式创新的动力模型

资料来源： 本研究整理

从该模型可以看出，企业开放式创新的动力包括市场需求牵引力、科学技术推动力、政府调控下压力、相关资源支撑力，这些力量在企业为核心的创新主体的有机协调下，组成了一种包含多维力量，并很好地进行整合，从而发挥了强大的合力效应，经过产业化构思、技术研发、技术扩散、产品开发等技术创新环节，最终实现新产品的成功上市。

需要注意的是，该模型必须置于整个科学、技术、社会和市场的大环境中进行整体考虑。同时，在分析开放式技术创新动力模型的时候，必须兼顾到技术创新的内源动力和外源动力两类创新动力要素。

6.2　外部技术获取竞争情报应用分析

在开放式创新环境下，由于外部创新环境与技术市场的开放性，企业可以很方便地从外界获取创新思想（例如从领先客户那里获得产品创意，从供应商那里获取创新灵感），或者直接从外界吸引技术创新人才、实行研发活动外包甚至直接购买其他企业的知识产权，最终都可以获取所需的技术创新成果。

对于一家企业而言，在开放式创新环境下，当面对一个技术机遇时，要想获取该技术并使之实现，必须作好准确决策，而其中的情报分析工作功不可没。

6.2.1　开放式创新模式技术路线图分析

在开放式创新的过程中，公司对外部技术资源的需求日益增长，很多企业都开始通过合作开发、技术联盟、委托创新等方式来进行相关技术的获取。此外，很多公司除了为自己的产品和服务开发技术外，已经开始积极地开展技术资产对外的商业化。他们已经认识到企业的潜在收益不仅仅单纯来源于产品销售，企业应该将技术作为一个整体，综合考虑其潜在收益。例如，部分企业通过采用对外授权方式进行技术经营和技术营销，已经成功地从技术商业化过程中赢得了可观的收益。

不过，当前的这种技术转让方式，多数还是通过对外授权方式实现的，并不能发挥重要的战略作用。大多数企业致力于在其内部进行技术创新，开发新产品。

导致这种情形出现的主要原因是技术交易市场的低效率以及由此产生的外部技术利用的困难，尤其是当技术转让的交易成本比较高时，确定一个合适的技术交易伙伴引进技术就成为一个很大的挑战[1]。

可以看出，尽管存在各种积极的作用，外部技术开发仍然存在相当大的风险。尤其是它可能会使竞争对手掌握本公司的核心技术，提高竞争对手的核心竞争力。对于将比喻成"公司皇冠上的宝石"的本企业研发的技术成果进行商业化的行为，可能会给本企业带来潜在而严重的负面影响，而这正是许多公司坚持只在其内部应用技术的根本原因[2]。外部技术利用的机遇与风险并存，这也突出了战略技术规划与分析的重要性。

对于大多数公司来说，在开放式技术创新中都遇到了如何管理和利用外部技术的困难。与那些获得巨大成功的公司相比较，许多公司面临的技术管理难题都在于对以上问题缺乏详细的理解，成功公司的经验突显出技术战略规划在外部技术开发实施中的至关重要性[3]。

其实，在开放式创新模式下，外部技术的利用已经超越了单纯的对外转让技术的概念。因为技术转让只是外部技术商业化进程中的最后阶段。而除了实际技术的转让之外，外部技术利用还包括事先的管理工作，例如识别技术商业化的机会。这通常被认为是外部技术利用流程中最难的环节。当公司拥有解决某一问题的潜在技术方案时，它会发现很难识别在不同环境下该技术的潜在应用，因为这些应用可能属于与企业自身的产品业务完全不同的行业。

由于大多数公司目前仍然沿用外部技术利用的老办法，缺乏适当的战略技术规划工具，这势必会导致其在进入技术转让阶段之前就遭遇到严重的困难[4]。为了克服这些困难，公司需要利用一定的管理工具来对开放式技术创新中的外

[1] Liehtenthaller，U，and Ernst，H. 2007. Developing Reputation to Overcome the Imperfections in the Markets for Knowledge. Reaearch Policy .2007(1)：37-55.

[2] Rivette，K. G. and Kline，D. Rembrandts in the Attic：Unlocking the Hidden Value 0f Patents. Boston：Harvard Business School Press. 2000.

[3] Chesbrough，H. The Logic of Open Innovation：Managing Intellectual Property. California Management Review. 2003(3)：33-58.

[4] Lichtcnthaler，U. External Commercialization of Knowledge：Review and Research Agenda，International Journal of Management Reviews，2005(4)：231-255.

部技术利用作好战略规划，该规划将成为公司总体战略规划与外部技术利用规划的接口。更为重要的是，它能够协调某项技术交易各方以及公司内部各部门之间的关系。例如，如果要将自有的技术上升为行业标准，公司通常需要参与到多方授权协议中去。协调的成功关键在于建立一套综合管理办法，这套办法通常由专门的组织单位来实施。所以，外部技术利用的规划应在公司总体技术规划的范畴内[1]。

许多以技术为导向的企业纷纷利用综合性规划工具，在企业战略技术规划方面采取整体方案[2]。而技术路线图就是一种很好的用来进行技术规划的综合性管理工具，它兼顾以技术为导向和以产品为导向两个方面，目前已经成为在开放式创新背景下成功实施技术战略规划的重要工具。

总体来讲，技术路线图就是一种描述未来若干年内技术和应用之间结构关系的业务规划方法，它提供了一个经过充分讨论并达成共识的未来技术景观，并且能够作为一种决策工具，协调日益复杂和不确定环境中的各种活动与资源[3]。常用的技术路线图共有四种类型，分别是科学技术路线图、行业技术路线图、产品技术路线图，以及产品／资产组合管理路线图。从企业技术管理的角度看，其中最常用、最重要的是兼顾技术和产品两方面的产品技术路线图，这种类型的路线图能够被大多数技术导向型企业作为技术规划工具的典型代表。

产品技术路线图虽然已经明确区分了技术和产品两个层次，但是此前对企业路线图规划流程的研究却没有考虑外部技术利用。而在实际操作中，外部技术商业化越来越多地被看作是企业的一种技术战略行为，所以有必要尽早对这些行为加以明确考虑。因此，将外部技术利用作为第三层次添加到了产品技术路线图现有的框架中，就可以描绘出一幅更加完整的，基于开放式创新背景的企业技术开发远景。按照上述思想，就可以构造出技术商业化的综合路线图。

---

[1] Brockhoff，K．Technology Management as Part of Strategic Planning—Some Empirical Results．R&D Management，1998(2): 129-138.

[2] Kostoff，R. N. and Schaller，R. R． Science and Technology Roadmaps．IEEE Transactions on Engineering；Management，2001(2): 132-143.

[3] Phaal，R．，Farrukh，C. and Probert，D．Customizing Roadmapping．Research-Technology Management．2004(2): 26-37.

如图 6.4 所示，就是一家大型化工企业某业务部门的简化版技术路线图。

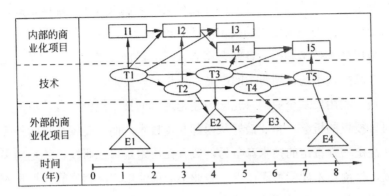

图 6.4　某大型化工企业的开放式创新技术路线图

资料来源：本研究整理

图 6.4 中这个扩展到三个层次的技术路线图是该公司的技术和市场专家共同绘制的，图中显示出相关技术（T1～T5）、相关技术的内部开发（也就是产品的应用，I1～I5），以及相关技术的外部利用（即外部技术商业化项目，E1～E4）等内容。可以看出，这种技术商业化的综合技术路线图显示了技术、内部商业化项目和外部商业化项目之间的联系，以及这三个层次之间的连接关系。例如，图中 E1 代表某一技术对外的授权协议，图中 E2 指的是一个技术创新联盟，它涉及了技术 T2 和 T3，同时还可能通过联合技术 T4 形成一个新的技术创新联盟 E3。

这种包含了外部技术利用的综合技术路线图，现在已纳入该业务部门的常规战略规划流程，并且该公司正计划将其推广到其他业务部门。外部技术获取与利用的一体化不仅使该业务部门的产品营销与技术授权活动结合得更加紧密，也使该部门技术资产组合的开发更为有效。

技术商业化综合路线图可以帮助企业克服外部技术利用过程中的管理困难。这些路线图强调在开放式创新环境中总体战略规划下进行外部技术利用的重要性。所以，技术商业化综合技术路线图强调了企业应多视角地综合比较当前和未来的技术资产在内部和外部技术利用中的商业机会[1]。如果说外部技术利用是公司技术战略的核心，那么识别技术商业化机会将不能仅仅考虑那些已经开发完成的、在公司内部或者外部使用的技术，还应该在制定任何与技术获取相关的决策时，充分考虑外部技术利用。各家公司必须考虑最佳技术商业化方案：是用技术做出实际产品投入市场，销售中间产品，还是对外技术授权。

外部技术利用要求企业的目光应当超越现有的技术投资组合。举例来说，为了获得对外授权的机会，企业最好从内部开发技术，而不是依赖收购外部资源。因此，在决定增强特定的技术竞争力，或者在决定是自己研发，还是购买这些技术的时候，外部技术理应考虑在内。企业不能单纯以产品销售的计划收入作为制定发展决策的基础，而必须从整体上综合考虑某一技术为公司带来的潜在收益。在开发新技术过程与拓展现有技术过程联系越来越紧密的趋势下，企业对外部技术利用与战略技术规划的系统整合，在未来可能会越来越重要。

6.2.2　企业外部技术获取常用方式分析

企业技术的获取方式，按照其来源可以分为内部获取（"做"）和外部获取（"买"）两大类。其中的内部获取包括内部研发和内部整合两种，前者是利用自己的技术、人力和资源，独立开发一些新技术、新工艺；后者是指企业在原有技术的基础上，利用相关方式进行技术整合和知识转移，从内部挖掘原有的技术潜力实现应用。但是，进入 20 世纪 90 年代以来，各大企业开始将视线投向更为宽泛的外部创新，纷纷开始从企业外部来获取新技术。

具体来讲，企业外部技术获取的方式包括技术收购、风险投资、外包研发、技术许可和参加技术创新联盟等。其中：

- 技术购买是指企业通过技术市场来购入所需的 R&D 成果、专利技术、设计图纸等技术产品[2]。

[1] Lichtenthaler，U．，and Ernst．H．　Attitudes to Externally Organising Knowledge Management Tasks：A Review，Reconsideration and Extension of the NIH Syndrome．R&D Management．2006(4)：367-386.
[2] 陈松，冯国安．三种技术导入模式的技术效果[J]．科研管理，2003(3)：58-62.

- 风险投资被看作是为本公司内部研发活动向外部的延伸，是指企业由于非金融类战略需要（例如财务收益和战略导向），而投入到创业企业中的一种权益资本。

- 外包研发是指企业将其技术创新研发活动中的全部内容或者部分环节，交给其他企业完成，以便自己集中于自身的核心价值活动。

- 技术许可是通过许可贸易的方式，事先为对方付费，经过对方的授权，来获取其他企业的技术使用权。技术创新联盟是指与其他相关的企业或者高等院校、科研院所组成一种动态联盟，共同进行创新。

对于企业技术创新中所需的某项新技术，到底是选择"做"还是"买"，这本身就是一个重大的决策问题。公司的决策者在做出这个决策的时候，必须充分考虑市场和技术两个方面的特征。Pier A. Abetti 认为公司的决策者需要在以下四种不同条件下作出"是选择开发，还是选择购买"的决定[1]。

第一，如果技术发展缓慢，市场发展水平适度，同时对可能进入市场的竞争对手存在很大障碍，则应该选择自行开发。因为如果研发取得成功，将形成一个暂时性的对此产品和工艺的垄断，使得公司可以获得较大的市场分额和较高的经济利益。

第二，如果技术发展迅速，而市场发展水平缓慢，那么选择自行开发就有很大的风险。因为这样可能导致开发出一项最终被遗弃或者是没有市场的技术。此时一个比较谨慎的做法就是监测和跟踪各种正在相互竞争的不同技术的发展状况，以便当在竞争中胜出的技术产生时，能够准备就绪，迅速采用该技术。

第三，如果技术水平发展缓慢，而市场发展迅速，那么就没有足够多的时间去自行开发，此时购买技术的知识产权就成了比较好的选择。另外，在取得技术产权的具体方式上，也要根据实际情况进行选择。如果竞争对手进入市场的门槛很高，就应该取得独占的知识产权；反之，则可以以较少的花费去取得非独占的知识产权。有时候，购买知识产权并在此基础上加以开发利用，也可以在一定的时间内获得技术上的独占地位。

---

[1] 转引自刘海波. 技术经营论[M]. 北京：科学出版社，2005：69-70.

第四，如果技术和市场发展都很迅速，就有可能导致收购过时的技术。在这种情况下，收购或者兼并在某一领域发展良好的公司和事业部是更好的选择。因为这样可以同时获得其市场经验和有竞争力的技术。

对于技术许可和研发外包，本节不再详细说明；而对技术创新联盟中的竞争情报应用，本文后续章节将会详细分析。本节下面基于博弈论方法对技术购买、风险投资两种技术获取中相关双方的策略进行基于竞争情报的应用分析。

6.2.3 外部技术购买中的竞争情报应用

对于企业决策者来说，如果选择了通过外部购买来获取某一新兴技术。则下一步工作就是选择外部技术购买对象，并进行一定的技术信息分析。本小节采用博弈论方法，对技术购买方式下的不完美信息进行竞争情报应用的分析。

1. 博弈模型的建立

在通过技术购买方式来获取外部技术时，活动参与的双方分别为技术需求方（假定为 A，这里通常为某大型企业）和技术供给方（假定为 B，这里可以是企业、高校、科研院所等组织机构，也可能是拥有某项技术的个体自然人）。

在这种方式下，双方的行为可抽象成如下包含三阶段的一个博弈问题。

阶段 1：决定 B 拥有技术的价值高低，为此把该技术分为两类：高价值型（υ =h）和低价值型（υ =l），其中 h、l 的数值界定，是由技术本身自然地决定。

阶段 2：B 根据自己掌握的目前本身拥有技术的价值类型，来决定是否愿意转让自己的这项技术。如果需要转让，假设转让价格定为 P。

阶段 3：A 决定是否购买该技术。

为简单起见，对这里的博弈问题做以下几点假设：

- 假定在该博弈中，A 作为博弈方，对第一阶段中 B 目前所拥有这项技术的价值类型不了解，而是只知道两种类型出现的概率分别为 x 和 1-x（其中 0<x<1）。可见 A 具有不完美信息，这是一个不完美信息的动态博弈。
- 假设本模型中 A 不能讨价还价，也就是说要么接受价格 P，要么不购买。
- 如果 A 选择了购买技术，则 A 在购买这项技术之后，会想方设法利用该企业的内部资源来实现所购买技术成果的转化，假设该技术被成功转化

　　的概率为 $p_1 \in$（0，1），转化成功后的收益为 Y_1。

　　下面对该博弈问题中的相关 A、B 双方的收益进行计算分析：

　　（1）当技术具有高价值时：A 购买该技术后获得收益 p_1Y_1，其支付为（p_1Y_1-P），B 的支付为 P。在 A 没有购买该技术的情况下，A 的收益和支付均为 0，而 B 的支付为 D，对此可以理解为 B 对自己所拥有的新技术价值的自我评价。

　　（2）当技术具有低价值时：A 购买该技术后因为无法实现技术转化，所以不能从中获得收益，其支付为-P，B 的支付为 P。在 A 没有购买该技术的情况下，双方的支付均为 0。此时技术购买是很不成功的。

　　综合上述内容，在技术购买方式下，A 和 B 博弈的扩展式表述如图 6.5 所示。

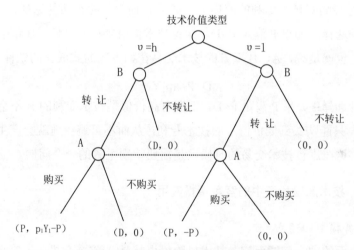

图 6.5　技术购买方式下双方博弈的扩展

资料来源：本研究整理

2. 博弈模型的分析

　　在技术购买活动基于不完美信息的条件下，A 到底是选择购买，还是选择不购买，需要依赖于 A 对 B 拥有技术价值类型的分析和判断。

　　在概率分布 $\mu(\upsilon=h)=x$，$\mu(\upsilon=l)=1-x$ 的情况下：

　　A 选择购买的期望收益为：

$$E_1 = x(p_1Y_1-P)+(1-x)(-P) = xp_1Y_1-P$$

A 选择不购买的期望收益为：

$$E_2=x(0)+(1-x)(0)=0$$

因此，在 $E_1>E_2$，即 $P<xp_1Y_1$ 时，A 将会选择购买该技术。

而对于 B 而言，如果技术为低价值类型，则当 $P>0$ 时（显然该式子成立），转让自己的技术便为其最优策略选择；如果其拥有技术的类型为高价值型，则当 $P>D$ 时，转让自己的技术为其最优策略，当 $P<D$ 时，不转让为其最优策略。

3. 最终结论的归纳

在不完美信息条件下，当如下的表达式成立时，A 将会进行技术购买。

$$P<xp_1Y_1$$

在 A 选择购买技术专利的前提下，对于 B 而言，存在两种选择：

第一种选择：如果 P 满足 $P>D$，无论技术价值类型的高低，B 都会选择转让对应技术，也就是说，A、B 双方的技术交易在如下判断式成立的条件下发生。

$$D<P<xp_1Y_1$$

第二种选择：如果 P 满足 $P<D$，则拥有高价值型技术专利的 B 不会转让其技术，此时 A 只能购买到低价值型的技术专利，从而不可避免地就会产生"逆向选择"问题。这在进行技术交易的时候，是需要特别主意的一个问题。

6.2.4　技术风险投资中的竞争情报应用

1. 博弈模型的建立

对于上面的同一问题而言，技术风险投资就是 A 将资金投入一家风险企业。然后，A 和 B 分别以其投入的资金和持有的技术占有风险企业一定比例的股份。在该方式下，双方的交互行为可以抽象为如下的三阶段博弈问题：

阶段 1：决定 B 拥有技术的价值高低，为此把该技术分为两类：高价值型（$υ=h$)和低价值型（$υ=l$)，其中 h、l 的数值界定，是由技术本身自然地决定。

阶段 2：B 创办风险企业时决定是否从 A 融资，假设融资额度为 Q。融资成功之后，假设 A 根据该出资额度 Q，可以获得风险企业比例为 λ 的股份。

阶段 3：由 A 来决定是否对 B 创办的企业进行风险投资。

同样地，为简单起见，对这里的博弈问题做以下几点假设：

- 假定 A 对第一阶段中 B 拥有技术的价值类型不了解，只知道两种类型出现的概率分别为 μ(υ=h) =x，μ(υ=l)=1-x（其中 0<x<1）。也就是说，在这里 A 具有不完美信息，这是一个不完美信息的动态博弈。

- 假设 A 不能讨价还价，即要么接受出资 Q 获取 λ 的股份，要么不投资。

- 假定 A 将资金投入 B 创办的风险企业时，技术成果成功转化的概率为 p_2，技术成果转化成功后的收益为 Y_2。

- 假定这里的 p_2 应该大于 p_1，这可以暂时这样理解：B 作为技术成果所有人，对新技术的价值把握比其他人员更清楚，因而转化成功概率也较大。

下面对该博弈问题中的相关 A、B 双方的收益进行计算分析：

（1）当 B 拥有的技术为高价值类型时：A 如果投资可获得收益 λp_2Y_2，其支付为 λp_2Y_2-Q，B 的支付为 $(1-\lambda) p_2Y_2$。

（2）当 B 拥有的技术为低价值类型时：此时因为技术成果不能成功地进行转化，A 即使投资了，也不能从中获得收益，所以此时 A 的支付为-Q，而 B 的支付为-C（此处 C>0，其含义在后面讨论）。

综合上述内容，在风险投资方式下，A 和 B 博弈的扩展式表述如图 6.6 所示。

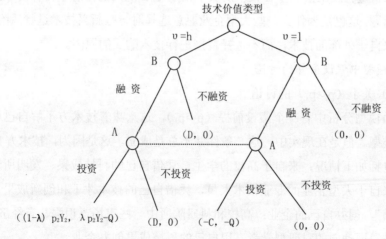

图 6.6　公司风险投资方式下双方博弈的扩展式表述

资料来源：本研究整理

2. 博弈模型的分析

在不完美信息条件下，根据概率分布：$\mu(\upsilon=h)=x$，$\mu(\upsilon=l)=1-x$，

A 不投资的期望收益为

$$E_2=0$$

A 投资的期望收益为

$$E_1= x(\lambda p_2Y_2-Q) + (1-x)(-Q) = x\lambda p_2Y_2-Q$$

因此，在 $E1>E2$，即 $Q< x\lambda p_2Y_2$ 时，大企业会选择投资。

对于 B 而言，如果其拥有的技术成果为低价值型，由于$-C<0$，则不融资为其最优策略。而如果其拥有的技术成果为高价值型，则当$(1-\lambda)$ $p_2Y_2>D$ 时，融资创办风险企业为其最优策略，当$(1-\lambda)$ $p_2Y_2<D$ 时，不融资为其最优策略。

3. 最终结论的归纳

在不完美信息条件下，对于高价值型的技术成果，在 $Q/x<\lambda p_2Y_2<p_2Y_2-D$ 的情况下，A 与 B 将就投资达成意向；而对于低价值型的技术成果，由于存在着一定的机会成本，B 也没有积极性创办风险企业，因此双方不会实现合作。

由此可见，对于 A 而言，基于从外部获取技术目的出发，而进行的技术风险投资，在一定程度上消除了在技术购买中由于与 B 之间的信息不对称而产生的逆向选择问题。这也是为什么一些大型企业愿意选择对一些新兴技术进行风险投资，来吸纳来自于外部的技术，而不选择直接进行技术购买的原因。

4. 模型中假设条件的讨论

（1）关于（$p_2>p_1$）的讨论

前面模型分析中有一个假设前提（$p_2>p_1$），这意味着技术方了解自己所拥有技术的类型。但是在现实中，这一条件并不总是成立。这是因为，技术方 B 的出身通常包括如下情况：来自于高校的学生，凭借自己的科技成果、发明所进行的创业；来自于大型企业的专业技术人员，凭借自己的技术才干和创新成果从大企业"跳槽"，创办自己的企业；高校和科研院所中一些市场意识强、有经济头脑、熟悉科技发展动向的科研型学者，用自己的科技成果创办企业。

以上不同的技术方，处于各种不同的考虑，往往都具有强烈的事业心，具有创业成功的美好愿望。但是，需要注意的是，他们往往由于工作背景、个人性格、

环境影响、风险偏好等因素而产生对于相关技术发展趋势上认识的局限性，或者会由于对技术和市场信息掌握不够全面，而造成他们对自己新技术所能创造的价值判断不准，某些他们认为具有高价值的技术，可能并不具有他们所想象的价值。

因此，对于技术投资方企业而言，在对风险企业投资时，必须要加强对技术提供方技术的价值性进行审查，并要确保该投资能维持公司技术上的竞争优势。

（2）关于（C>0）的讨论

前面模型中包含着一个假设前提（C>0），可以理解为 B 创办风险企业的机会成本大于零。根据该条件，得出以下结论：在不完美信息条件下，拥有低价值型技术的 B，不进行融资为其最优策略，因为此时他不可能也不期望从风险企业的增值中获得收益，这个结论对于 A 来说也是一个好事。这样，A 进行风险投资，就可以在一定程度上消除与 B 之间由于信息不对称而产生的逆向选择。

6.3　技术成果实施竞争情报应用分析

开放式创新的目的是在一个开放式环境中获取技术成果，其中的主要参与者是研发人员；但其中的很多环节必须进行认真的经济决策，需要财务、市场、生产、营销、法律事务、知识产权、人力资源、物资采购、设备供应等多个部门的人员参与分析；另外，其整个过程都存在技术扩散和技术溢出效应。为此，需要对技术成果实施（包括技术扩散和市场化）中的竞争情报进行应用分析。

在开放式创新环境下，企业对于自身的技术创新成果，可以通过多种不同的方式（包括自己投资、合作生产、技术入股、技术转让等），使之实现产品化、商品化一直到市场化。另外，出于其他一些战略目的，企业还可以将自己研制的成果采取一些其他处理措施（比如，自己无力投资或者尚不具备开发条件，也不想销售该技术给其他企业，以防止他们超越自己时，企业可能会考虑采用技术隐藏的方式，让该技术暂时"消失"，等待条件成熟时再使其产业化）。

6.3.1　企业开放式创新的产权选择模型

在开放式创新活动中，尽管也存在不少跨越企业边界而进行的纯学术交流（例如，相关产业中由行业协会组织核心企业一起参与的最新技术论坛、最新技术发布会、新产品展示等），但是其中绝大多活动还是围绕着如何为本企业获取更大经济利益的思想——这也是作为经济运行主题的企业生存所必须的，而这种思想更多表现在对一个企业对某些技术的所有权和使用权的选择上。

根据在开放式创新活动中某企业针对某一个技术机遇和市场需求，所可能采取技术资源流入和技术成果流出两个方面的方案对比分析，本文从竞争情报分析视角，构建了企业开放式创新环境下的产权选择模型，如图6.7所示。

对于图6.7中的产权选择模型的具体内涵，可以从以下几个方面来分析。

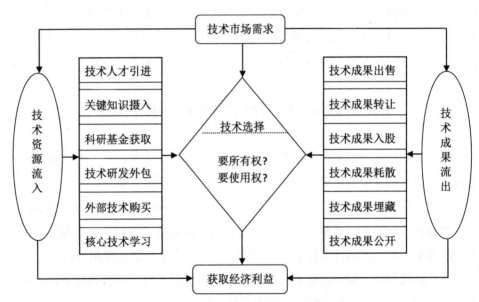

图 6.7　企业开放式创新的产权选择模型

资料来源：本研究整理

1. 产权选择情报模型的核心思想

从上面的模型可以看出，企业技术经营的出发点都是基于对技术市场的需求分析，根据需求的分析结果决定自身要涉足某一技术领域。

一旦做出决定之后，下一步的核心工作实际就是根据自身技术资源和核心技术能力的现状，对需求技术的所有权和使用权做出选择。

如果决定必须要获得对应技术的所有权，就必须要注意相关资源的吸收和整合，充实自己的技术研发实力，这包括引进专业人才、摄入专门知识、进行技术培训、获取政府部门的专项基金支持。如果这些资源还不足以完成该项目的话，还可以考虑将部分甚至全部内容进行技术研发外包。

当企业认为自己更为重要的只是获得该技术的使用权的话，则可以考虑在第一时间直接从技术市场或者经过技术经纪人快速购买该技术。而对于那些可以获得该技术所有权而暂时不用的企业，还可以根据需要，选择一种合适的技术扩散方式（包括出售、入股、联盟、许可、转让等），使其早日获益。

可以看出，上述不同的选择都体现了对技术所有权和技术使用权的选择方式，其中资源的流入和成果的流出不仅包含了企业短期内获利的战术需要，同时也蕴涵了企业长期发展的技术创新战略的一种方向选择。

2. 三类不同类型企业的技术产权选择

出于不同的技术战略发展需要，各类不同的企业会对这两种不同的产权形式进行取舍。为了便于分析，本文把这些不同的企业划分为以下三种类型。

第一类企业——热忠于取得技术的所有权的企业，主要是那些技术力量比较强的"技术领先型"企业，或者是由原来科研院所转制而来的科研型企业。他们利用自己的技术力量，快速开发出相关的技术成果。但是，由于各种客观条件的限制，这些企业可能一时无法将其产业化。于是，他们会放弃该技术的所有权，而同时考虑到技术成果可能为其带来的利益，结果就选择将其技术成果进行技术转让、技术出售，或者选择技术入股的方式与其他企业合作。

第二类企业——愿意同时取得技术的所有权和使用权，主要是那些采用领先性技术创新战略，本身技术力量、生产设备和市场渠道都比较成熟的"行业标杆型"企业。当他们看准某一个市场或者技术机遇的时候，他们会不惜一切代价，通过多种方法，投入巨资、吸引人才、获取创意，来赢得该项技术的专利权，然后再很快地将其产业化，获取高额利润。需要补充说明的是，当这类企业通过情报分析，觉得技术对手或者潜在的技术对手有也可能取得该技术的所有权的时候，他们即便是暂时不想或者没有条件使该技术产业化，他们也有可能选择快速研发该技术，然后将该成果进行技术埋藏（例如申请专利保护），以防止竞争对手早日获得该技术的使用权，使自己失去行业领导权的地位。

第三类企业——只愿意取得技术的使用权，主要是那些拥有一定资金优势，但苦于没有好的技术项目的专门机构（例如风险投资基金公司），或者是那些市场开拓和分销渠道已经非常成熟，但是本身技术力量比较薄弱，技术创新能力较差的"市场领先型"企业。他们会派出各类相关技术人才，通过多种渠道，到技术市场上去寻找那些技术成熟、前景看好的创新项目，然后投资购买，或者与对方联手进行产品开发，或者是通过技术研发外包的方式，积极吸引外部的人才、技术和知识，快速赢得该项技术的使用权，并快速将其产业化和市场化，通过这种借助"外脑"的方式获得技术项目，并最终获取一定的经济利润。

3. 开放式创新中创新交易平台的选择

开放式技术创新体现的是企业技术选择的平台战略，其中不管是技术资源的流入，还是技术成果的流出，都具有动态性和开放性的显著特点。为了使基于开放式创新活动的技术选择容易实现，必须要有配套的技术创新交易平台健康发展。具体来说，这应该包括：能够促进技术人才合理流动的人才交易市场环境，能够实现各类技术成果顺利买卖的技术交易市场，能够促进技术交易顺利实现的技术中介机构和技术交易经纪人，能够促进技术成果顺利扩散的知识产权管理方法，以及能够促进技术入股和加盟技术联盟的相关配套服务政策。

4. 开放式创新中技术情报平台的建设

实施开放式创新模式的企业，在组织内部必须要有强大的技术研发能力，同时，还要能抓住外部环境中瞬息变化的市场机会，具备对外部先进技术的学习、消化能力。因此，必须要构建自身情报平台，以便提供强大的技术支持[1]。

根据开放式创新模式的特点，其技术情报平台需要满足以下三点要求：

第一，应该能够满足从全球环境搜寻技术创新源的需要，为此可以构建基于因特网的大众协作创新平台。

第二，要能满足技术创新所需知识的快速扩散。

第三，要能与风险投资进行积极协作，使得企业自身的研发成果可以有市场

---

[1] Ulrich Lichtenthaler, Holger Ernst. Open up the innovation process: The role of technology aggressiveness [J]. R&D Management, 2008（7）：25-37.

化的机会。

现代 IT 技术，特别是网络 Web 技术、网格计算技术、搜索引擎技术、中间件技术、协同办公软件、产品数据管理（PDM）、计算机辅助创新（CAI）等的发展，使得企业与企业之间的联系更加密切，传统的企业与企业之间的边界被打破，企业与政府、大学、其他科研机构等的合作日益频繁，这样他们共同组成了一个巨大的创新网络，这有助于把握快速变化的外部技术和市场环境。

6.3.2 技术成果扩散中的竞争情报应用

在开放式创新方式下，某企业对技术资源流出的方式选择，蕴含了该企业对技术所有权占有率和技术使用率的把握程度，这能够为企业根据外部市场和技术需求变化而选择不同的技术扩散组合方法提供了一定的情报分析基础。

按照对技术所有权占有率和技术使用率的控制程度不同（假设二者是正比关系），本文构建了如图 6.8 所示的开放式创新中的技术成果扩散方式模型。

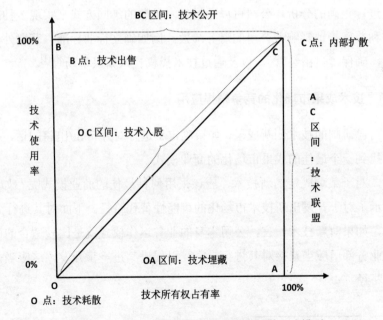

图 6.8 企业开放式创新的技术成果扩散方式模型

资料来源：本研究整理

根据上面的模型，在企业开放式创新中，各种不同的技术成果流出方式的技术扩散效果对比，可以总结成如表 6.3 所示。

表 6.3　不同技术成果流出方式的技术扩散效果对比

流出方式	位置	所有权占有率	技术使用率	技术扩散效果
技术耗散	O 点	0	0	已经被企业视为废弃技术
技术埋藏	OA 区间	100%	0	该企业对这项技术进行埋藏
技术出售	B 点	0	100%	该技术已经被企业出售出去
技术入股	OC 区间	0%～100%	0%～100%	该技术被该企业用于技术入股，进行紧密型的股权合作
技术联盟	AC 区间	100%	0%～100%	该技术被用于技术创新联盟，与其他企业进行一种松散型合作
技术公开	BC 区间	0%～100%	100%	该技术被创新企业完全公开
内部扩散	C 点	100%	100%	该技术被企业用于内部扩散

资料来源：本研究整理

通过进行正确的分析，公司可以通过技术扩散的不同方式来实现多种战略利益。这些利益间接地影响着公司的财务绩效。例如确立行业标准，获取外部技术的使用权，确保"自由经营"，以及通过技术授权打入新兴市场等[1]。

6.3.3　技术成果市场化的竞争情报应用

对于自己研制的技术创新成果，如果确定不进行对外转让/出售的话，就应该考虑为其找到一个最佳的成果市场化的商业模式。

那么，对于某项既定的新技术，应该采用何种最佳的商业模式呢？如图 6.9 所示，展示了对于开发出新技术市场化的可能性替代路径。下面对其进行分析。

第一，如果对新技术而言，公司本身的业务运作模式就是比较适合的商业模式，那么业务部门应当直接对其进行投资，以促进其进一步开发，这应当是市场化的优先路径。

---

[1]　Rivette，K. G. and Kline，D. Rembrandts in the Attic：Unlocking the Hidden Value 0f Patents. Boston：Harvard Business School Press．2000.

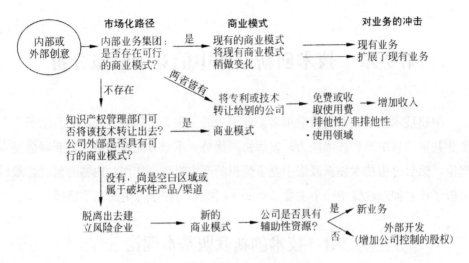

图 6.9　技术市场化中的替代性路径

资料来源：本研究整理

　　第二，如果公司的商业模式具有必要的辅助性资源，那么新技术可能有助于进一步发展现有业务。如果缺乏这些资源，而外部公司的商业模式能够从该技术的使用中获利，那么这也可能成为技术市场化的有效途径。

　　当然，上述分析所得的结论并不一定是一个"非此即彼"的两选一的决定，例如，IBM 在公司内部广泛地使用各种专利技术，同时也向很多其他企业转让专利使用权，其中还包括它的竞争对手。IBM 发现，当新技术开发的固定成本十分高昂的时候，这种方法尤其有效。

　　第三，如果在公司内部和外部都暂时找不到适合该技术的商业模式，那么要么就直接放弃这项技术，要么就由某个新建企业接过这项挑战，继续寻找适合该技术的、可行的商业模式。这可能需要建立一家脱离母公司的风险企业。这些风险企业能为公司带来新的业务，尤其是当公司掌握着有用的辅助性资源的时候。所以，一家脱离出去的风险企业并不一定就会永远待在母公司外部。

第 7 章 技术创新联盟中的竞争情报分析

组建技术创新联盟是目前很多企业采用的一种合作创新方式，它有助于多个企业共享信息资源和技术能力，发挥协同优势。本章首先梳理技术创新联盟基本理论，然后分析技术创新联盟中竞争情报的产生机理、作用、内容与流程，最后分析了技术创新联盟中一个主要活动——组织间合作学习中的竞争情报。

7.1 技术创新联盟基本理论

7.1.1 技术创新联盟的含义

技术创新联盟已成为现代企业加强核心技术竞争力的重要方式之一，被誉为当代企业技术创新中最重要的一种组织创新模式。自从美国 DEC 公司总裁简•霍普兰德（J Hepland）和著名学者罗杰•奈杰尔（R Nigel）提出技术创新联盟的概念以来，国内外学者对技术创新联盟从不同角度进行了研究，并提出了诸多定义。

从功能和目标角度来看，技术创新联盟是指两个或两个以上技术相关或产品相关的企业，出于对整个市场预期目标和企业自身总体经营目标的意愿，通过某种契约、协议或联合组织等方式而结成的优势相长、风险共担、要素双向或多向流动、组织松散结合的新型经营方式，是一种网络式的联合体[1]。

从组织角度来看，技术创新联盟是组成联盟整体的双方或多方为获取某种互补性创新资源，而采取的一种非市场导向的企业间交易方式，是通过技术相互授权、共同研究开发、合作生产、共同营销，以及少数或同等股权投资等开展的一种新形组织安排方式。它不同于传统的企业和市场，是介于二者之间的一种"中间组织"，是对"市场失灵"和"组织失效"的一种替代选择，是一种"非零和博

---

[1] 杨强，汪秀婷，胡传军. 战略联盟——企业发展的新思路[J]. 管理现代化，2001(1):18-20.

弈"，是企业间相互致力于当前技术创新和长期技术发展的合作行为 [1]。

曹宁，侯海青（2009）在上述定义的基础上，认为企业技术创新联盟是以技术为基础发展起来的知识纽带，它主要是由两个或两个以上的在技术力量方面相当的企业，基于共同研究和开发高技术的目标而组成的一个互补性的联盟，具有目标的导向性、任务的艰巨性、合作的紧密性以及管理的复杂性等特点[2]。

上述定义其实是对技术创新联盟的狭义分析。广义的技术联盟还应该将科研院所、高校甚至政府包括其中，是企业与其他组织基于技术创新的目的而建立起来的资源共享、优势互补的竞合组织。因此，广义的技术创新联盟，是指两个或两个以上具有独立法人地位的企业及其他组织联合致力于技术创新的合作行为，是为适应技术快速发展和市场竞争需要而产生的优势互补或加强性组织。这个概念包括如下含义：首先，技术联盟出现在两个或两个以上的具有独立法人地位的组织之间，单一企业内部各部门、各机构之间的技术开发合作不同于技术创新联盟；其次，技术创新联盟中的合作内容包括人员、资金、技术和仪器设备等；最后，技术创新联盟对参与联盟的各方未来发展具有战略意义。

对于技术创新联盟的本质和作用，可以从以下四个方面加以理解。

第一，技术创新联盟是基于对创新所需外部机遇的响应，进而形成的企业核心能力的互补性联合。面对特定环境下的发展机遇，通过企业核心能力的互补性联合，形成抓住市场机会所需的竞争优势，是组织企业技术创新联盟的目的。

第二，企业技术创新联盟是新的技术开发系统的构建。按照系统论的观点，企业是一个独立的技术开发系统。实施企业技术创新联盟，不仅得到了资源互补或加强，更重要的是企业之间在合作开发过程中相互作用、相互影响、协调运作，共同构建了一个新的技术开发系统，其整体功能将远远大于各参与企业的功能之和，具有不可简单归结性和不可直接比较性，这就意味着企业技术联盟在技术开发过程中释放了一种"新力量"，使企业技术开发能力产生质的飞跃。

第三，技术联盟是建立在各成员间相互信任、密切合作基础上的互利互惠组织，技术联盟的成员有共同的目标，成员之间要充分沟通、协调工作。对于庞大

[1] 钟书华. 企业技术联盟：概念、本质及动力[J]. 自然辩证法研究，2000(2):49-53.
[2] 曹宁，侯海青. 石油企业技术创新联盟的博弈分析[J]. 科技创新导报，2009,(09)：194-196.

的跨国技术创新联盟，其中的各个成员企业分别承担产品价值链上的不同环节的工作。显然，只有成员企业之间相互信任，建立有效的信息沟通机制，进行良好的技术合作，技术联盟才能高效运作，联盟整体竞争优势才能充分发挥。

第四，利用技术联盟进行技术创新的优势，主要体现在协同效应、互补效应和集约效应三个方面。技术联盟之所以具有强大的生命力，是因为它能够使加盟企业获得市场竞争优势。使处于联盟中的企业可以抑制机会主义，缓解有限理性，降低不确定性，提高交易频率，实现规模经济、范围经济与速度经济。

7.1.2　技术创新联盟的类型

根据不同标准，企业技术创新联盟可以进行不同的分类，如表 7.1 所示。

表 7.1　技术创新联盟按不同标准的类型划分

标准	类型	含义
根据企业创新流程中各阶段联盟伙伴的选择	客户联盟	与产品用户组成的共同研究开发联盟
	供应商联盟	与零部件的供应商组成的共同研究开发联盟
	竞争者联盟	与以往竞争对手企业组成的共同研究开发联盟
	互补性联盟	与和本企业技术关联密切的企业组成共同研究开发联盟
	非企业组织联盟	与政府、学校、科研院所等组成的共同研究开发联盟
根据在技术资源方面的互换方式[1]	交叉联盟	不同行业企业之间互换技术资源而组建的技术联盟
	竞争技术联盟	竞争对手企业在特定研究开发领域内结成的联盟
	短暂联盟	拥有先进技术与拥有市场优势企业组建的短期联盟
	环境适应型联盟	为适应市场环境变化、合理调配技术资源而结成的联盟
	开拓新领域型联盟	共同提供某种新技术资源，共同开发新产品而结成联盟
根据联盟内部知识产权的共享程度	协议转让	指知识产权的研发方和产业化方，通过转让协议来达到知识产权的流动和限制
	研发伙伴	指几个独立的企业，为了共同的技术目标结成研究开发伙伴关系，各个企业仍然是相互独立和平等的实体
	孵化器	指不同的独立企业结成研究开发联盟，作为孵化器的企业处于中心的地位

[1] 首藤信彦. 超越国际技术联合. 世界经济评论，1993(8)：83-87.

续表

标准	类型	含义
	合资公司	指不同的独立企业各自出资组成新的企业，但仍然保留各自的独立母体
根据技术开发—生产经营价值链的延伸方向	企业—消费者联盟	也叫前向联盟，是指企业与消费者之间建立的联盟
	企业—供应商联盟	也叫后向联盟，是指企业与供应商之间建立的联盟
	同位联盟	与企业建立联盟，包括两种，一种是企业与配套生产商建立的联盟；另一种是企业与竞争对手建立的联盟
	企业—科研所联盟	是指企业与科研机构之间建立的联盟。一种是成立课题组，合作进行技术创新；第二种是组建科技经济联合体
	企业—大学联盟	是指企业与高等院校之间建立的技术合作联盟[1]
	企业—政府联盟	企业与政府合作，政府积极参与企业的技术创新活动，如实行优惠政策，提供科研经费和技术、信息、设备等
根据技术联盟内成员联系的密切程度	技术转让型联盟	也称为购买型联盟，是指合作双方的合作方式是一方从另一方购得技术，如专利许可、技术设备，作为自身技术实力的补充；或为另一方提供各类咨询服务、销售服务，在技术服务中接触新技术、新产品
	合作开发型联盟	指合作双方围绕特定项目，为节约研发成本，降低开发风险而相互合作。合作开发型联盟成员之间无论是管理控制、职能执行，还是资源依附，都构成交叉性合作关系，各成员在这个网状结构中以各自不同的特征与能力，形成大小不同的结点，联盟是所有成员相互作用的结果
	共建实体型联盟	各方共同投资建立一个新企业，该企业独立于各联盟成员之间进行技术活动。在合作过程中，深入了解新产品的工作原理、新技术的创新原理及创新特色，并与自身特色相结合，实现新技术的本土化；或业界巨子为了保持已有的优势地位，以可持续发展战略共同提供资金，支持一个专门为该联盟服务的技术创新组织，该组织密切关注业界动态和科学发展进程，及时捕捉创新机会并实现技术创新，为稳固该联盟的技术优先地位而努力
	一体化型联盟	这种联盟采用公司型联盟的组织结构，不再另行组建新的法人企业，通过兼并或收购等方式实现联盟部分成员控制另一部分成员，并从其技术活动中获取利益

资料来源：本研究整理

[1] 企业与大学联盟大体分为八种：一是组建科研联合体；二是共同承担国家科研课题；三是企业提供仪器设备在大学建立实验室；四是联合培养技术人才；五是大学向企业派兼职技术和管理人员，帮助企业的技术创新；六是企业帮助学校进行技术基础设施建设；七是企业在大学设立各种创新和研究奖励基金。

　　除了上面总结的各种分类方法之外，还有一种技术创新联盟的分类方法 。那就是根据技术创新活动的不同阶段，采用 NRC（National Research Council）对国际技术创新联盟的分类方法。NRC 按照技术创新联盟活动阶段，将技术创新联盟分为 13 大类，如表 7.2 所示。

表 7.2　NRC 按照技术创新联盟活动阶段进行的类型划分

阶段	类型
（一）研究开发阶段	1.许可证协议　　2.交换许可证合同 3.技术交换　　4.技术人员交流计划 5.共同研究开发　6.以获得技术为目的的决策
（二）生产制造阶段	7.OEM（委托定制）供给　8.辅助资源合同 9.零部件标准协定　　10.产品的组装以及检验协定
（三）销售阶段	11.销售代理协定
（四）全面性的技术联盟	12.产品规格的调整　　13.联合风险

资料来源：根据 National Research Council（1992），P10 表 1 中有关内容整理改编

　　其中：

● 许可证协约是联盟中的一方将先进技术转让给另一方，帮助其开发产品的联盟形式。

● OEM 供给是指联盟中的一方将先进的产品（主要是关键零部件）以固定订货形式提供给联盟中另一方的联盟形式。

● 辅助资源合同是指联盟中的一方以合同形式优先保证向联盟另一方提供新产品生产中所必需的配套性设备以及原材料等资源的联盟形式。

● 联合风险则是指联盟中的企业用共同投资来分摊研究开发以及生产中的风险的联盟形式。

7.1.3　技术创新联盟的动因

对于技术创新联盟的产生动因，可以从不同的理论视角解释，如表 7.3 所示。

表 7.3　技术创新联盟产生动因的不同视角分析

理论视角	简单分析
资源依附理论	技术资源在不同企业间的配置是非均衡的，通过技术创新联盟，企业可进行技术资源的重新配置，形成技术资源的互补效应，增加竞争优势。技术创新联盟正是企业运用互补战略获得外部异质性资源的有效工具之一
交易费用理论	在技术创新联盟中，虽然核心企业也需要投入各种费用（例如寻找合作伙伴，谈判与签订合约，履约成本等环节中产生的费用）。但是，在当今的网络经济时代，由于 IT 技术的快速发展，这些费用都大为降低。也就是说，核心企业组建与运作技术创新联盟，从交易费用角度来看是可行的
风险管理理论	企业之间实现技术创新联盟，可以通过下列方法减少一方或双方的经营风险：同合作伙伴共同分担风险，产品组合多元化，更快进入市场和获取收益，减少投资成本等。另外，如果进行跨国联盟，还可以减少政治风险
规模经济理论	技术创新联盟可以将同类产品的生产经营企业结合成为一个整体，加深分工，强化技术创新，使不同企业之间的资本、技术、人力、信息资源得以有效、灵活组合，最大限度地降低创新产品成本，提高规模经济效益
成本分担理论	在某些行业，技术创新是需要投入巨额成本的。有关资料显示，开发新一代记忆芯片、研制一种新型车、开发一种新药都需上亿美元，单个企业往往难以负担如此巨大的成本，而通过技术创新联盟，该问题则可迎刃而解
网络协同理论	拥有不同技术、技能、资源的企业相互合作组成一个动态网络系统。在网络系统内部合理配置资源，利用"协同"的力量共同承担项目的研究开发，并共担风险、共享利益。这样既可以提高资源的利用效率，减小成本的压力，又可以在网络系统内部实行多角化战略，从而提高合作的战略灵活性
"价值链"理论	企业的所有"增值活动"的总和构成企业的"价值链"。绝大多数企业不是全能的，可能存在薄弱的增值活动，从而影响企业的整体竞争能力。组建技术创新联盟，可以将企业的薄弱增值活动由其他企业来完成，如由第三方专业孵化器将科技成果产业化，由专业的制造企业实现产品的批量化生产。这样，技术联盟的价值链实际上是由众多企业协同为顾客创造价值
合作博弈理论	从博弈论角度来看，组建与运作虚拟企业实质上是一种合作博弈过程。虽然一方一时采取不合作的策略可为自己带来最大利益，但很快促使另一方也采取不合作策略，甚至还可能采取报复行为，结果是双方都受损失。正是由于双方都看到了恶性竞争带来的不良后果，双方或多方才愿意通过组建技术创新联盟为双方获取较多的利益。由此可见，组建技术创新联盟的实质正是由于许多企业看到了这种合作博弈能为各方所带来较多收益
系统集成理论	技术创新活动是一个复杂的系统工程，其中有许多个相互关联的子系统组成，例如研发子系统、生产子系统、销售子系统；另外每一个子系统可能又包括很多个创新节点。通过建立技术创新联盟，可以把各个相关的子系统有效地集成起来，以便实现系统集成所具备的"1+1>2"的功能

续表

理论视角	简单分析
合作学习理论	技术创新需要不断加强组织学习,而组织学习增加了公司额外的成本。技术创新联盟中合作关系的建立,有利于降低这种学习成本。Gulati 和 Singh(1998)将学习成本的变化看成了技术联盟建立的一个重要因素[1]

资料来源: 本研究整理

7.1.4 技术创新联盟的组建

1. 技术创新联盟的组建条件

多家企业之间要想结成技术创新联盟,必须具备以下三个基本条件:第一,多家相关企业建立技术创新联盟的首要条件,是必须要有一项或数项这些企业试图完成的重大技术创新项目的存在,这也可以说是建立技术创新联盟的必要性条件。这样的重大技术创新项目对这些企业今后发展的命运有很大影响,其研究开发及商业化,又常常需要耗费企业的巨额资金,风险极大,对企业技术配套能力也有很高要求。为此,这些企业有必要通过建立技术创新联盟的方式来共同进行技术创新,以达到成果共享,风险共担的目的。第二,对于重大技术创新项目来说,一些企业所具有的优势具有互补性,也是这些企业之间能够建立技术创新联盟的重要条件,这也可以说是组建技术创新联盟的可能性条件。如果企业具有的技术研究与开发优势是互补的,那么在它们之间很可能在技术创新的研究开发阶段便形成技术创新联盟。对于整个技术创新过程来说,这种企业优势互补性的内容是很广泛的,如某企业虽无研究开发优势,但其具有将技术创新成果推广到国内外市场的优势,或具有零部件生产的优势,或在与该技术创新成果相关的科学研究领域具有优势(这大多为科研院所或高等院校),则他们都有可能成为完成该创新项目所组建的技术创新联盟的一分子。第三,这些相关企业之间在组建技术创新联盟的时候,必须事先通过一定的契约的形式,制定一套对参与各方相互约束的制约方案,这包括信息保密方案、知识产权保护方案、成本分担方案、利益分配方案、激励考核方案等。

---

[1] Gulati R,H Singh.The architecture of cooperation:Managing coordination costs and appropriation concerns in strategic alliances.Administrative Science Quarterly,1998 (4):781-814.

2. 技术创新联盟的成功要素

成功的技术创新联盟必须具备以下三基本要素：第一，共同的技术创新信念。参加技术创新联盟的企业必须具有共同的技术创新信念，才能保证相互合作的顺利展开。在以往单个企业搞技术创新时，大多主要考虑的是企业获利问题，即认为能够给企业带来最大获利的新技术、新产品就是最值得开发的。现在，仅有这种信念还是不够的。共同的技术创新信念，是良好合作的重要保证。第二，合理的人才队伍。技术联盟中的技术创新项目，一般都需要投入大量人力、物力、财力资源。这些资源是缺一不可的，但其中最重要的资源是人才资源。为了完成那些高精尖技术产品的创新，单靠个别企业的技术专家往往是远远不够的，联盟的优势正在于可使多个企业的专家能够围绕高精尖研究课题协同作战，这样就为联盟造就了一支具有一定数量和研究开发水平的科技人才队伍。第三，完善的 R&D 信息交流网。现代国际性大企业大多在世界各地建立有研究开发机构，如果这些研究开发机构缺乏信息交流，各自互不关联，那么就不能从整体上综合利用企业内的研究开发资源优势，只有既能发挥各研究开发机构主要特色与功能，又能将各研究开发机构统一在相互紧密联系与合作的研究开发整体中，企业的研究开发潜力才能充分发挥出来。现在，欧美地区的发达国家和日本的许多大企业都已建立起 R&D 信息交流网。其目的正是为了加强企业内研究开发机构之间的信息研究交流。并通过 R&D 信息交流网，将企业内各研究开发机构联接成为一个有机整体，使企业的研究开发力量充分增强。大型企业组建技术创新联盟后，在联盟内建立 R&D 信息交流网，就显得更为重要。

3. 技术创新联盟的形成过程

技术创新联盟是围绕各个创新联盟参与者（尤其是盟主）的创新过程和发展战略而逐渐形成的。在特定的技术创新环境中，技术创新联盟的参与企业会根据本行业的技术发展和演变趋势，并结合本企业的技术能力、自身特征、核心竞争力、产品线发展等因素，决定是采用独立创新还是合作创新，如果确定采用合作创新，还需要进一步确定是对立双边合作，还是三角形的三边合作，甚至是多边的网络联盟合作——这就是建立技术创新联盟。

之后，各创新盟主根据创新目标和自己的特征，从自己筹建的创新网络信息中心数据库（或者通过第三方独立的创新伙伴服务提供商）获得各类互补创新参与者（包括具有竞争性关系的企业、价值链中上下游的关联企业、拥有相关核心技术和研究基础的高等院校、科研院所，以及其他技术创新中介结构、服务机构、金融机构）的信息，在完成对各种类型盟友伙伴的评价后，创新参与者会竞争创新伙伴，形成的创新联盟又会作用于未来的创新决策。

如图 7.1 所示，描述的就是多边技术创新联盟的形成过程。

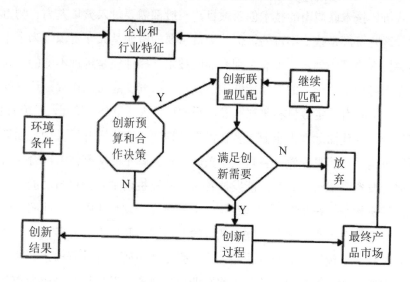

图 7.1 技术创新联盟的形成过程

资料来源：孙利辉，吴剑云. 技术创新联盟的伙伴竞争与决策形成过程研究[J]. 东方论坛[J]，2006，(01): 65-69.

7.2 技术创新联盟竞争情报的产生机理

在技术创新联盟的组建、运行和管理中，存在着各种各样的竞争情报问题。从整体上来看，其产生原因主要是如下三个基本条件：技术创新联盟依然存在的竞争性、技术创新联盟运作过程的复杂性、技术创新联盟信息共享的便利性。

7.2.1 技术创新联盟依然存在的竞争性

在技术创新联盟中，虽然各个组成个体十分强调盟友伙伴之间的合作性，但是，其中的竞争性确实依然存在。这种竞争性包括本技术创新联盟与外部其他企业或者技术创新联盟之间，为了争夺有限的技术创新资源和市场机会而开展的竞争，也包括联盟内部各个盟友之间为了自己成长需要而争夺联盟内有限资源的竞争。正是因为这种外部和内部竞争性因素的存在，才使得在技术创新联盟中存在着外部环境竞争情报和内部成员相互之间竞争情报的依然存在。

就技术创新联盟外部环境的竞争因素来讲，其根源主要在于：技术创新联盟作为一个整体，在市场上仍然是一个竞争性"组织"，这表现在以下两个方面：一是技术资源和市场机遇在一定时空中的相对稀缺性；二是技术创新联盟的赢利性，因为技术创新联盟作为一种"中间组织"，相对于其他技术创新联盟或者技术创新单个企业而言，仍然是一种赢利性"组织"。这两个方面的原因，导致技术创新联盟会与其他技术创新联盟或者技术创新单个企业之间展开技术竞争。这其实也是技术创新联盟来自外部环境竞争情报产生的根本原因。

就技术创新联盟内部盟友间的竞争因素来讲，其根源在于如下几个方面：第一，联盟中的各个盟友在共享信息、情报或者知识的过程中，经常表现出联盟成员核心知识让渡与知识产权保护之间的矛盾关系，这在本质上就是一种竞争关系。第二，在联盟成员之间的相互学习过程中，各成员都力图学习对方的核心技术和专有知识，从而培育和提升自己的核心能力。如果有一方因为没有成功学习到盟友的知识，而自己的知识（尤其是构成核心能力的关键技术）却被其盟友获得了，这时他就会不平衡。因此，技术创新联盟中的学习是一种"你追我赶"式的学习，这样的学习过程中也隐含着一定的竞争关系。第三，技术创新联盟中的盟友之间存在着一定的"成长性竞争"。也就是说，联盟中的各个个体都在互动过程中不断向拥有核心能力、竞争力强、收益较高的盟友看齐，大家都想通过努力争取有一个更光明的发展前景，或者都想通过自己的努力，拥有联盟中的核心控制地位，这在一定程度上也就会造成技术创新联盟成员之间的竞争。第四，技术合作并不能消除技术资源之间竞争。在技术创新联盟中，合作无疑是主旋律，技术创新联盟因为合作而产生，联盟成员在合作中相互学习，共享资源，提升自己的竞争优势。有学者指出，技术创新联盟中各个成员结点提供给联盟的是核心资源和关键技术，它们以集体行为来适应外界环境的不确定性和复杂性[1]。技术资源在一定的时间、空间和特定条件下总是有限的，甚至是稀缺的。企业要想获得更好的发展机会，必然要通过竞争来夺取有限的技术资源。在某些情况下，结成技术创新联盟的个体可能本身就是直接竞争对手企业，在这种技术创新联盟中，随着联盟的运作过程，成员之间的竞争关系将逐渐显露无遗。许多技术创新联盟，其实都可以看作是一种"交易性"组织，其内部必然形成了一种相对封闭的"小市场"。另外，技术创新联盟内部成员之间的竞争（尤其是具有直接竞争关系的联盟伙伴企业之间），对于技术创新联盟来说是一种内部竞争，但是如果跳出技术创新联盟，它们之间很可能又是一种直接的外部竞争或者潜在的外部竞争。作为直接竞争对手，它们最终要在市场这个大舞台上开展真刀实枪的战斗——为了获取更高的市场份额。而有的成员之间作为潜在的竞争对手，可以提供替代性产品，也会采取"不正当手段"在技术创新联盟内展开竞争。第五，联盟合作的非全面性。技术创新联盟中各成员之间常常只是在某些方面合作，而在另一些方面则是竞争关系。也就是说它们合作的内容并非它们全部的业务，在合作的技术项目以外，它们还是要进行残酷的竞争。有学者指出，当今企业间技术创新联盟的一个重要特点就是过去的竞争对手变成了盟友[2]。同时，一些行业内的企业根据自身的情况结成了不同的技术创新联盟，原来行业内的企业竞争逐步演变为不同的技术创新联盟之间的竞争。尽管如此，仍然不能因为技术创新联盟中的合作而否认或者忽视它们之间的竞争性，因为不管是单打独斗的企业，还是相互合作而形成技术创新联盟，企业竞争的内在要求并没有发生改变，企业追求自我利益的本质没有改变，竞争作为企业夺取市场份额和获得收益的主要手段，没有因为企业加入技术创新联盟而发生变化。因此这种合作是暂时的，而竞争才是永远的。技术创新联盟中的竞争一般采取向对手学习（假如存在"竞争对手"），保护自己的隐性知识和人

---

[1] 孙国强. 网络组织的内涵、特征与构成要素. 南开管理评论，2001(4): 38-40.

[2] 王立生，谢子远. 当代战略联盟的动机及发展趋势分析. 技术经济，2005(11): 43-45.

员，防止联盟在某一方面成为自己的直接竞争对手等形式[1]。

上面分别从五个方面分析了技术创新联盟内部竞争情报产生的原因，用一句话来归纳这些原因，那就是：在技术创新联盟内部，存在着潜在的竞争关系。

7.2.2 技术创新联盟运作过程的复杂性

技术创新联盟是一个开放性系统，其组成要素非常复杂，成员企业众多，包括核心企业（盟主）、主要成员企业、临时性成员企业，及其各种虚拟组织形式的项目开发组、高等院校、科研机构和各类服务性机构，其运作过程中充满了复杂性的问题。从联盟成员之间的关系来看，技术创新联盟是一种多层次的网络结构。技术创新联盟在组建与运作过程中，往往也会受主观因素影响。

另外，在选择盟友时虽然要进行定性分析与定量评价，但在评价过程中不可避免地要受主观因素的影响。在技术创新联盟运作管理中，在信息沟通方面、冲突管理方面、信任管理方面、利益分配方面以及在进行跨文化管理方面，也都会受到主观因素的影响，而且上述受主观因素影响的过程也是复杂过程。这样来看，在技术创新联盟的酝酿、组建、运行及其解体中，都存在各种各样的复杂问题，这使得其中的竞争情报工作越发重要。具体来讲，技术创新联盟运作过程的复杂性包括：外部环境的复杂性；技术创新过程的复杂性；市场机遇识别的复杂性；寻找合作伙伴的复杂性；虚拟化信息集成的复杂性；信任体系构建过程的复杂性；运作过程监控的复杂性；利益分配过程的复杂性等。

1. 所处外部环境的复杂性

任何一种企业组织与管理模式都是适应当时社会、经济发展和科学进步的产物，技术创新联盟也不例外。技术创新联盟是适应经济全球化、一体化，以及新兴技术的发展给组织带来的一个复杂、多变、不确定的环境的产物。

进入 21 世纪，随着社会财富的日益增加，客户的需求也在发生日益深刻的变化，如客户不仅要求产品和服务提供商能提供一流的质量和较高的性能 / 价格比，而且对产品和服务还越来越多地附加了种种"个性化"要求。为此企业要不断地

---

[1] 梁建英. 辨证地看待战略联盟中的合作与竞争. 经济论坛，2005(5): 79-80.

调整生产模式来满足客户个性化、多样化需求，如"客户关系管理软件（CRM）""大规模客户化定制（Mass Customization）"就是企业为满足客户的需求而引进的先进的管理模式。随着科学技术的快速发展，新产品从概念的提出到上市的所需时间越来越短，产品更新换代的速度也不断加快，即产品的生命周期正在不断缩短。另外，企业之间的竞争已经不再局限于某个国家或地区，而是全球范围内竞争，所以企业之间竞争将会越来越激烈。企业的竞争观念也发生变化，从完全竞争到协同竞争。20 世纪 80 年代以前企业奉行的竞争观念是"对手皆敌人"的零和博弈的竞争观念；20 世纪 80 年代以后竞争观念开始转变为"双赢"或"多赢"的协同竞争观念；20 世纪 90 年代以后企业奉行的竞争观念是"以合作协同为主导，风险共担、利益共享的企业联盟"。

2. 技术创新过程的复杂性

企业技术创新过程的复杂性，包括产品复杂性、技术复杂性和环节复杂性三个方面。首先是产品复杂性，主要是指产品构成的复杂性。构成一件产品的零部件越多，产品的复杂性就越高。例如，一架先进的喷气式飞机由数以万计的零部件组成，其复杂性相当高。产品复杂性的加大，对企业技术创新提出了更高的要求，所以技术创新联盟需要通过组织学习来应对这种挑战。其次是技术复杂性，是指创新产品所应用与集成的技术复杂度越来越高。由于客户对产品功能要求越来越多，产品技术集成度必然也越来越高。因此，技术创新联盟所要研发的产品往往具有很高的技术复杂度。例如，中国 863 高技术计划项目——高性能复杂计算机系统的研制——就具有相当的技术复杂性。这种技术复杂性绝非单个研究机构所能面对，只有通过构建一个技术资源配置充分的技术创新联盟，才能完成复杂技术系统的研究与开发工作。通过技术创新联盟内部组织间的相互学习，技术创新联盟可以不断提高自身的复杂度和创新能力。最后是环节复杂性，是指产品创新过程所经历的环节的复杂程度。产品研发经历的环节越多，各个环节之间的关系越密切，那么其开发过程就越复杂。显然，大型民用航空飞机的开发过程要就比一般汽车开发过程的环节要复杂的多。

3. 市场机遇识别的复杂性

技术创新联盟是用于捕捉瞬息万变的市场机遇的重要手段，它因市场机遇出现而出现，因市场机遇消失而消失。因此，在组建与运作技术创新联盟之前，必须识别市场机遇。但是，随着社会进步与科学技术的快速发展，外部环境日益复杂化，这也给市场机遇识别带来困难。由于外部环境日益复杂，所以要识别市场机遇，必须从大量信息中识别出有价值的信息，再利用众多的分析工具对有价值的信息进行判断是否存在市场机遇。可见，外部环境的复杂化使得市场机遇识别的过程也变得更为复杂。而且由于外部环境变化太快，也许今天的市场机遇到明天就消失了，市场机遇消失则意味着正在组建与运作的技术创新联盟必须中途解体，否则，在其中投入再多的资源，也必然只是变为"沉没成本"。

4. 盟友选择过程的复杂性

寻找合适的盟友是技术创新联盟成功运作的关键，但盟友的选择并不是一件轻而易举的事。核心企业在寻找盟友之前，首先得对市场机遇进行系统分析：分析实现市场机遇所需要的人、财、物；分析如何把总任务分割为若干个子任务；分析实现各个子任务所必须具备的核心技术竞争力；分析实现每个任务所需要盟友的数量；分析选择盟友的评价指标体系及评价方法。然后，核心企业（盟主）根据分析结果，来寻找潜在的盟友，与潜在的盟友进行沟通，分析潜在盟友各方面的能力是否能满足完成各个子任务的需要。如果初步满意，核心企业（盟主）要同潜在的盟友进行谈判以及签订合约；如果初步不满意，核心企业（盟主）还必须扩大选择领域，或放宽约束条件，来寻找其他潜在合作伙伴；如果核心企业（盟主）在扩大选择领域或放宽约束条件下，还未能找到满意的潜在盟友，则核心企业（盟主）只能宣告此技术创新联盟组建失败。

5. 虚拟化信息集成的复杂性

技术创新联盟是信息时代的产物，通过集成化、系统化的信息网络进行信息沟通，是技术创新联盟运作的基础，这对于各个联盟成员在空间位置上相距较远的情况下更为重要。但是，从支持企业业务过程的信息系统角度来讲，不同成员企业，其信息系统的基础设施（包括计算机硬件、操作系统、数据库、应用系统开放环境、网络结构用通信协议等）、应用系统的结构与功能、系统对外接口等可能千差万别，各具形态。这样，成员企业信息系统的异构性使得信息集成难度加大。从这来看，技术创新联盟信息系统的组建过程也具有一定复杂性。

6. 利益分配方面的复杂性

企业加盟技术创新联盟的直接目的是为了获取更多的利益，只有在加盟技术创新联盟时所获取的利益大于单干所能获取的利益时，企业才会加盟技术创新联盟，而且能从中获取的利益越大，企业努力工作的积极性越强。因此，利益分配方案制定及分配过程是否合理成为技术创新联盟能否成功运作的关键，而利益分配方案制定也是一个非常复杂的过程。首先，核心企业要预测组建技术创新联盟所能获取的总收益，及运作过程中虚拟企业的风险与成员企业所能承担的风险；其次，在制定利益分配方案时考虑的也很多，如成员企业对技术创新联盟的贡献的大小，所承担的风险的大小及其工作绩效等，但事实上成员企业的贡献往往很难准确地定量描述，所以在制定利益分配过程中容易引起争执；再次，不同的成员企业从自身的角度出发，会给出对自己较有利的方案，因此核心企业要通过与成员企业进行谈判与协调来从众多的方案中选出所有成员企业都满意度较大的方案。在利益分配与资产清查过程中，有些事先没有预测到的合作成果分配比较困难，容易引起法律纠纷。由此可见，技术创新联盟的利益分配也是一个复杂过程，在制定利益分配方案时，还必须要借助一定的数理工具。

7. 诚信体系构建的复杂性

诚信是技术创新联盟的"灵魂"。如果成员企业彼此之间诚信度不够，将会直接影响到技术创新联盟运行的成功机率，但是技术创新联盟诚信体系建立的困难很大。首先，技术创新联盟的临时性决定其信任机制建立的速度要快，成员企业要在较短的时间内就能彼此相互信任，而实际上传统信任机制建立过程所需要的时间较长，这就需要寻找新的方法来建立技术创新联盟的信任机制，以缩短构建时间。第二，技术创新联盟在地理位置上处于分布状态，这种分布状态给成员企业之间的信息交流带来困难。以往传统合作联盟的成员企业较少，成员企业之间的地理位置较近，成员企业可以"面对面"地进行信息交流，从而能较快地建立信任机制；技术创新联盟的成员企业分布于不同地区与国家，不太可能主要通过"面对面"的沟通方式来建立信任机制，而是通过信息网络进行。目前信息网络技术还无法满足传递非语言信息的需求，这种非语言信息在信任机制建立过程中往往起着关键作用。为此，技术创新联盟的空间分布性，给信任机制建立带来一定的困难。第三，技术创新联盟的成员企业来自于不同的地区（甚至于不同的国家），其文化背景不同，对事物的看法也存在差异性。因此，在沟通过程中容易产生冲突，这也是信任机制建立的困难之一。第四，技术创新联盟是一种开放的、动态变化的组织，其规模要根据实际需要进行调整，当有新成员企业加盟时，技术创新联盟又要重新构造新成员企业与老成员企业之间的信任。这种动态性也是技术创新联盟信任机制构建的困难之一。

8. 运作过程监控的复杂性

虽然从理论上讲，技术创新联盟的成员企业之间诚信度都比较高，但实际上由于短期利益驱动，往往有些成员企业会存在道德风险。因此，有必要对技术创新联盟的运作进行监控。这里需要进行监控的内容包括：成员企业完成子任务的进度与质量，成员企业完成子任务所花费的成本等。但是，核心企业对技术创新联盟运作的困难也很大。例如，首先要确定监控的次数，如果监控次数过多，一方面会导致技术创新联盟交易成本过多，另一方面会引起成员企业的反感，从而降低成员企业对核心企业的诚信度。再如，由于技术创新联盟的成员企业来自不同地区或国家，实地监控的成本会很高，所以一般是通过信息网络来实现对成员企业的监控，但是网络监控的真实性，有时也是值得怀疑的。由此可见，技术创新联盟运作监控并不是一件容易的事。

9. 技术创新联盟的动态性

由于外部环境的复杂性、多变性、不可预测性，导致技术创新联盟必须根据外部环境变化，适时进行动态调整。为了对技术创新联盟实施有效管理，客观上要求支撑技术创新联盟的组织结构具有灵活的动态性，即要对技术创新联盟的组织机构进行不断适应外部环境的调整或重组。例如，对技术创新联盟的成员企业数量进行调整，根据实现市场机遇的实际需求来增加或减少成员企业数量。但是，技术创新联盟组织机制的调整或重组是一个艰难的过程，问题的复杂性与成员企业文化、员工素质、核心技能、业务类型、产品特征等都有关系。技术创新联盟动态性表现的另一方面是其生命周期非常明显，时效性非常强。技术创新联盟因市场机遇的出现而产生，因市场机遇的消失而解体。当一个技术创新联盟解体后，核心企业又识别新的市场机遇，并与其他盟友组成新的技术创新联盟。当然组建新的技术创新联盟同样是一个充满艰难的复杂过程。

7.2.3　技术创新联盟信息共享的便利性

　　根据上面的分析，技术创新联盟整体的外向竞争性和技术创新联盟成员之间的潜在竞争性是技术创新联盟竞争情报产生的根本原因，但是这也只是技术创新联盟竞争情报产生的必要条件。组建与运作技术创新联盟过程的复杂性，仅仅只是增强了企业需要竞争情报的强烈程度，以上两点都还并不一定促使技术创新联盟中竞争情报充分条件的产生。为此，还需要具有开展技术创新联盟竞争情报的便利条件。有了一定的便利条件，联盟成员在开展竞争情报的时候，才能少花费时间和精力，而多获取竞争情报带来的潜在收益。

　　但是，需要指出的是，在技术创新联盟这种组织形态中，开展竞争情报的便利条件确实是客观存在的，这就是联盟成员之间基于合作而产生的联系和互动。联盟内部各个成员在频繁的相互联系和互动中实现长期、稳定、密切、有效的合作，加强了相互之间的信任，彼此的戒备心理都会有所降低，从而为联盟内部各个成员之间的竞争情报开展创造了一定的条件。此外，由于技术创新联盟所具备的信息共享功能，客观上促使联盟成员在技术创新联盟竞争情报活动中相互合作，这种合作不仅会共同面向联盟外部的环境，而且也会面向包括技术创新联盟盟主在内的所有成员，即在技术创新联盟内部合作开展竞争情报。

　　总之，技术创新联盟中网络化合作为其中竞争情报的产生提供了便利条件。

7.3　技术创新联盟竞争情报内容及其制约因素

　　上一节分析了技术创新联盟中竞争情报的产生机理，本节在分析网络环境下竞争情报的基础上，阐述技术创新联盟中竞争情报的内容、流程和类型划分。

7.3.1　网络环境下的竞争情报研究

　　进入 20 世纪 90 年代，特别是进入 21 世纪之后，随着互联网技术向企业管理领域的逐步渗透，网络环境下企业竞争出现了新的特点：竞争范围扩大，要求快速反应，竞争更趋激烈等。这些不仅对企业竞争情报工作提出了新的挑战，也为竞争情报工作模式的创新提供了难得的发展机遇。很快，国内外学者开始对网络环境下竞争情报收集、竞争对手识别，以及竞争情报系统构建开始进行探讨，也出现了一些探讨网络环境下新型企业组织结构的竞争情报工作模式的相关文献。国外对于网络环境下竞争情报的研究，大多局限于如何挖掘网络中的竞争情报资源，例如：文献《Competitive Intelligence on the Internet: Going for the Gold Information》（H. Kassler, 2000）和《Competitive Intelligence Resources on the Web Business Information Searcher》（Gordon-Till, 2002）都对如何搜集、分析、利用网上企业竞争情报资源进行了阐述；文献《Finding Competitive Intelligence on Internet Start-up Companies: a Study of Secondary Resource Use and Information-seeking Processes》（Sanda Erdelez, 2001）提出了对一个电信业的电子商务创业企业的信息进行网络检索的策略和方法；文献《Effectiveness of the Web as a Competitive Intelligence Tool》（R. Sewlal, 2004）将网站作为企业竞争情报的工具。此外，文献《Software Agents for Environmental Scanning in Electronic Commerce》（Liu Shuhua, 2004）对电子商务环境下利用软件代理进行互联网和外联网信息收集，以及竞争环境扫描进行了研究。

国内学者对于网络环境下竞争情报的研究，主要遵循了以下两个研究视角：第一个视角是研究基于传统竞争情报流程的，面向项目的虚拟竞争情报团队模式（virtual competitive intelligence team）。例如：文献《企业竞争情报流程整合》（焦玉英，刘鲁，2003）、《企业竞争情报部门设置模式研究》（陈颖，2004）、"竞争情报组织中的虚拟团队和动态联盟"（李晓鸿，赵冰峰，2005）等，都力图突破传统科层式组织架构中竞争情报的管理模式，探讨现代新型组织架构下的竞争情报管理模式与运行机制。第二个视角是研究跨企业动态联盟的竞争情报组织模式。例如：文献《网络经济下的合作竞争与超竞争情报战略研究》（邓维康，2005），从网络环境下企业组织模式的改变出发，探讨网络环境下企业合作竞争战略下的竞争情报管理，这是一种基于企业联盟的竞争情报管理机制，但比较遗憾的是，文章并没有论及企业竞争情报管理模式和运行机制。而随后的文献《企业战略联盟的竞争情报研究》（2005，王玉）研究了基于产品联盟和基于知识联盟的合作竞争战略下的竞争情报管理。之后，周九常的博士学位论文《企业网络组织竞争情报模式研究》（2007）对网络组织竞争情报的产生原因、制约因素、主要类型、重要作用和过程模式进行了分析，然后在此基础上，还系统研究了网络组织学习、知识转移及战略联盟和基于弱联系的网络组织中的竞争情报模式。此外，郎诵真的专著《竞争情报与企业竞争力》（2001）设计了网络环境下企业竞争情报的业务模式，认为网络环境下竞争情报的发展要利用网络环境的分析研究工具、网络工具开发新型的竞争性业务，提高系统的科学研究水平和快速反应能力；黄晓斌的专著《网络环境下的竞争情报》（2006）对网络环境下竞争情报工作特点和竞争情报收集、分析、ECIS 构建等进行了初步探讨。

随着电子商务模式的不断发展，电子商务环境中的竞争情报问题也引起了相关学者的注意。例如，夏晓慧（2002）认为，电子商务的出现为竞争情报的发展提供了强有力的支持与推动，强化了企业的市场竞争优势，这种支持体现在电子商务庞大的信息流为竞争情报提供了取之不尽、时时更新的信息资源和技术支持手段。黄晓斌（2003）在总结了电子商务环境下企业及企业竞争情报工作特点的基础上，提出企业竞争情报工作应该在观念、方法、手段、技术、制度和人员上进行创新。曲哲（2005）认为，企业的竞争优势在电子商务环境下，可被理解为一种信息优势。当企业将收集的竞争环境信息、竞争对手信息、竞争策略信息，经过整理分析变为包含智力成本的竞争情报，并加以利用时，企业的信息优势将很快转化为竞争优势。宋文官等（2006）从竞争情报规划、搜集、分析以及发布各环节对电子商务环境的影响进行了分析。但电子商务环境下企业竞争情报的研究极为分散，多为初步探索性研究，尚无系统、深入的探讨。

根据以上分析，可以预见，在今后一个阶段，随着网络组织、战略联盟、电子商务的不断发展，研究基于网络环境下的竞争情报将会吸引更多学者的关注。

7.3.2　企业战略联盟与竞争情报的关系

技术创新战略联盟作为企业战略联盟中一种，下面先就企业战略联盟与竞争情报的关系进行阐述，这也可以作为技术创新战略联盟重要性的认识。

1. 企业战略联盟增加了竞争情报的共享性

传统观念认为，企业竞争的优势来自于较低的成本、较高的质量和服务。但是，随着市场竞争的加剧，竞争的优势更在于企业是否能够快速地了解和掌握市场信息和竞争情报，并快速地对市场变化做出反应。企业战略联盟的目的就是充分地利用联盟各方的竞争优势，在竞争中获得更大的优势。

实施战略联盟为企业创造了如何应用信息技术，实现技术知识更新和领先的机会。联盟各方通过建立和实施竞争情报系统可使联盟企业获得或保持竞争优势，帮助企业提高市场竞争力。战略联盟使企业之间的关系由单纯的市场交易关系进入到不得不共享竞争情报和信息的相互依存、相互利用的关系，战略联盟不仅是将组织可得到的各种来源的竞争情报转化为竞争力，而且更强调竞争情报新系统的建立和竞争情报资源的共享性。

2. 战略联盟将竞争情报内部化

通过战略联盟，联盟企业与外部环境和竞争对手进行密切接触的企业员工对外部环境、竞争对手有着更充分的判断力和信息获取机会，这些都是企业进行竞争环境、竞争情报分析的重要资源，资源享用的内部化增加了竞争情报共享的机会。将其内部化为联盟企业的共享资源，对于提高企业竞争情报研究的准确性和时效性具有重要的作用。

通过联盟企业竞争情报研究可以内化为企业管理者的隐性知识，从而深化对环境和竞争对手的认识，增强企业对外部环境变化的反应能力。

3. 战略联盟增加了竞争情报的风险性

企业竞争情报泄露和知识产权流失都会给其造成严重的损失。企业之所以实施战略联盟战略，其根本原因就是联盟双方企图利用双方各自的资源、技术优势，开发出更具市场竞争力的产品。战略联盟增加了竞争情报的风险性，开放自己的资源、技术、竞争情报的结果必然会带来技术资源的外泄或流失。

战略联盟中的某个在职的技术人员利用掌握的商业机密为对方企业进行有偿服务，或由于职务的便利而直接掌管技术秘密的管理人员向联盟单位出卖商业秘密。对于一些企业的核心技术的外泄或流失，对企业的影响可能是致命的。

7.3.3 技术创新联盟竞争情报的作用与内容

因为技术创新联盟属于一种网络组织，所以前人关于网络组织竞争情报的研究，有助于对技术创新联盟中竞争情报的理解。根据对前人相关研究的分析，周九常在其博士论文中，将网络组织竞争情报的作用归纳为如下五个方面：第一，网络组织中合作伙伴前期情报的审计；第二，网络组织运行中不良行为情报监测；第三，网络组织运行中伙伴经营风险的防范；第四，网络组织外部竞争对手的情报监测；第五，网络组织外部环境的情报监测[1]。以上五个方面的作用，也都是技术创新联盟中竞争情报所应该具备的，也是必须要具备的。

如果按照具体类型划分，技术创新联盟中的竞争情报总体上可以分为内部竞争情报和外部竞争情报两类，前者包括不良行为情报、技术情报、伙伴经营风险情报，而后者包括外部环境情报和竞争对手情报，各自含义如表 7.4 所示。

表 7.4 技术创新联盟中的竞争情报分类

类型	名称	含义
内部竞争情报	竞争技术情报	联盟内部有关技术和知识方面的各类信息与情报
	不良行为情报	发生在联盟内部的一种用来监测联盟成员不良行为发生的情报。主要监测是否存在贡献不足和产生投机行为的问题，网络内是否存在某些成员"偷懒""搭便车"以及逆向选择等行为[2]
	伙伴经营风险情报	联盟成员出现的涉及经营状况上的严重事变或突发事件方面的情报，这类情报对于相互合作的其他联盟成员来说，非常有必要及时掌握，只有这样，才能尽量避免或减少联盟伙伴经营上的突变对自身或整个技术联盟整体所造成的震荡
外部竞争情报	外部环境情报	对技术联盟整体或者个别联盟成员对于外部情报的搜集、整理、分析研究和服务利用活动，目的是发现来自外部的机会与威胁，以便让企业及时抓住机遇，防范突如其来的各种威胁
	竞争对手情报	联盟成员对来自于技术创新联盟外部的竞争对手的情报检测过程，是对外部竞争对手的情报搜集、整理、分析和利用活动，目的是搞清楚外部竞争对手的优势与劣势

资料来源：本研究整理

---

[1] 周九常．企业网络组织竞争情报模式研究[博士学位论文]．天津：南开大学，2007．

[2] 王耀忠等．网络组织的结构及协调机制研究．系统工程理论方法应用，2002(1): 20-24．

另外,周九常还在其博士论文中构建了网络组织竞争情报流程的模式结构图,并指出了其中各个步骤相关竞争情报工作的主要内容,如图 7.2 所示。

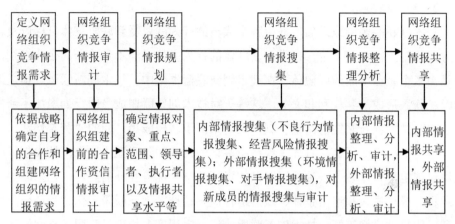

图 7.2　网络组织竞争情报的工作流程

资料来源: 周九常. 企业网络组织竞争情报模式研究[博士学位论文]. 天津: 南开大学, 2007.

7.3.4　技术创新联盟竞争情报的制约因素

影响技术创新联盟竞争情报的制约因素,体现在其运行机制中的各个方面,如信任机制、协调机制、决策机制、约束机制、激励机制、分配机制等。

1. 信任机制

技术创新联盟的本质特点在于合作,而合作的基础在于信任关系的建立,如果缺少了盟友相互间信任的基础,技术创新联盟就无法组建。即便是组建成功,已经运行的技术创新联盟,如果其信任的基础受到腐蚀,也必然要最终走向解体。联盟合作协议的签订,在一定程度上来说就是加强技术创新联盟信任关系的一种固化和保证。在建立信任关系的基础上,联盟成员就可以开展多种形式的合作,同时在合作过程中还需要就各方面的利益分配、任务分工、资源贡献、成果共享等进行协调,经过协调,技术创新联盟就能够抓住市场机遇,避开威胁,或者联盟成员合作应对外部迅速变化的环境,实现预定的目标。信任机制是技术创新联盟稳定运行的最基本机制,它会影响竞争情报的共享,一旦信任机制受到影响,将会导致商业秘密的泄露。在信任机制基础上，才会产生合作机制、协调机制、约束机制、学习机制、决策机制、利益分配机制等。

2. 约束机制

技术创新联盟形成之后，其中各个成员的行为就要受到联盟总体目标以及合作方式的制约。也就是说，技术创新联盟的行为主体已经不是单一的企业组织，而是由多个企业组成的联盟体。在技术创新联盟框架中，技术创新联盟成员之间的经济联系形成了其权利和义务，这等于对技术创新联盟成员的行为增加了新的约束。而技术创新联盟的约束机制，正是来源于联盟成员之间的"利益均沾、风险共担"的约定或承诺，具体体现在所签订的技术创新联盟协议中，技术创新联盟协议规定了合作各方必须共同遵循的资源共享、优势互补的内容，包括联盟工作章程、成员进入和退出条件、联盟运行规则、技术创新联盟文化、利益分配原则和联盟精神信仰等等。技术创新联盟协议一定程度上约束了联盟成员的经济行为，是技术创新联盟约束机制的重要来源。此外，技术创新联盟目标对其组成个体不仅仅具有激励和导向的作用，同样也会对它们的行为产生一定程度的约束，使它们的行为始终保持与技术创新联盟整体目标的一致。

关于约束机制对竞争情报的影响，整体上课题归纳为：约束机制影响技术创新联盟内部竞争情报开展的类型和行为方式。从前面分析过的技术创新联盟内部竞争情报的类型来看，它主要包括不良行为情报和经营风险防范情报，这两种情报活动的目的在于：前者及时和纠正网络成员的不良行为，后者及时发现网络成员的重大经营风险，并迅速敦促与其合作的伙伴采取应对措施，降低这一成员的经营风险对其合作伙伴或者整个技术创新联盟造成的震荡和冲击。这两种情报的应用都可以降低或消除技术创新联盟运行的风险，减小对其他网络成员和整个技术创新联盟的损害。而反过来看，技术创新联盟内部不良行为情报监测和经营风险情报监测，一定程度上也是对网络成员行为的约束，促使它们在网络合作的框架内本着合作的精神行事，努力学习合作伙伴的长处，转移自己所需要的知识和资源，降低企业的经营风险，并且使网络成员建立从整个网络合作关系的视角看待自身经营风险的"世界观"。可以看出，技术创新联盟内部的不良行为情报和经营风险防范情报，体现了技术创新联盟约束机制的精神和要求。从技术创新联盟竞争情报的行为方式上看，在技术创新联盟内部，竞争情报的活动变得相对谨慎、自制、合法、守礼，在合作的大旗下，过去单纯对抗竞争条件下的间谍式竞争情报行为有可能会大为改观。

3. 激励机制

技术创新联盟的激励机制，就是促进联盟成员为技术创新联盟整体做出更多贡献的一系列激励措施、方法，以及这些措施、方法的实施过程。技术创新联盟的激励可以采用物质激励（如通过内部持股、交易让利等等措施）和精神激励（如公开表扬）两种方式。单从精神激励来说，对那些表现优秀的技术创新联盟成员，可以通过给以更多的美誉，提升其信誉和形象，形成其更高的无形价值等办法和措施来实施。在技术创新联盟激励机制的建立和实施过程中，要坚持两个原则：第一，"及时奖励"，也就是说，一旦联盟成员为技术创新联盟整体做出了贡献，就要及时给予一定的奖励；第二，"精神和物质奖励相结合"，要注意兼顾物质激励和精神激励两个方面，具体的激励措施、方法和实施条件，最好也要像约束机制那样，在技术创新联盟协议中加以规定。有了一定的激励机制，技术创新联盟中的联盟成员才愿意更加积极主动地投入自身资源，捕捉市场机遇，迅速完成任务，实现既定目标，进而才愿意贡献出更多的创新成果。

激励机制主要影响网络成员开展竞争情报的主动性和竞争情报的共享程度。在盟主型技术创新联盟中，有了良好的激励机制，根据激励与行为效果之间的正向效应，技术创新联盟的盟主就会最大限度地尽力做好整个技术创新联盟的代理式竞争情报工作，及时搜集自身需要、其他网络成员需要或者整个技术创新联盟需要的外部环境情报和各成员的外部竞争对手情报，并加以认真仔细的处理加工，然后在技术创新联盟中进行传播、共享。就一般技术创新联盟成员来说，虽然一般情况下不负有网络外部竞争情报的职责，并且往往也不具备开展网络外部竞争情报的资源和能力，但是在技术创新联盟良好激励机制作用下，它也会创造条件，整合新的资源，提升自己的情报能力，创造性地在盟主开展的网络外部竞争情报之外，开展辅助性的网络外部竞争情报工作，并积极地把情报成果与其他网络伙伴共享，从而有利于形成盟主型技术创新联盟竞争情报的"盟主主导，大家协从"的局面。就非盟主型技术创新联盟来说，有了良好的激励机制，各对等身份的技术创新联盟成员，也会各尽所能开展自由任意式的竞争情报，或者积极邀请某一第三方中介机构来负责整个技术创新联盟的外部情报活动，或者大家积极协商组成一种联合委员会专职负责整个网络外部取向的竞争情报。因此，就竞争情报来说，良好的技术创新联盟激励机制的建立，可以更好地开展竞争情报，从而使竞争情报的共享利用更有保证。

4. 协调机制

要分析协调机制对于技术创新联盟竞争情报的影响，首先要了解技术创新联盟中协调工作的特点，这主要表现在以下几个方面。第一，技术创新联盟协调是种以互补性活动为主的协调。20 世纪 70 年代，Richardson 在《产业组织》一文中提出了两种不同类型的经济活动：替代性活动（Similar Activities）和互补性活动（Complementary Activities）[1]，替代性活动需要在组织范围内的直接协调，而互补性活动需要组织间的协调。对于技术创新联盟的协调来说，它是一种介于替代性活动和互补性活动两者之间的协调。技术创新联盟成员在资源、能力等方面以互补性为主，当遇到某一技术机遇或者实现某一新的战略目标时，它们在不失去自身主体地位的情况下，需要结合起来，拥有完整的功能，形成强大的能力，因此需要进行组织间协调。事实上，技术创新联盟的网络化合作中，也存在许多竞争对手之间的协同互动现象，即替代性的同质性组织间的协调。这一点对技术创新联盟内部竞争情报的产生与发展特别重要。第二，技术创新联盟是一种自组织式的自愿型协调。利塔沃曾经将组织协调方式分为三种：指示型、促进型和自愿型。其中，指示型协调对应于传统科层级组织，其中的上下级之间通过层层指令进行相关活动的协调；促进型协调依靠一些专人进行协调，他们嵌入到组织各单位之间或者不同的群体之中，以起到"协调员"的作用；自愿型协调则建立在自愿的基础上，使自己的活动与组织中其他成员的意愿和能力相结合来进行，要求对组织的目标有充分了解，占有足够的协调信息，具有自愿协调的激励因素[2]。

---

[1] 转引自孙国强，王博钊. 网络组织的决策协调机制：分散与集中的均衡. 山西财经大学学报，2005(2)：77-81.

[2] 孙国强，王博钊. 网络组织的决策协调机制：分散与集中的均衡[J]. 山西财经大学学报，2005(2):77-81.

显然，技术创新联盟中的协调属于自愿型协调，其中的联盟成员为了换取共同分享的资源或收益，会放弃原有的部分职能而将其让渡给联盟伙伴，这样一来，联盟成员既不丧失灵活性，又保留了最为关键的技术和功能，也加强了对联盟整体的依赖性。第三，技术创新联盟是一种互动式的协调。在技术创新联盟的协调中，往往是通过互动来实现，互动的具体形式多种多样，比如交易互动、合作互动等等。不管这些互动的形式如何，其过程就是双方之间或者多方之间相互协调的过程。双方之间的相互协调是一种简单的直接的协调，而多方之间的协调则属于一种较为复杂的间接的协调，往往是通过整个联盟的关系系统来进行。技术创新联盟在互动式的协调中，联盟成员相互适应，相互磨合，相互学习，分享那些具有"公共物品"性质的信息或技术资源，获得在非技术创新联盟框架下单一企业组织成长环境无法获得的知识，来弥补自己的不足。当然，联盟成员在互动式的协调中，也要不失时机地为联盟整体贡献资源或知识，而不能只是攫取，还必须要遵循资源共享或收益共享的原则。只有这样，这种双边或者多边互动式的协调才能长期或者不断地进行下去。通过这种互动式的协调，形成了多个联盟成员共同维护、管理联盟的局面，合作成员借助于先进的信息技术进行及时交流，将具有专用性的信息、知识等资源提供给技术创新联盟整体。第四，技术创新联盟是一种建立在既竞争又合作的基础上的协调。技术创新联盟是一种资源共享、风险共担、利益均沾的组织安排，企业通过加入特定的技术创新联盟来获得竞争优势，而相互信任是企业获得持续竞争优势、维护网络稳定发展的重要基础。当然，在技术创新联盟中，企业之间还存在对重要资源的竞争，其中也包括情报资源的竞争，尤其是在网络中那些具有资源同质性和市场共同性的企业之间，潜在或现实的竞争不可避免，相互间竞争情报的发生也顺理成章。而技术创新联盟协调的目的，就在于维护各成员之间既竞争又合作的稳定局面。在此基础上，通过不同的协调模式，可以实现对技术创新联盟的管理，以便实现其有效的运行。

协调机制直接影响技术创新联盟竞争情报活动的过程、方式和特色。

首先，技术创新联盟的层级协调，在一定程度上决定了盟主型技术创新联盟的竞争情报模式。层级协调是指协调活动的众多参与者中，有一个参与者知道如何实施技术创新联盟协调，且具有能使其他成员接受它提出的解决办法。这种协调通常又叫做有盟主的技术创新联盟协调。在这种技术创新联盟中，盟主处于网络核心的地位，整个联盟体是在盟主的协调下运行的。相应地，层级协调下的竞争情报职能也主要由盟主来承担，由盟主负责网络内部的情报活动和外部的情报活动，并且有选择地与联盟成员进行共享。

其次，技术创新联盟的市场协调，决定了"倡议者主导型技术创新联盟竞争情报模式"。在这种方式下，协调活动的参与者中有一个网络成员知道如何实施技术创新联盟协调，它将解决方法公布给其他参与者，如果大家都同意，就采用该解决方案。即由一个参与者提出方案，其他网络成员选择是否接受，张千帆等人把这种协调称之为市场协调[1]。在这种协调方式中，就某一特定联盟活动或解决方法来说，知情者又相当于一个倡议者。与上述层级协调方式不同，倡议者虽然掌握一定的知情权，但是它在整个联盟中并不是处于核心的地位，而是与其他联盟成员具有平等的关系，并且，它的"知情"也不一定是永远如此，而是临时的和针对特定活动或解决方法的。相应地，市场协调下的竞争情报也就需要由倡议者来临时承担。

再次，对等伙伴协调决定了"自由分散式的技术创新联盟竞争情报模式"或者"联合型技术创新联盟竞争情报模式"。在无盟主的技术创新联盟中，有一种情况是各成员处于彼此对等的地位，大家通过协商找到解决问题的方法。这实际上是通过技术创新联盟的自我调节功能——即各成员间是通过平等、相互的交流（信息流、情报流、物流），参与技术创新联盟的运行，形成技术创新联盟的价值，并为网络成员所共享。在对等伙伴协调中，为找到解决问题的方法，各成员需要就相关活动形成共识，在共识形成的过程中，就需要情报先行或情报参与，了解各个成员的真实想法，摸清大家的底牌，再结合对网络外部情报的掌握，来保持对技术创新联盟的有效协调，使技术创新联盟有效运行。在这个过程中，竞争情报的主要作用，就在于可以尽量缩短达成共识的时间。这可以称为是一种"自由分散式的技术创新联盟竞争情报模式"。还有另外一种情况，它将会导致"联合型技术创新联盟竞争情报模式"，其中各平等成员共同组成联合管理委员会，负责技术

[1] 张千帆，张子刚，张毅. 网络组织中的协调管理模式研究. 企业活力，2004(6):48-49.

创新联盟的协调，在协调中兼顾竞争情报工作。这种情况多出现在技术创新联盟成员众多，导致自由分散式的竞争情报效率不高。在此情况下，为了使竞争情报活动有序进行，联盟成员经过协商，决定由联合管理委员会肩负一定的竞争情报工作，协调各成员的技术创新联盟竞争情报工作。同时，该委员会还要协调技术创新联盟运行中出现的其他方面的问题。

第四，第三者协调决定了"代理型技术创新联盟竞争情报模式"。在这种协调中，当面对要解决的问题或者完成新的任务时，地位平等的技术创新联盟成员经过多次协调，仍无法达成一致意见。为了保证技术创新联盟协调的效率，所有参与者同意由一个代理来决定最终解决方案的选择。代理者的选择需要具有一定的资格和条件，它所选择的方案需要具有一定的代表性，基本上能反映其他网络成员的想法和要求，或者说能被其他网络成员所接受，这就要求代理者对其他网络成员的心理底线要有清楚的了解；反过来讲，其他网络成员既然同意由某一个网络伙伴作为代理者，放心地让他作为代理，实际上是对过去平等协商过程中他所提出的方案的一种认同，甚至是建立在对他的其他情况的多方了解的基础上。代理者与其他联盟成员间存在一个博弈过程，结果就是双方相互了解，从而使代理者的资格更加充分，也使他所提出的方案易于实施[1]。当然，仅仅是代理者和其他联盟成员之间的相互了解还不够，代理者要提出一个合适的解决方案，还不能忽视网络外部环境的影响，还必须要掌握一定的外部环境情报，两方面结合起来，才能真正使代理人提出的解决方案更加合理。

5. 决策机制

非技术创新联盟框架下的单一企业的决策过程一般包括确定目标、定义问题、拟定备选方案、方案的选择、决策的实施、控制与评价等步骤。遵循这些步骤的主要是企业常规的决策问题，即决策理论学派所说的程序化决策。而技术创新联盟内的决策，则是一种建立在企业之间契约关系基础之上的决策体系。从技术创新联盟决策的表现形态来看，其中既有集中式的传统科层决策，也有市场化的分散决策，是一种"集中与分散的均衡"。孙国强从公司治理的角度，把技术创新联

---

[1] 张千帆，张子刚，张毅. 网络组织中的协调管理模式研究[J]. 企业活力，2004(6): 48-49.

盟决策与网络协调联系起来，认为基于资源部分让渡与共同拥有的重大合作事件的共同参与决策，基于知识分裂的分工业务的分散独立决策，以及借助发达的信息网络技术的互动式相机协调，是技术创新联盟治理中保证决策结果科学性的"三大基石"[1]。技术创新联盟是一个开放的系统，但是联盟成员只有在遵循共同的行为规范或者技术创新联盟协议的条件下，才具有相应的自主性和自决权。进入与退出技术创新联盟如此，决策也同样如此，必须在遵循技术创新联盟协议的基础上，才能行使其分散、自主的决策。当然，分散的决策保证了"自主"决策的效率，而一定程度的集中，则保证了决策的效果。

关于决策机制对技术创新联盟竞争情报的影响，可以肯定的是，分散与集中相结合的决策机制，决定了分散与集中兼有型的技术创新联盟竞争情报模式。在技术创新联盟决策过程中，各成员拥有相对充分的信息和情报，特别是与自己所承担业务相关的信息和情报，也就是说，每个联盟成员都具有情报搜集、处理和分析的功能，同时也具有决策的功能（对信息加工处理的能力和网络价值的贡献大小，决定了它们在技术创新联盟中的地位），与各成员自我情报功能相对应的决策当然是分散的，但这种分散又是一种合作基础上的分散。无论是分散的决策，还是一定程度的集中决策，所需要的都不是简单的信息提供，而是要高层次、深入的情报分析，在此基础上提供高水平的情报产品，为决策者服务。在技术创新联盟的决策中，决策者除了要了解网络外部的情况，还要为了保持与网络整体的协调一致，需要了解网络伙伴的相关情况，并且还要了解有关竞争对手的情况。因此，决策所涉及的竞争情报活动，主要是进行内部情报审计、外部环境分析和竞争对手分析。这样，分散与集中紧密结合的决策机制就造成了相应的集中与分散相统一的技术创新联盟竞争情报模式。由于网络成员是相对独立的个体，使其在利益和行动上都不会自动趋向一致，当涉及需要协调的事务时，技术创新联盟就产生了联合决策，并在联合的基础上形成集中的决策。在此情况下，技术创新联盟竞争情报就成为集中式的竞争情报，其理论根据在于技术创新联盟中有一个网络成员拥有最全面的信息和情报，于是它就充当了技术创新联盟集中的决策者，

[1] 孙国强，王博钊. 网络组织的决策协调机制：分散与集中的均衡[J]. 山西财经大学学报，2005(2): 77-81.

这样做的好处是可以提高决策的效率和科学性。在这里，决策者成为技术创新联盟竞争情报的汇集者和主导者。当然，其他网络成员本身固有的竞争情报职能并没有完全消失，它们依然会在技术创新联盟环境中进行内部情报审计、外部环境分析和竞争对手分析。

6. 利益分配机制

在技术创新联盟中，合理的利益分配机制也是维护技术创新联盟有效运行的重要条件。这是因为，利益分配机制能反映各个联盟成员对于技术创新联盟的贡献的大小及其与获得回报之间的关系。无论是在何种类型的技术创新联盟中，利益分配的一个总原则是：对技术创新联盟整体的贡献与其收益相一致。

利益分配机制间接影响技术创新联盟成员开展竞争情报活动的积极性和主动性。由于贡献大的网络成员会获得更多的收益份额，则一般情况下，它会更加努力地与其他网络伙伴进行合作，在合作中为技术创新联盟做出更大贡献，这其中，包含了它对于整个技术创新联盟竞争情报的共享，因为收益的合理性会让它更加卖力地开展竞争情报工作，解决自身和其他成员的情报需求问题。另一方面，利益分配机制对技术创新联盟竞争情报的影响还在于，它使技术创新联盟竞争情报进一步内部化，因为需要在技术创新联盟内部对合作伙伴进行情报监测，以便了解自己的收益是否与贡献相符，了解合作伙伴是否有不当得利等。

7.4 技术创新联盟内组织学习中的竞争情报

在技术创新联盟内相关组织之间，必须加强相互学习。通过学习，联盟成员之间可以共同参与技术创新资源的贡献，并且可以共享相关的技术创新成果。因此这种学习是一种有目的的组织学习，竞争情报将参与整个学习的过程。

7.4.1 联盟内组织间学习的含义与特点

1. 组织学习的基本理论

组织学习的理论来源，最早可以追溯到怀特在 1936 年提出的学习效应。他在研究生产系统时发现：在产品生产过程中，单位成本随着经验的累积而下降。他将这种现象其归结为员工在重复某种工作时产生的学习效应，并采用学习曲线加以度量。

1965 年 Cangelosi & Dill 发表的文章《组织学习:一个理论的发现》中，第一次提了"组织学习"的概念。1978 年，美国哈佛大学心理学家阿吉瑞斯（Argyris）和熊恩（Schon）提出了"组织学习"的经典性定义，认为 "组织学习是一个过程，在此过程中，组织成员检查错误和异常，并通过重构组织的行为理论来纠正它，将探询的结果根植于组织的远景之中。"[1]之后，Argyris 还在《哈佛商业评论》连续发表多篇文章，来探讨组织学习理论。因为 Argyris 在组织学习方面所作的出色工作，后来 Argyris 被人们称作"组织学习之父"。

1990 年美国学者圣吉（Senge）出版了《第五项修炼：建立学习型组织的艺术与实务》一书之后，组织学习的影响越来越大，以至于一度形成了"组织学习"和"学习型组织"研究的热潮。

总结国内外学者对组织学习定义的界定，可以将它们归纳为以下五个方面：第一，组织学习是一个学习的过程；第二，组织学习是组织层面的学习；第三，组织学习的核心所在是组织知识，它包括组织成员的共识、组织文化及组织的认知和行为习惯；第四，组织学习可以是有意的行为，也可能是在无意中进行；第五，组织学习旨在指导组织行为。

具体来说，组织学习可以定义为：组织学习是指某一组织为了获取核心知识以便培育竞争优势，而围绕信息和知识不断努力改变或重新设计自身，适应持续变化环境的一个创新的过程。

另外，组织学习的类型可以归纳为表 7.5 所示。

表 7.5　组织学习的类型划分

分类标准	划分类型	含义
学习策略	探索式学习	成员不断搜寻并试验新的组织活动形式及程序来提高组织效率
	开发式学习	成员学习如何改善现有的组织活动形式及程序，以提高组织效率
学习目的	维持学习	学会处理日常工作、制定短期工作计划的一种学习形式

[1] Argyris C,Schon D A. Organizational Learning: A Theory of Action Perspective. MA: Addison_Wesley, 1978: 18-97.

分类标准	划分类型	含义
学习形式	危机学习	依靠应变策略来处理危机和动荡的一种学习形式
	期望学习	对问题或未来形势进行预测的一种策略学习
	单环学习	即"知道如何做",是一种维持学习,用来发现并纠正错误
	双环学习	即"知道为何这样做",是对自己行为的正确与否进行反思认知
	过程学习	学习如何检查自己的学习并进行探索式学习的过程
学习层次	个体学习	激励个体学习新技能、新知识,形成新的价值观
	团队学习	利用自组织小组或联合攻关小组等形式来激发学习
	组织学习	通过建构学习型组织结构和相关文化氛围来促进组织学习
	组织间学习	是指不同组织之间相互借鉴、相互学习,以提高组织效率

资料来源:本研究整理

2. 联盟内组织间学习的含义

联盟内组织间学习是一种跨组织的学习,是指联盟内相关组织中的个体、团队以及整个组织层,在与联盟其他组织的比较过程中,获得并应用新知识、新行为的过程,同时,在此比较过程中,也激发了自身的学习。

国内外对联盟内组织间学习的研究,证实了企业发展离不开自身素质的提高与新知识的学习。许多研究还表明,学习其他企业的技术诀窍和特定能力,也一直是促使企业加入联盟的最主要动因之一。这主要是因为以下两个方面的原因:一方面,随着知识非线性扩张和协同效应的迅速增加,企业仅依靠自己的力量发展他们需要的所有知识和能力,是一件花费昂贵并且困难重重的事,因而企业具有相互学习的压力。另一方面,企业间相互学习能够产生"共生放大"效应,有利于"新资源"的形成,以及产生"合作剩余",故企业具有相互学习的动力。合作者从联盟中得到的利益分成两种,第一种是联盟内的组织通过向他的合作者学习,并运用于与联盟无关领域而单方面取得利益。在这种情况下,由于合作者的目标存在分歧,单方利益会激励合作者之间利用相互学习的机会展开竞争,此时合作双方会机警地对待知识分享。第二种是在联盟范围内共同学习,并把知识运用到联盟运作中产生共同利益。此时,合作双方由于缺少根本性竞争,所以会把知识分享看作是联盟整体的财产。

3. 联盟内组织间学习的特点

在对国内外学者相关研究基础上，本文提出联盟内组织间学习的如下特点：

第一，联盟内组织间学习的竞争性。其根源在于每个联盟成员都是一个赢利性组织，这种赢利性并不因为其加入联盟或者联盟成员之间存在合作而改变，相反，却通过联盟成员之间的学习竞争而实现各自的赢利。其实，很多情况下，联盟成员之所以选择加入一个企业联盟，其中一个直接目的就是学习和合作，通过学习盟友的长处来弥补自身资源或知识上的不足。每一个联盟成员几乎都有类似目的，大家都积极地参与学习活动，以求壮大自身的实力，从而赢得竞争优势。而为了更快更好地实现其目的，在学习上展开竞争是一个必然的选择。

第二，联盟内组织间学习的阶段性。对于单个组织的学习，Huber 提出了学习过程四阶段理论，这四个阶段分别是知识获取、信息分发、信息解释和组织记忆。联盟内组织间学习，同样也可以分为这四个阶段，在知识获取阶段，其路径主要是内生渠道（从联盟成员那里），也有外取的，此时获得的知识就成为"共享性知识"；在信息分发阶段，就是上一阶段获取的共享性知识分发给各联盟成员；在信息解释阶段，就是联盟体对所分发的知识进行阐述、解释；在组织记忆阶段，进行知识的沉淀、积累，完成学习过程。另外，从学习活动的主体来看，联盟内组织间学习也可以划分为培训型学习、自发型学习和教导型学习三个阶段。其中，培训型学习侧重于由联盟内处于知识领先地位的成员派专家将成熟的知识、技能灌输给另一个联盟成员。这个阶段学习的弱点是学习者只能吸收所选定并教授的那些知识，这往往不能满足业务的需要。自发型学习是在培训式学习不断深化的情况下，网络成员改变以往单向接受知识、技能的方式，不仅包括接受现有知识的过程，而且包括创造出新知识、新方法的自我领悟、自我提高的过程。此阶段学习的优点是网络成员的自发学习是出自其内在的需要，因而能发挥每个网络成员的能量和积极性，使它们自我调整、自我强化、自我完善所学的内容，从而更恰当、更充分地加以应用。教导型学习，是联盟内组织间学习成熟程度的最高体现。它表现为处于知识领先地位的联盟成员直接负起培养其他网络成员的责任，能够在知识学习上对其他联盟成员起引领作用，对其他联盟成员的学习具有示范和标杆作用。当然，这三个阶段并非完全独立，一般第一阶段溶于第二阶段，第二阶段又包含于第三阶段。

第三，联盟内组织间学习的互动性。一般来说，单一企业组织的学习具有互动性。同样，联盟内组织间学习也具有互动性。在联盟内组织间学习的初始阶段，各个联盟成员已经积累形成了自有的一套"既有知识"，组织间的学习并不是从零开始，正是有了这种"既有知识"，才构成了联盟内各成员的一切学习工作的起点。所谓"联盟内组织间学习的互动性"，包括三层含义：第一层含义是指联盟整体与联盟成员之间的学习互动，通过学习过程，联盟体一方面成功地学习了所需要的某些知识，并将这些知识融入到联盟规范中去，然后又通过这些规范对联盟成员进行约束和影响。另一方面，联盟体也会不断地对新的网络成员进行社会化培训，培训的结果是将联盟体的知识和信仰逐渐渗透、灌输到联盟成员中去，促使联盟成员接受这些成型的联盟合作观念。反过来，联盟组织整体的价值观念和知识系统也会经常进行动态性调整。第二层含义是指是联盟成员之间的学习互动性。从企业联盟的形成动因来看，联盟成员加入联盟的一大动力源就是为了学习对方的知识，弥补自身知识或资源的不足。第三层含义是指联盟成员与外部环境之间，以及联盟体与外部之间的学习互动。

第四，联盟内组织间学习效果的非均衡性。由于联盟内组织间的学习关系跨越企业组织边界的知识流，这就造成各联盟成员的学习效果不仅取决于本身内部因素，也与合作伙伴有关。在联盟内组织间学习中，不同网络成员之间的实际学习效果可能存在相当的差异，当然这种差异是通过网络成员之间的比较而显示出来的。如果大家的学习效果都不好，即整体学习效果与预期目标有差距，此时联盟整体必须找出相应的对策加以改进，例如完善知识交流机制，调整网络组织的结构方式，改进网络组织的协调机制等等。相反，如果部分成员达到了预期的学习目标，而其他的成员效果不佳，特别是在双方差距悬殊的情况下，可能会造成联盟内不同企业的相对竞争地位的变化，原来处于竞争优势的成员可能优势不再，而学习效果好的成员则会占据比原来更有利的地位。这种情况，就称之为联盟内组织间"学习效果的不均衡"，它会造成联盟成员一方面在合作，另一方面却想竞争，于是每个联盟成员都极力想从伙伴哪里获得知识，尤其是核心技术和关键知识，同时又想避免自己核心技术和关键知识被对方掌握。

4. 联盟内组织间学习方式的类型

一般地说，组织对外部知识的学习有三种方式：被动学习、主动学习和互动学习。这里的"被动学习"，就是基于现实问题或者特定任务的需要，而产生的学习，如技能培训。"主动学习"，是指自主地、积极地学习，如标杆学习。"互动学习"，是指两个或多个组织通过直接接触、彼此切磋地相互交流学习，也可以说是"现场学习"。对于技术创新联盟来说，一个典型的例子是不同联盟伙伴的员工在一起共同研发，"边干、边学、边创新"，通过互动学习，获得对方的隐性知识，促成自身核心能力的提升，并能确保取得好的学习效果。

对于联盟中组织学习类型，还有其他不同的划分方法。例如，Lasson（1994）认为战略联盟的学习可以分为竞争性学习与非竞争性学习（也称合作性学习）。在竞争性学习中，最有谈判权的一方会创造有利于自身的不对等学习条件（如坚持要求合作伙伴技术公开等）；而非竞争性学习主要是双方利益相容，包括向合作伙伴学习以及与合作伙伴一起学习。当然，上述两种方式也不是静止不变的，而是随着时间的推移不断变化，有时进行非竞争性学习的合作伙伴如果在同一市场上出售了同样的产品，则非竞争性学习就可能演变为竞争性学习。

另外，依据联盟成员是否聚焦于同一种学习目标，可将联盟内组织间的学习方式分为对等学习和不对等学习两种。具体来说，如果合作双方有同样的学习目标（如双方都希望学习对方的知识和技能，或者都希望从联盟经历中进行学习），这种学习方式就是对等学习，否则就是不对等学习。

7.4.2 技术创新联盟组织学习中的竞争情报活动

在技术创新联盟内组织间学习中，不同联盟成员之间既有学习中的合作性，也存在着一定的竞争性，因此客观存在着一定的竞争情报活动，下面进行分析。

1. 联盟内组织间学习中竞争情报的产生原因

在联盟内组织间的互动式学习中，存在着一定的竞争性，正是这个原因导致了其中竞争情报和反竞争情报的相伴而生。分析其产生原因，有两个主要方面：

一方面，这源于联盟内组织间学习具有互动式的特点。互动式学习中学习双方可共享知识，共同进步，一道推进学习的深入，并能保证学习过程的有效性。但是它也有不可忽视的弱点——极易导致核心技术的溢出。因为某联盟成员的核心技术一旦溢出后，如果为竞争对手所掌握，不管竞争对手是合作盟友还是联盟外的企业，都会对该联盟成员带来损害。为避免该情况的出现，联盟成员在学习过程中必须培养一定的风险防范意识。如果从竞争情报的角度来看，就会形成这样一种观念：联盟内组织间学习中，某一方核心技术的溢出，在一定程度上就是另一方开展竞争情报的结果，互动式的学习为学习者开展竞争情报提供了极好的便利，因为互动式学习意味着双方接触频繁，易于开展竞争情报，并且取得的效果也最佳。在深度的和长期的学习互动中，学习者容易摸清对方的底细，掌握对方的核心技术，了解对方的技术能力。从学习的问题克服来说，一旦某联盟成员决定要获取某些知识，并且通过正常的途径无法达成或者代价太大的话，则通过开展竞争情报来获取对方的知识就是一个明智的选择，这就是说要在向对方的学习过程中把竞争情报渗透进去，使竞争情报与学习过程相伴随。

另一方面，联盟内的组织间学习本身也具有竞争性。各个联盟成员都在积极地学习和吸收对方的知识，特别是对方的关键技术知识，通过学习培养自身的核心能力。在这种竞争性的利益追求过程中，竞争情报就会自然地发生。在联盟内组织间学习活动中，竞争情报可以通过两个渠道发挥培养自己核心能力的作用。一是通过竞争情报的顺利开展，快速获取对方的核心技术或者关键知识；二是通过竞争情报活动的全面开展，形成竞争情报产品，而这种竞争情报产品直接就是对方某种知识或者其中的一部分，甚至是对方的核心技术或者关键知识。例如，通过逆向工程这一竞争情报方法，可以解析出隐藏在对方产品中的核心知识。

以上分析了联盟内组织间学习中竞争情报的产生原因，其实与之对应，正像"矛"与"盾"之间互相存在的关系一样，这也导致了其中反竞争情报的出现。因为联盟内组织间学习容易发生核心技术的溢出，并且这种溢出常常又是对方开展了竞争情报活动的结果，所以联盟成员就非常有必要开展对应的反竞争情报活动，把需要保护的核心技术或者关键知识标识下来，然后结合自身的实际，制定一整套保护这些核心技术或关键知识的方法，采取一整套反竞争情报技术，建立反竞争情报体系，构筑一道防止核心技术溢出的防火墙，防止不合理的知识外泄。

2. 联盟内组织间学习中竞争情报的因素分析

联盟内组织间学习中竞争情报的因素，包括主体、客体以及内容三个方面。

按照上面的分析，联盟内组织间学习中的竞争情报属于一种内部竞争情报。它发生在直接合作的联盟伙伴之间，具体来说，是发生有直接合作关系的某一成员在获取另一联盟伙伴相关知识的过程之中。

根据这个理解，联盟内组织间学习中竞争情报的主体就是欲获取对方知识的那个联盟成员，客体就是拥有对方想获取知识的那个联盟成员，而其内容就是一方想获取而另一方想保护的那些核心技术或者关键知识。如果这种竞争情报的发生是单向的，则双方只构成一对"主体—客体"关系；如果这个过程是双向互动的，则双方可能互为"主体—客体"关系。

在联盟内组织间学习中，竞争情报活动主体所追逐的内容，不仅仅是盟友的某种技术资源、工艺诀窍或核心技术，其中的内容实际上相当广泛，例如借鉴对方的管理经验、文化氛围等。

就某一盟友所可能获得的知识来说，主要有以下三类：

第一类，关于技术创新联盟所处环境的知识，包括外部技术环境、外部市场环境、外部竞争对手（含外部单独企业和外部其他联盟体）。

第二类，关于技术创新联盟运作管理的知识，即如何协调、管理、监控整个联盟体，使之顺利合作的知识。

第三类，与特定联盟成员合作的知识。就某一个时间点来说，特定网络成员常常与某一个或几个网络伙伴开展频繁的合作，为了获取他们自身独有的一些专门性知识，它们在相互学习中，很可能会发生竞争情报活动，当然这也只能发生在开展直接合作的网络伙伴之间。

其实，上面提到的前两类知识，对于整个联盟体的所有成员来说，都是大家所关心的，而并非哪一个网络成员的专有资产，是所有成员都可以共享的，不具有保密性，可以看作是"共有知识"或者"共享知识"。联盟间组织学习中的竞争情报，一般不会发生在这两类知识的学习中。

3. 联盟内组织间学习中竞争情报的主要目的

在联盟内组织间学习中，内部竞争情报的发生主要是为了获得对方的关键知识和技术。其中的理由非常简单，只有关键知识和技术才能产生高价值高收益，只有这些知识才值得联盟伙伴加以保护，甚至采取反竞争情报的措施加以保护。于是，只有在这种知识的学习中，竞争情报才派上用场，利用竞争情报可以帮助实现成功有效的学习。

竞争情报在联盟内组织间学习中发生作用的路径，可以概括为三个环节，第一步，增强了自身的学习能力；第二步，有效"解除"盟友的知识保护；第三步，获得盟友的关键技术与知识，实现成功学习的目标。

7.4.3 技术创新联盟不同学习方式下的竞争情报

在技术创新联盟的组织间学习过程中，包含了三种的学习方式：单向学习、双向学习和多向学习。下面对上述三种方式下的竞争情报过程来进行解析，并根据组织学习的经典过程模型，分析其中各个阶段具体的竞情报活动内容。

1. 技术创新联盟单向学习中的竞争情报

技术创新联盟单向学习中的竞争情报，主要发生在技术创新联盟的组建期，具体来说就是盟友选择阶段。在该阶段，盟主根据自己发现的市场机遇，根据相关技术资源整合或者互补的需要，在充分考虑自身技术能力的前提下，来精心选择准联盟伙伴。这时盟主企业与选择的准盟友伙伴之间的学习是单向的，是作为盟主的企业向作为选择的准盟友伙伴的"预先学习"。

此时，盟主企业会通过多种直接或者间接的渠道和手段，来观察、了解、探询和测评对方的技术资源和技术能力，准盟友伙伴甚至在没有知觉的情况下就被盟主企业"学习"了，当然也不能完全排除这种巧合，即准盟友伙伴也正好在寻找联盟伙伴，并且在对盟主企业进行评估、审计，从而出现选择伙伴阶段的"双向组织学习"。此时学习到的"知识"主要是事实型知识（Know-What）和人力知识（Know-Who），即便存在少量原理型知识（Know-Why）和技能性知识（Know-How），也没有内化为自己的知识。

可以说，此阶段的学习是一种"非正式的学习"，此时的竞争情报也必然是"单向的竞争情报"，即盟主企业对准伙伴所开展的竞争情报。

2. 技术创新联盟双向学习中的竞争情报

在技术创新联盟的雏形形成之后，联盟成员之间的关系就由原来的单方面关系变成了双方面的关系。于是，学习也就由原来的"单向学习"变成"双向学习"了，学习方式也由原来的"非正式学习"转变成了"正式学习"。

进一步分析，如果双方都已经明确对方的意图，并且对对方的学习行动采取应对措施，就形成了"双向互动"的学习方式。此时，竞争情报活动也变成了双向的，相关盟友之间彼此相互攻防，该过程可称之为"情报互动过程"。

此外，与上述单向竞争情报的不同之处还表现为：此时，双向的竞争情报过程，不再仅仅只是盟主企业对准联盟伙伴开展竞争情报，双方的身份都发生了变化，都已经变成联盟成员了，尽管它们的地位还可能会有一定的差别。

3. 技术创新联盟多向学习中的竞争情报

在技术创新联盟组建完毕，并经过一段时间的稳定运行之后，联盟成员数量日益增加，联盟成员之间的关系趋于复杂化，这是联盟内部各组织之间的关系，已经转变为多方之间的关系，学习由原来的双向互动过程，也逐渐转变为多向互动的过程。

这样一来，组织学习的选择性、互动性和深入性都大大加强，学习效果也相应改善，学习效率也明显提高。在此情况下，组织间学习中的竞争情报也就自然地变成多向互动过程，这一过程可称之为"情报多向互动过程"。

7.4.4 技术创新联盟组织学习的竞争情报过程模型

学习过程模型用来抽象地描述组织学习过程中所发生的相关环节。最早的、也是最有代表性的组织学习模型，是由 Argyris 和 Schon（1978）提出的"四阶段模型"，如图 7.3 所示，该模型包括发现、发明、执行和推广四个阶段。

上述模型包含了组织间学习的整体轮廓，基本上反映了组织学习过程的抽象性描述，但其中仍然存在一定的不足。主要表现为：第一，缺少反馈环节，没有反映现实组织内的真实情况，也就是缺少人们常说的"从失败中学习"这样一种负面的结果。第二，实际的组织学习过程不可能是一个完全线性的过程，而应该是一个具有反馈的螺旋上升，并不断积累组织知识的螺旋过程。正是因为这两点原因，该模型并没有真正描述组织学习的过程和本质。

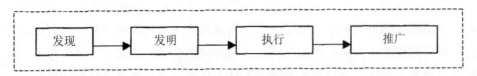

图 7.3　组织学习的"四阶段"过程模型

资料来源：陈国权，马萌.组织学习的过程模型研究[J].管理科学学报，2000（3）：15-23.

国内学者陈国权（2000）对该模型进行了改进，补充了反馈环节，并在其中添加了知识库，提出了一种新的组织学习过程模型，如图 7.4 所示[1]。

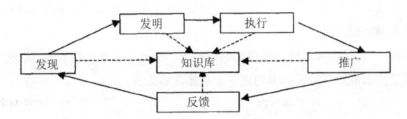

图 7.4　陈国权（2000）改进后的组织学习过程模型

资料来源：陈国权，马萌.组织学习的过程模型研究[J].管理科学学报，2000（3）：15-23.

下面分析一下对于技术创新联盟内不同组织间学习时，对应图 7.4 中改进后的组织学习过程模型，其中各个阶段的竞争情报活动内容。

1. "发现"阶段的竞争情报

组织学习模型中的"发现"阶段，目的主要是了解组织内部的潜在问题或外部环境的市场机遇。就技术创新联盟间组织学习来说，该阶段的竞争情报活动包括两个方面：

第一个方面是内部竞争情报审计，也就是要尽可能弄清网络组织内部所有的潜在问题，例如：联盟整体效率低下、协调不力、效果不佳，联盟成员绩效下滑、积极性不高，部分联盟成员存在"搭便车"现象，个别联盟成员存在故意投机行为或者存在信誉危机、财务危机、经济诉讼以及其他经营风险，或者存在不遵从

[1] 陈国权，马萌. 组织学习的过程模型研究[J]. 管理科学学报，2000(3): 15-23.

联盟协议，采用不正当手段非法获取竞争情报等。

第二个方面就是外部环境竞争情报监测，这主要包括两个部分：一是发现来自外部环境的市场机遇，经过技术创新情报系统的处理和分析，整理成一定的情报研究成果，提供给决策使用，从而及时抓住这一机遇；二是发现来自外部环境的各类威胁，包括竞争对手新的技术创新战略和更具进攻性的开发方法带来的威胁、国家政策法规和行业发展限制变化带来的威胁、最新通用技术和相关技术标准升级带来的威胁、国际上大型跨国公司的行业介入、新的潜在竞争对手或者替代产品的出现、客户消费观念的更新、主要客户的非正常流失、主流消费趋势的转移等。在这种情况下，通过技术创新竞争情报系统的敏锐监测，然后及时通报给管理层，使他们可以迅速采取相关行动，从而达到扬长避短、趋利避害的目的。

当然，"发现"阶段竞争情报的作用对象，既可以是整个技术创新联盟整体，也可以是技术创新联盟整体中的每一个具体联盟成员。

2. "发明"阶段的竞争情报

在学习模型的"发明"阶段，组织要想法设法寻找解决相关问题的方法。在技术创新联盟的组织间学习中，"发明"阶段的竞争情报主要是通过各种途径，采用多种方法，找到联盟伙伴或者整个联盟体所需的商业秘密，包括技术秘密和商业秘密，前者可以称之为技术创新联盟组织学习中的技术竞争情报，后者可以称之为技术创新联盟组织学习中的商业竞争情报。在其中的技术竞争情报方面，要对联盟伙伴的产品设计方案、软件程序代码、产品组成配方、生产制作工艺、设备安装方法、科技攻关项目、通信保密保障以及其他技术来源渠道等进行跟踪与学习；要了解对方技术先进性、适用性，以及采用的技术原理，以便为本企业借鉴相关技术提供依据，克服本企业在技术储备和知识创新上的不足，多、快、好、省地为本企业的技术创新服务。在其中的商业竞争情报方面，要掌握部分主要盟友一些与经营管理方法密切相关的情报和具有秘密性质的经营方法，包括发展规划、商业计划、管理诀窍、客户名单、渠道计划、货源信息、产销策略、商品库存、生产计划、原料供应、财务报表、物流设计、投标方案、标底资料、外汇额度、检测设备等。

在技术创新联盟组织间学习过程中，"发明"阶段的竞争情报具有重要的价值，其成功开展对后期的问题解决具有实质性帮助。但是，在该阶段，竞争情报的展开必须合乎法规、道德、伦理的要求，不得造成对联盟合作关系的伤害。

3. "执行"阶段的竞争情报

在组织学习的"执行"阶段，组织要实施已经找到的解决问题的方法，生成新的或修改原有的操作程序、组织机构或其他管理系统，它是学习的阶段性成果，竞争情报的分析必须参与其中。

在"执行"阶段，联盟成员需要对收集的有关联盟伙伴、联盟外部竞争对手和外部环境的相关信息，进行仔细的情报分析和研究，并使实施的阶段性结果与下一阶段学习以及与整个学习过程相匹配，以保证解决问题方法的有效性。

4. "推广"阶段的竞争情报

在组织学习的"推广"阶段，要把上述方法推广应用，把学习成果扩散到组织内所有相关区域，目的是使原来属于个体、团队的学习，上升到组织的层面上，有选择地向整个网络扩散，成为相关联盟成员的新知识，也一定程度上部分地成为整个联盟体的共有知识。

在本阶段，竞争情报的跟踪功能就显得更加明显，通过技术跟踪，可以进一步了解上一阶段学习成果的推广应用情况，以便发现这些成果在更多的项目开发小组、更多的联盟成员企业中应用的情况是否理想，如果不理想的话，还要认真探究其原因所在——是个别员工或者研究人员的原因？还是参与学习的部门的原因？仅仅只是个别联盟成员自身的原因？还是多个联盟成员都存在的普遍问题？是由于核心企业（盟主）的原因？还是一般联盟成员的原因？等等。就某一个联盟成员来说，还要分析其中是否存在竞争情报组织部门的原因。要分析是否有因为竞争情报搜集的不全面、不系统而造成缺乏支持的结果，是否有因为竞争情报分析不到位而造成学习的成果不具有普遍推广应用的价值等。

5. "反馈"阶段的竞争情报

在组织学习的"反馈"阶段，竞争情报要把上一个环节——"推广"阶段中跟踪得到的所有问题分析清楚，反馈给学习者和竞争情报人员，以便他们分别采取新的行动，补充、纠正以前工作中的疏漏和不足。

综合上述内容的分析，组织学习的过程跟与其相关的竞争情报过程是可以融合为一体的，下面的图 7.5 描绘出了这两个过程之间的整合关系模式。

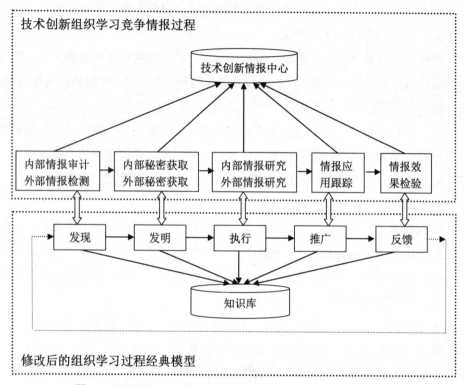

图 7.5　组织学习过程模型和竞争情报过程之间的整合关系模式

资料来源：本研究整理

第8章 企业技术创新竞争情报服务体系与保障机制

要作好企业技术创新中的竞争情报工作，必须建立相关的服务体系，同时要建立一定的运行保障机制，来确保各项活动的顺利开展。本章在分析了企业技术创新竞争情报的服务环境、需求特点与工作要求的基础之上，构建了企业技术创新竞争情报的服务体系，并建立了与该服务体系相对应的运行保障机制。

8.1 企业技术创新竞争情报需求特点与要求

8.1.1 服务环境分析

在进行服务体系建设的内容分析之前，首先需要熟悉企业技术创新竞争情报的服务环境，以便在企业与外部环境之间建立一种通畅的信息流动渠道。

在当前的形势下，企业技术创新的竞争情报服务环境如图8.1所示。

由图8.1可以看出，企业技术创新情报服务环境整体上包括三层（内容层、核心层和支持层），分别由不同的情报服务主体组成，这些不同的服务主题各自提供不同的服务职能，它们相互之间形成了复杂的竞争情报服务网络。

其中，在内容层由企业内部与技术创新有关的部门（包括技术部、营销部、市场部、生产部等）提出相关的情报需求内容，按照需求情报的类型，这里需求的情报具体可以分为技术情报、市场情报、竞争情报、人才情报、管理情报、政策情报以及其他类型的情报。这些相关情报的最终生产，一方面依赖于从下面提到的核心层和支持层提供的各种原始信息，另一方面也需要企业自身要加强内部信息化建设，建立各种内部管理信息化系统以及竞争情报系统，以便对获取的各类相关信息和情报进行加工、存储、管理和应用。

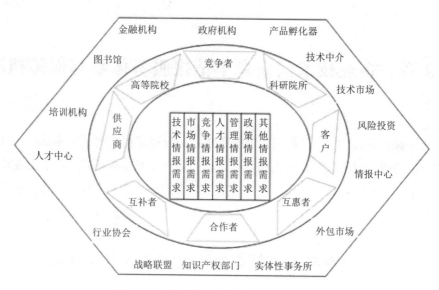

图 8.1　企业技术创新竞争情报的服务环境

资料来源：本研究整理

　　技术创新情报服务环境的核心层由各类客户、上游供应商、高等院校、科研院所、竞争者、互惠者、互补者以及其他合作伙伴组成，它们能通过一定的方式为企业提供科学、技术、市场、管理、人才等方面的相关情报。

　　技术创新情报服务环境的核心层由政府机构、金融机构、培训机构、技术中介、人才中心、技术孵化器、情报中心、图书馆、风险投资、行业协会、商贸协会、外包市场、战略联盟、合作中心、专利机构、知识产权部门、各类实体性事务所（如会计师事务所、律师事务所、专利代理事务所等）等组成。他们为企业技术创新提供各类相关的支持性、服务性及资源所有者等相关情报。

8.1.2　主要需求特点

　　要进行企业技术创新竞争情报服务体系的构建，必须熟悉其如下基本特点。

　　第一，内容的综合性。企业技术创新是一个技术与市场、财务、生产紧密结合的系统工程，对竞争情报内容的需求具有综合性。在企业技术创新过程中，不仅要求必须有技术情报、管理情报、政策情报，还要获取人才情报、市场情报、竞争对手情报，而且对技术创新中各类资源所有者的情报也要非常熟悉。

第二，主体的层次性。在企业技术创新的过程中，高层决策人员、各部门管理者、一线企业员工以及利益相关者对竞争情报有着不同程度的需求。高层决策人员关注宏观性、战略性和综合性的情报；各部门管理者更加需要成果性、竞争性和管理性的情报；而一线内部员工则对那些操作性、具体性和先进性的情报情有独钟；利益相关者则重视影响性、效益性和成长性的情报。

第三，过程的阶段性。前面已经分析过，企业技术创新活动包括几个相互关联的阶段，不同的阶段对技术竞争情报的需求也不相同。例如，在决策阶段，需要最多的是宏观性、综合性和前沿性的技术情报和市场情报；在开发阶段，需要最多的则现实性、可靠性和先进性的技术情报和管理情报；在产业化生产阶段需求的则微观性、操作性、管理性的生产活动情报和工艺流程情报；在商品化上市阶段，则更需要一些市场情报、竞争对手情报和客户反馈信息。

第四，方式的多样性。企业技术创新所需的竞争情报，有多种不同的来源渠道，这就造成了其需求方式的多样性。在实际情报获取中，不仅要通过公开方式获取技术标准、专利文献、知识产权、科技论文和政府出版物等公开信息，同时还有可能需要通过非正常交流渠道，获得一些领域广泛、内容新颖，且具有较高学术水平的非公开出版的灰色文献，以及通过人际网络获取相关情报。

8.1.3 工作性能要求

企业技术创新对竞争情报工作提出了一些要求，主要体现在以下方面[1]：

第一，明确的针对性。在企业技术创新活动中，要通过对竞争环境、竞争战略、竞争对手的情报分析，作到熟悉环境、明确战略、"知己知彼"的情报研究，这都需要具有明确针对性的竞争情报为企业技术创新活动提供保障条件。

第二，强烈的对抗性。企业之间经济利益的冲突，在某种程度上决定了企业技术创新的竞争情报活动含有强烈的对抗性质。为此，有时候就需要研究竞争对手敏感和保密的问题，并为企业提供具有强烈对抗性的竞争情报产品。

---

[1] 黄国涛. 竞争情报推动企业自主创新能力提升[J]. 科技管理研究，2006,(06): 97-99.

第三，可信的超前性。企业技术创新活动需要创新思维，只有具有先进性、创造性的技术、信息和情报，才能占领技术创新的制高点，开拓企业技术发展的新领域。为此，就要求企业的竞争情报产品必须具有可信的超前性，通过思维创新发现信息和情报的新效用，创造出知识的新概念，产生新的创新理念。

第四，高度的智能性。这主要表现为经过一定程度的加工、分析，并通过广泛的市场调查和多方位、多层面的情报活动，以及由表及里、去伪存真的系统加工和智能加工，最终必须产生有利于企业技术创新的谋略性竞争情报。

另外，在技术创新活动中，企业对竞争情报的性能也有要求，归纳起来主要包括前瞻性、预测性、准确性、及时性、经济性、适用性等。

8.2　企业技术创新竞争情报的服务体系

为了更好地加快企业技术创新的竞争情报工作，必须建设好其服务体系。企业技术创新情报服务体系的构建包括组织结构建设、服务平台建设和知识产权保护三个方面。这三个方面的建设任务之间是相辅相成、相互促进的关系。

8.2.1　组织结构建设

在组织结构建设中，要健全情报服务主体和构建情报服务渠道两个方面。

1. 健全情报服务主体

在前面的技术创新竞争情报服务环境的分析中，已经提到企业技术创新需要不同服务主体来提供各种各样的情报。因此，技术创新情报服务体系构建的首要任务就是健全各种情报服务主体。从各类情报服务主体的产生背景来看，有些是在市场活动中自发形成的（如竞争对手、供应商、各类客户），有的是政府机关自己设置（如政府机构、金融机构、知识产权机构、专利管理机构）或者在其主导下成立的（技术中介、技术市场、产权交易中心），有些是企业自身根据需要自主决定的（如合作伙伴、互惠者、互补者）；从它们的经营性质来看，各类情报服务主体中有营利性的企业和机构（如专利代理机构、技术中介机构、技术孵化器、技术外包服务商等），也有非营利性的服务机构（各类图书馆、信息中心、知识产权管理和服务机构等）。

技术创新情报服务主体的建设需要政府和企业的共同努力。政府一方面要加强基础科技信息平台的建设，解决一些共性的、公益性科学技术信息数据库的建立和维护，同时要对各类盈利性的情报服务主体机构加强引导，使得他们能够顺利、健康、稳定、有序地发展，既要避免重复建设、过度投资和恶性竞争，又要弥补现有政府主体的缺失。同时，技术创新情报服务企业自身也要合理定位，发挥自身优势，不断拓宽情报服务渠道，建立多种获取情报的途径。

2. 构建情报服务渠道

各类情报服务主体之间的网络关系是情报流动的主要渠道，该渠道的畅通与否是技术创新情报服务工作能否顺利开展的首要条件。该网络关系的建设可以从政府和企业两个方面综合性考虑，其目标是形成一个良性的运作机制。

从政府这一角度来说，应该从宏观上整体考虑，稳步推进网络中介的建立。在当前的情况下，很多情报提供主体缺乏组建情报服务网络的动力，各级政府部门可以通过建立网络中介（例如可以通过建立行业协会、地区商会、产学研联盟），加强企业与相关情报服务主题之间的联系，推进各类情报服务主体之间网络关系的建立。通过这些网络中介的聚合作用，相关参与主体可以通过正式的组织参与，可以结识更多的合作者，进而扩展更大的网络。同时，网络内部相关主体之间可以在利益分配、产权保护、信息公开、知识转移、人才流动等方面签订协议，建立信任机制，以便约束彼此的一些短视行为，避免无序的竞争。

从企业这一角度来说，作为技术创新的核心主体，企业必须要加强与各种情报服务主体的网络联系，要经常与政府机构、各级供应商、各类客户（特别是领先用户、挑剔客户、投诉客户）、竞争对手、高等院校、科研院所、技术中介机构、知识产权机构、公共图书馆、信息中心等主体之前建立紧密的社会联系，以便进行广泛的技术交流与合作。

与此同时，企业自身还要注意对各类专利出版物、技术标准、专业期刊杂志、互联网信息以及相关新闻媒体的利用，这些都是企业获取行业新技术、新专利的有效途径。另外，经常参加各类行业技术博览会、新技术发明会、新产品发布会等，也是获取竞争情报的重要渠道。

8.2.2 服务平台建设

企业技术创新情报服务平台建设的整体结构包括图 8.2 所示的三个方面。其中，在外部情报载体建设方面，政府具有重要的引导作用；内部情报载体建设主要依赖企业自身努力完成；而情报流动渠道建设则是社会层面的任务。

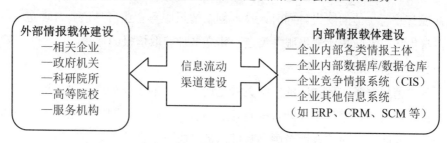

图 8.2 企业技术创新情报服务平台建设

资料来源：本研究整理

从图 8.2 可以看出，外部情报载体是主要的情报源。内部情报载体主要是指企业内部情报主体、情报库和各类信息系统等资源。只有具备内部情报载体，企业才能接收外部情报。情报流动渠道是内、外部情报载体之间的情报通道。可以看出，情报流动渠道应该是双向的，它既要能够保证来自外部载体的情报资源顺利流入本企业，同时也能确保本企业内部的情报资源向外部载体的流动。

1. 外部情报载体建设

外部情报载体包括相关企业、政府机关、高等院校、科研院所和相关的技术创新服务机构，它们各自拥有不同类型的情报资源，能够满足进行技术创新企业的不同的情报需求。从外部情报载体获取情报时，应注意各自不同的服务内容。各类外部载体所能提供的情报资源及其特点如表 8.1 所示。

表 8.1 不同类型外部载体所提供的情报类型内容

载体类型	提供的情报内容
相关企业	主要提供市场情报、现有技术情报和技术需求情报
政府机关	主要提供专利情报、政策情报、市场情报和环境情报
高等院校	可以提供技术情报、科研情报、人才情报和管理情报

续表

载体类型	提供的情报内容
科研院所	可以提供科研情报、技术情报、人才情报、环境情报和新产品的情报
非营利性服务机构	例如各种生产力中心、企业联合中心、技术孵化器、中小企业局、质量监督机构、知识产权管理机构等。由于这些机构能够与许多企业和其他机构进行广泛的接触，所以可以在企业技术创新的整个网络中发挥"情报枢纽"作用，能汇集和散发相关企业情报、技术情报和市场情报
营利性的服务机构	例如各类实体性事务所（会计师事务所、律师事务所、技术交易中心）和各类技术咨询机构、专利代理机构等，他们除了提供一些创新服务外，也协调企业的生产与商业活动，促进企业和高校、企业之间合作关系的建立

资料来源：本研究整理

2. 内部情报载体的建设

企业的内部情报载体是一种比较笼统的说法，它既包括可以提供技术创新所需相关情报资源的各类人员（如科研人员、技术人员、新产品开发人员、各种产品的领先客户），他们可以提供一些隐性的创新情报和相关知识；也包括各种物化的情报加工、处理、存储类载体（如企业内部情报库，内部技术档案资料，企业图书情报中心，各类与技术创新相关的竞争情报系统、技术创新支持系统，以及ERP、CRM、SCM 等信息系统，它们都可以为企业技术创新提供重要的情报信息），这些物化的载体主要以提供编码的显性情报为主。

在企业的内部情报载体方面，要作好两个方面的工作。一方面，要大力加强企业信息化建设，设立专门的部门或人员不断收集各类情报主体的情报，并及时地输入到相关的计算机信息系统中，进行相关信息的分析、整理和分类存放，同时，要使内部情报库能够通过一定的方式实现在企业内部的共享。另一方面，因为科研人员也是重要的情报载体，而且承载的主要是各种隐性知识（包括科研和管理经验和技能），这对企业技术创新活动的顺利开展非常重要，所以要考虑如何挖掘各类技术和科研人员头脑中的隐性知识，要考虑隐性知识的有序化。

3. 情报流动渠道建设

情报流动渠道建设包括基础设施平台建设、相关数据库平台建设和信息交流平台建设三个方面。其中，基础设施平台的建设主要牵涉到各类 IT 设备、通信网络和互联网的建设几个方面，这是在情报载体之间进行情报流动的基本需要，现在 IT 技术、数据通信技术和互联网的快速发展，使之变得非常容易。数据库平台建设的目的，是将与技术创新相关的情报（如技术专利库、专利出版物、相关专业期刊杂志、统计年鉴、政策汇编、技术标准、主要竞争对手信息），以适当的形式表达并汇聚到一起进行管理，以便可以从中快速地获取所需要的各类信息，并通过对数据库中数据的相关分析，及时发布、更新和管理相关数据，发现技术发展的趋势（例如对专利数据的分析，可以制作数据地图）。信息交流平台也是技术创新情报流动的主要渠道，这主要包括通过各类国际会议、各种商品展会、技术博览会等会议交流，通过行业协会、贸易协会、企业家协会、地区商会等团体进行群体交流，以及通过人际网络、网络论坛、技术中介等实现更广泛的人际情报交流，这对于隐性情报的快速流动尤其有利。

8.2.3 知识产权保护

1. 技术创新的知识产权风险分析与规避

知识产权是人们依法对知识产品所享有的专有权利，它属于一种私权，其他人要利用权利人所享有的知识产权，一般需事先征得权利人许可（有时国家可能会强行征用），并向权利人支付费用。以前，大多数企业都依靠自身的技术力量不断进行技术创新，致力于获取更多的自主知识产权。然而，随着企业技术创新由封闭式向开放式的转变，企业知识产权创造和保护的理念，也随之从"闭关自守""为我独享"走向了"开放合作""双向共赢"。

当前企业开放式技术创新的特点，决定了企业在创新过程中也会存在一定风险，其中主要风险之一，就是开放式创新会对企业知识产权管理带来一定的影响。国内外许多学者都曾在这方面做过研究，例如 2006 年 Jung Ku-Hyun 通过对 P&G、Intel、IBM、Lucent 等多家公司的调查研究，发现开放式创新除了可能具有投资风险、金融风险、财务风险之外，还很可能涉及到知识产权纠纷[1]。

就开放式创新对知识产权带来的风险方面，Henry W. Chesbrough 在 2003 年

---

[1] Joel West and Scott Gallagher. Challenges of open innovation: the paradox of firm investment in open source software. R &D Management 〔J〕. 2006, 36 (3): 319 -331.

通过对施乐公司的调查研究，指出开放式创新可以促进知识的快速扩散，这有可能导致相关企业失去对知识的所有权而蒙受巨大损失 [1]。

在我国，胡承浩、金明浩（2008）将开放式创新模式下企业知识产权所面临的管理风险总结为三个方面。第一，有可能导致企业对创新过程失去控制，知识产权甚至有可能会丧失；第二，技术创意过于频繁的流入或者流出，会导致"技术看门人"和"市场看门人"对其监管难度的增加，也就容易产生知识产权权属方面的纠纷；第三，高素质员工的频繁流动，容易导致企业的技术创意和商业秘密外泄，甚至出现不当流失[2]。

对于企业开放式创新带来的上述风险因素，可以从以下几个方面进行规避：第一，加强对技术创新成果商业潜力的早期评估，充分评价"流出"和"流入"新创意的潜在商业价值，从而避免错误决策而造成的商业损失。第二，改善人力资源管理手段，规范内部人事规章制度，稳定企业内部研发组织结构的稳定性，避免核心研发人员过多离职，从而避免内部技术创意的流失。第三，为企业新创意的"流出"和"流入"建立缓冲地带，加强"技术看门人"和"市场看门人"的审查力度，并提高他们对技术机遇和市场前景的判断水准。第四，在企业内部创建风险投资公司，对新技术创意的"流出"和"流入"进行投资管理，增强对其技术成果的控制能力，从而避免那些真正具有商业潜力的新创意，不经意间脱离企业而形成新的竞争对手的尴尬局面。第五，强化开放式创新环境下知识产权的管理，一方面要善于通过技术转让、产权保护等手段获取必要的报酬和利润，另一方面要增强对本企业技术成果风险泄漏的控制能力。

2. 开放创新中企业知识产权观念的嬗变

实施开放式技术创新模式的企业，可以是知识产权的创造者、出售者（采用内部研发方式，自己研发后使用本技术或者将其对外许可），而且也可能是知识产权的使用者、收购者（通过委外方式、技术联盟、技术购买等外部研发方式，或者某项知识产权的使用权）。当前，已经有很多大企业广泛地借用"外脑"，使用

[1] Henry W. Chesbrough. The governance and performance of Xerox's technology spin -off companies[J]. Research policy. 2003 (32): 403-421.
[2] 胡承浩，金明浩. 论开放式创新模式下的企业知识产权战略[J]. 科技与法律，2008(2): 49-53.

技术收购、技术转让、技术出售、技术外包等方式，为其研究的新技术创造或扩展市场。在这方面，如思科公司的"专利技术寻觅"项目，宝洁公司研发模式由"研发"转变为"联发"——通过与其他公司、竞争对手、创新客户、内部员工紧密合作，通过设置专门网站、网上社区、技术论坛等，来广泛获取技术创新灵感，都是一些十分成功的案例。

基于以上分析，当前实施开放式技术创新模式的企业，其知识产权管理模式日益具有"多样性"：其中既有独立开发、自主创新而获得的知识产权，又有通过技术购买、委外研发而获取的知识产权；既有通过加入技术创新联盟而有偿分享的知识产权，又有通过开放式创新空间而免费共用的知识产权。

具体来讲，在开放式技术创新模式下，相关企业的知识产权战略的主要表现类型包括知识产权联盟（主要指专利技术联盟、技术标准联盟等），知识产权的转让、收购和剥离，知识产权许可（包括相关企业之间的交叉许可），知识产权合作研发（包括相关企业组建技术创新联盟，在大学设立研发中心进行产学研合作，相关企业之间开办合资企业等），知识产权免费开放（例如软件、通信等行业的企业开源运动、开放标准、"知识共享"运动等）。

具体到某家企业来说，以上各种不同的类型会根据实际情况进行"组合"利用，以求达到最佳的经济效益，使各项创新成果发挥其各自的最佳作用。

另外需要注意的是，在开放式技术创新模式下，企业通过自主创新和内部研发来获取知识产权同样重要，决不能只重视外部知识产权的获取，而导致自身研发能力的衰退，企业内部创新流程一定要与外部知识产权利用相结合，要根据企业内部创新流程的实际需要，来选择到底是选择内部研发还是外部获取。

3. 开放式创新模式下我国企业知识产权体系构建

对于当前我国的企业来说，在开放式技术创新模式下，进行知识产权保护体系的制定，需要注意以下几点：

第一，我国各级政府、行业协会、高等院校、科研院所、大型企业集团应当统筹兼顾，建立开放式的共性技术研发平台和相关产业技术创新联盟，形成若干个技术研发联合体，共同研发共性技术，共同攻克产业技术难题，共同承担技术研发费用和来自于技术、设备、工艺、产品、市场等各个方面的风险，并对其共同创造的知识产权采取一定的共享模式，从而保障企业在知识产权的创造和运用上共生共赢，进而构筑一种立体化、开放式的技术创新系统。

第二，要实现企业创新主体所有制性质的多元化。除了国有大型企业、由科研机构转制的企业、民营私营企业等需要加强自主技术创新之外，也要注意使合资企业加强自主创新，例如促使它们在我国设立独立研发机构，并且要在相关技术的消化、吸收、引进过程中，不断提高我国本土化的技术创新能力。

第三，要加快高校、科研院所的知识产权成果产业化，重视"产、学、研、官联盟"中的以知识产权为依托的技术转移活动，在基础理论、应用研究、产品开发、产业转化、风险投资、商品上市等环节上形成良性循环的创新链。同时，政府应该推动技术创新产业集群发展，建设一批产业技术创新研发基地。

第四，在自主创新成果的知识产权获取方式上，除了强调通过自主创新方式来取得自主知识产权外，还应当特别重视对外部企业兼并或相关技术的购买来获取自主知识产权，对于一些拥有专利技术等知识产权，但自己一时不能实现产业化的企业，要善于养成技术经营、技术营销的理念，勇于将技术成果进行整体外卖或者对外许可。

第五，相关企业之间应当营造一种"平等合作""相互信任"的开放式创新文化环境，组建一个有助于相关企业之间知识流动和整合的创新网络，并不断提高创新网络中合作伙伴之间的信任关系，调动合作各方技术创新人员的创新的热情和工作的积极性，从而创造出真正具有独创性的知识产权成果。

第六，要设计一定的技术和管理措施，规避开放式创新模式下企业知识产权的管理风险。这包括：一方面要防止因开放式创新在一定程度上可能导致的企业对创新过程的失控，进而造成的企业知识产权管理混乱，甚至丧失知识产权的"开放式陷阱"；另一方面要防止开放式创新下企业创意频繁地对外流出和外部流入，而导致对其技术创新监管难度的增加，特别是要防止因创新成果产出的不确定性，进而产生知识产权权属方面的纠纷。另外，在企业采取开放式创新时，要制定一定的高素质技术人员激励措施和人员流动管理办法（例如对于核心的技术人员和重要的市场人员，在签订合同时一定要附上同行竞业限制条款），避免企业创意和商业秘密因人员流动而造成的不当流失。

最后，不同类型、行业的企业，应当根据自身实力和产业特点来选择适合自己行业特点和发展水平的知识产权战略模式。例如，对于传统劳动密集型企业、金属冶炼行业、石油化工行业、装备制造行业等领域，应主要以封闭式创新为主，而在计算机网络产业、电子通信业、计算机软件行业、生物医药行业、数字媒体娱乐行业、现代文化传播行业等领域，则应当考虑以开放式创新为主。

8.3　企业技术创新竞争情报服务的保障机制

企业获取情报的最终目的是将其有效应用于技术创新活动，技术创新情报需求保障机制是实现这一目的的关键，本节介绍该保障机制的几个组成部分。

8.3.1　资源保障机制

对于企业技术创新竞争情报服务的资源保障机制，主要包括人员、资金、物资设备等几个方面，这是企业开展技术创新情报工作的重要基础。

在人员方面，要注意进行对与技术创新有关的各类人员竞争情报意识的培养，并大力引进高层次的技术开发人才和情报分析人才，特别是要作好企业 CIO（首席信息官）和 CTO（首席技术官）的选拔和培育，并要顺利实现 CIO 和 CTO 之间的顺利合作，使 CIO 熟悉 CTO 的技术创新战略，能够为其战略提供所需的各类情报；同时，CTO 要熟悉 CIO 的工作特点、工作内容和工作方式，要能够及时提出有价值的信息需求和竞争情报关键问题。这里特别说明一下 CTO 的重要作用。CTO 是企业技术战略的决策者，也是企业战略性技术投资的决策者。在企业中，CTO 负责的就是技术经营。对于 CTO 或潜在的 CTO 来说，必须了解、理解和掌握本企业所在领域的技术动态、新技术在本领域的应用情况、新技术的应用可能对本企业所在行业的经营带来的影响。比如，如何战略性地使用技术获得价值（专利战略、技术的商品表现形式）、如何预见性地获得、替换和淘汰技术以保持本企业技术在获得价值方面的竞争优势。

在资金方面，必须有一定的筹资或融资渠道，以便保障技术创新所需资金的及时到位，对于一些大型的技术创新项目，要善于吸引一些风险投资基金的加盟，以便消除资金窘迫带来的困境。另外，技术创新中相关情报工作的开展，还必须要有一定的技术设备作为处理工具。

8.3.2 组织保障机制

要做好技术创新中的竞争情报工作，还必须作好相关的组织保障机制建设。这包括在企业内部建立的为保障技术创新活动顺利进行而必须要有的相关实验室建设、工程技术中心建设、企业研发中心建设、产品测试中心建设、内部技术开发部门设置、企业博士后工作站建设以及其他形式的技术创新组织机构（包括各种常设机构与临时机构、正式机构与非正式机构等）的建设等。另外，为了在开放式环境下做好相关的组织保障机制。这包括要加快各类技术创新小组工作的开展，进行相关产业技术创新联盟建设，推进产学研合作技术创新工作，促进基于因特网的大众协作开放式创新，建立企业间的虚拟创新组织等。

8.3.3 能力保障机制

与技术创新的相关人员只有具备了一定的能力，企业技术创新工作中的竞争情报才能发挥出其应有的作用。这些相关的能力包括企业核心技术能力，情报分析能力，技术经营能力和技术营销能力。其中，企业核心技术能力的拥有对于进一步进行技术创新，促进产品的升级换代具有重要价值；情报分析能力，是在进行技术创新时候，分析信息和各类情报资源，以便发现有价值的知识和技术的能力，为了获得这些能力，有关人员必须掌握相关技术工具的应用，例如熟悉各类信息检索工具，能够应用各种计算机信息系统，熟悉各种专用数据库，掌握专利地图的绘制，熟悉技术路线图的描绘等。技术经营和技术营销的能力，在开放式创新环境中具有重要的作用。不管是自己企业从外部购买技术或者是合并相关企业，对外委托技术创新外包，还是对自己研制的技术成果进行技术许可、技术销售等，都需要掌握一定的技术经营和技术营销能力。

8.3.4 学习保障机制

学习保障机制是企业技术创新竞争情报需求的重要机制。它包括外源学习和内源学习。外源学习能够使竞争情报从外部情报平台流入本企业；而内源学习是企业内部情报扩散、评估和筛选的过程，它能实现内部科研人员相关情报的充分共享。另外，在企业的学习活动中，企业要致力于知识吸收能力的提高。所谓知识吸收能力，是指企业获取（Acquire）、消化（Assimilate）、整合（Transform）以及利用（Exploit）外部知识的能力。其中，获取能力指企业接近外部知识发生源，然后通过某种方式来搜索、评估和获取新知识的能力。获取能力的主要决定因素包括企业的外部网络联系、员工素质及知识结构。消化能力是企业理解和解释外部知识的能力。整合能力是外部知识在企业内流动和扩散，与企业现有知识有效整合的能力。整合能力往往与企业对市场机会的敏感程度有关。如果企业对市场机会非常敏感，就会有目的地组织现有知识为市场机会服务。利用能力是指企业利用整合后的知识，有效把握和开发市场机会，创造新知识并产生商业化成果的能力。企业的知识利用能力通常与良好的规划和组织能力有关。因此，吸收能力强弱主要由经验知识、R&D 投资、组织管理因素决定。企业要致力于这几方面因素的改善，进而提高吸收能力，实现创新成功。

8.3.5 技术保障机制

要促进技术创新中竞争情报的应用，还必须要有一定的技术保障机制，以便及时提供各类相关的信息。这方面的内容包括国家层面的内容，也包括企业层面的内容。国家层面的内容包括稳步推进国家科技基础信息平台的建设，建立公共图书馆、专业图书馆、各类情报信息中心、公共技术创新平台，规范信息市场、开发信息资源和提高信息服务质量等。企业层面的内容包括加快企业技术创新竞争情报系统的开发，加强企业内部技术创新信息平台的建立，运用技术创新计算机支持系统（CAI），建立网络化的技术创新平台，加强企业信息化系统建设和信息资源数据库建设，改革企业情报工作流程，拓展信息需求实现的渠道，以及加强企业情报文化培育等。

第 9 章　结论与展望

本书研究了企业技术创新中的竞争情报应用问题，提出了技术创新战略以及三种不同技术创新方式（自主技术创新、开放式技术创新、技术创新联盟）下相关竞争情报问题的产生机理、功能特点、主要内容以及处理方案，初步形成了面向企业技术创新的竞争情报应用问题研究的总体框架。在导师王知津教授和其他众多专家的指导下，提出了一些观点、结论和模式。但是由于时间关系和本人水平有限，肯定会存在诸多不足之处，有待后续研究加以解决和完善。

9.1　研究结论与主要贡献

9.1.1　研究结论

本书探讨了企业技术创新中的竞争情报应用问题，得出了如下一些结论：

第一，通过理论分析和实际调研，了解了竞争情报对企业技术创新的支撑作用。这包括两个层面：一是技术创新战略对于各类信息源（如科技专利信息、行业技术环境、政策环境信息、法规标准信息、竞争对手信息）有很高的依赖性；二是竞争情报对企业技术创新管理整个流程上各个节点均有支持作用。

第二，技术创新战略作为技术创新研究中的一个热点，它对于企业在动态环境中赢得竞争优势具有重要导向作用。在技术创新战略的制定、实施和控制中，竞争情报都具有重要的作用。本文从竞争情报的视角出发，分析了技术创新战略管理的整体过程，探索性地对企业技术战略管理中常用的竞争情报方法进行归纳和梳理，然后对各种不同方法的适用对象、应用目的进行了归类分析，特别介绍了在企业技术竞争态势分析中的基于专利地图的专利情报分析方法。

第三，竞争情报是企业自主创新取得成功的一个重要法宝，无论是原始创新、集成创新，还是消化吸收创新，哪一种类型的企业自主创新能力，都离不开竞争情报。竞争情报对于企业技术创新能力的提高具有重要作用，具体体现在五个方面：有利于优化创新决策；有利于把握市场创新战略；有利于降低技术创新风险；有利于提高技术创新的效率；有利于企业技术管理水平的提高。

第四，对于一家在开放式技术创新环境下的企业而言，当面对一个技术机遇时，要想使之能够实现（无论是选择自主技术创新，获取自主知识产权，并且自己实施该项目的市场化；还是采取技术外部获取的方式，通过技术购买、技术联盟、技术外包、技术许可；甚至采取自己研发后进行技术对外扩散，使之外部市场化，以获取技术经营带来的超额利润），都必须作好准确的决策，而其中的竞争情报分析工作功不可没。无论是对于知识产权所有权和使用权的哪一种选择，实际上都必须是根据技术市场的实际分析，最终目的都是为了能够提高自身的经济效益，其中资源的流入和成果的流出不仅包含了企业短期内获利的战术需要，同时也蕴涵了企业长期发展的技术创新战略的一种方向选择。

第五，在利用技术创新联盟进行的企业技术创新中，尽管主流是合作，但是其中的竞争情报问题依然存在，这主要是由三个因素造成的：首先，联盟中仍然存在竞争性因素，这包括联盟内部各个成员之间的内部竞争，以及联盟作为一个整体与外界之间的外部竞争；其次，技术创新联盟运作过程具有一定的复杂性，具体包括外部环境的复杂性，技术创新过程的复杂性，市场机遇识别的复杂性，寻找合作伙伴的复杂性，虚拟化信息集成的复杂性，信任体系构建过程的复杂性，运作过程监控的复杂性，利益分配过程的复杂性等；最后，联盟内部信息共享的便利性，为联盟内部各个成员之间的竞争情报开展创造了一定的条件。作为技术创新中外部技术获取的重要战略，在技术创新联盟中，必须作好一定的竞争情报工作，这包括联盟萌芽期中技术机遇和市场机会选取中的竞争情报，联盟建设期盟友伙伴选择中的竞争情报，联盟运作期盟友间知识转移与组织学习中的竞争情报，以及联盟解体期项目中止决策时的竞争情报。

9.1.2　主要贡献

本书的贡献主要体现在如下三个方面：

第一，在企业技术创新管理的研究中，导入竞争情报理论，是企业技术创新理论研究的一种新视角，这丰富了企业技术创新的理论知识体系，有助于企业技术创新系统的进一步完善，为企业技术创新绩效的提高提供了情报保障。

第二，将企业竞争情报引入到企业技术创新活动中，拓宽了竞争情报的应用范围，对进一步开展企业其他职能领域的竞争情报应用研究具有示范作用。同时这也有助于企业竞争情报系统的规划、设计、开发与应用，并有助于提高企业的竞争情报意识，创建企业的竞争情报文化氛围，提高企业竞争情报力。

第三，对于面向企业技术创新的竞争情报服务体系和运行保障机制研究，有助于延伸企业竞争情报的功能，可以加快企业技术创新步伐，改善技术创新绩效，推广利用现代化信息技术改造传统的企业技术创新管理方式。

9.2　研究局限与后续展望

9.2.1　本书研究局限

尽管本书的编写经过了认真的文献分析和调查分析，但仍然无法避免受到各种条件的限制而具有一定的局限性。这主要表现在以下几个方面：

首先是文献资料的局限性，在研究过程中，尽管作者多方搜集资料，但是直接相关资料仍然很少，特别是国外资料，限于本校数据库的品种，查寻范围显得相当有限，并且就相关资料的选取来说，也难免存在一定的片面性。

其次是国内案例研究的局限性，在研究设计阶段，曾试图选几个典型的企业，对其技术创新及其竞争情报应用进行一段时间的观察和调研，但是因为各种条件的限制，相关的调研工作并未能如期开展，文中所提供的相关案例，多是通过二手资料的方式获得，这不可避免地造成了一定的局限性和片面性。

第三是研究方法的局限，本书的编写主要采用分析综合、演绎归纳、问卷调查、案例分析等方法研究，大多属于定性研究；虽然其中也在有些地方使用了一定的定量描述，使是内容的精细化相对不足，定量分析、分类统计和假设检验的应用相对不多，特别是对企业技术创新中竞争情报评价体系的分析方面。

9.2.2 后续研究展望

针对本书目前研究所遗留的不足之处，在以后的研究工作中，作者拟从以下几个方面着手进行弥补和完善。

第一，要尽快着力研究本书中已经提出基本思路，并且已经有了基本框架，但是在本书写作中由于种种原因，没有余力和条件展开详细研究的内容，比如：

- 技术创新战略中具体的专利战略和知识产权战略中竞争情报的研究。
- 自主式技术创新中竞争情报服务体系和保障机制的研究。
- 开放式技术创新方式下外包技术创新中的竞争情报问题研究。
- 开放式技术创新中技术竞争情报的工作流程研究。
- 技术创新联盟中盟友的选择与组织间知识转移中的竞争情报问题研究。
- 企业技术竞争情报系统（TCIS）的总体规划、系统分析、设计与实施等。

第二，对于企业技术创新计算机信息系统方面的内容（包括计算机辅助技术创新系统，技术创新信息支持系统，技术创新竞争情报系统，企业技术创新信息门户等），书中有些虽然已经提到，但是因为这属于企业技术经济管理、信息管理与信息系统、企业技术竞争情报、计算机软件开发等学科之间的交叉领域，鉴于作者在此方面的知识积累和所掌握文献资料有限，企业实践机会较少，同时由于论文篇幅和写作时间限制，本书没有进行深入研究。在以后的进一步研究中，这方面的内容必须继续深入，特别要加强相关横向课题的研究。

第三，由于受到各种条件的限制，本书对于竞争情报（特别是技术竞争情报）、企业技术创新与技术创新绩效之间的关联关系，没有进行定量分析和实证研究，这样显得本书中的相关结论好像缺乏一定的说服力，似乎全书内容的总结不够全面和精准，这也需要做进一步的思考和探索。在这方面，作者的下一步研究思路是：首先要通过与技术与经济管理领域和竞争情报领域专家进行沟通，通过采用德尔菲方法进行问卷调查，并结合企业技术创新的实际调研，构建企业技术创新竞争情报工作的评价指标体系；然后再选择部分行业中的典型企业，分析这些企业中竞争情报（特别是技术竞争情报）、企业技术创新与技术创新绩效之间的关联关系，通过一定的实证研究和定量分析，特别是构建相关变量之间的结构模型，最终确定技术情报对于技术创新绩效的贡献度。

总之，本书是一篇探索性的交叉性学科研究著作，也是一篇抛砖引玉之作，其中的许多内容仍显粗糙，还有待后续研究做进一步的探索、补充和完善。

附录

附录 A　基于竞争情报的企业技术创新评价指标体系

企业技术创新工作评价指标体系

A 技术创新资源与能力情况

 A1 企业技术创新人员

  A101 企业研发人员数量情况

  A102 企业研发人员学历结构

  A103 企业研发人员职称结构

  A104 企业研发人员年龄结构

  A105 企业研发人员岗位结构

 A2 企业技术研发机构

  A201 国家实验室建设情况

  A202 国家工程中心建设情况

  A203 国家级企业技术中心情况

  A204 省级企业技术中心建设情况

  A205 企业内部技术中心建设情况

  A206 企业内部技术开发部门设置情况

  A207 企业博士后工作站建设情况

  A208 其他技术创新机构情况

 A3 技术创新费用投入

  A301 技术研发机构基本建设费用

B2 企业技术创新的类型

　　B201 原始创新

　　B202 集成创新

　　B203 引进专利和专有技术

　　B204 引进设备

B3 产品创新活动的类型

　　B301 采用新材料来提高产品性能

　　B302 采用新的中间产品或功能部件

　　B303 采用具有重大变化的新型技术

　　B304 开发全新的功能或全新的产品

　　B305 改变产品与服务的设计或包装

B4 工艺创新活动的类型

　　B401 采用新的生产工艺或方法

　　B402 采用有重大改进的新流程、产品/服务交付方式或销售方法

　　B403 采用新的或有重大改进的辅助生产活动（如设备维护系统）

B5 组织创新活动的类型

　　B501 采用有重大改进的知识管理系统，更好交流信息和知识

　　B502 内部组织结构发生重大变化，如对不同部门进行重大整合

　　B503 与外部组织关系发生变化，如结盟、合伙、外购或转包等

　　B504 内部科研组织结构发生变化，如对项目的组织方式进行调整

B6 市场创新活动的类型

　　B601 采用有重大变化的销售方式，如网络销售、连锁特许经营

　　B602 开辟新的销售渠道（如增加销售网络、设置自动终端等）

B7 技术创新活动的方式

　　B701 本企业（包括企业所在集团）独立开发

　　B702 同其他内资企业合作开发

　　B703 同其他中外合资企业合作开发

　　B704 同其他外商独资企业合作开发

B705 同科研机构或高等院校合作开发

B706 对外委托其他企业或者机构开发

C 技术创新信息需求及其来源

　　C1 企业技术创新所需信息类型

　　　　C101 国家宏观信息

　　　　C102 行业政策信息

　　　　C103 科学技术信息

　　　　C104 技术人员信息

　　　　C105 产品工艺信息

　　　　C106 产品市场信息

　　　　C107 客户反馈信息

　　C2 技术创新内部信息来源

　　　　C201 本单位技术开发部门

　　　　C202 本单位市场分析部门

　　　　C203 本单位决策层的思维

　　　　C204 本单位一线销售人员

　　　　C205 本单位客户服务人员

　　　　C206 本单位其他职工建议

　　C3 技术创新外部信息来源

　　　　C301 政府计划或行业政策信息

　　　　C302 行业主管部门、专业行业协会

　　　　C303 图书、杂志、报刊等科技文献、贸易/专利文献

　　　　C304 国内外技术交流与考察

　　　　C305 商品交易会、展销会、展览会、专业会议

　　　　C306 领域专家学者、咨询机构

　　　　C307 高等院校、政府和公共研究机构

　　　　C308 本行业的市场竞争对手

　　　　C309 其他行业相关单位

C310 本企业的设备、原材料、零部件或软件供应商

C311 本企业领先客户和消费者

D 企业技术创新的自主实现

D1 自主式技术创新战略规划

D101 自主技术创新总体规划情况

D102 自主创新战略计划制定情况

D103 自主创新战略规划实施情况

D104 自主创新战略规划反馈情况

D105 自主创新战略规划控制情况

D2 自主创新中的专利权获取方式

D201 自主研发专利

D202 利用失效专利

D203 合作研发专利

D204 通过并购企业获取其专利使用权

D205 购买专利使用权

D3 防御竞争对手技术领先的专利战略

D301 提前公开成果，使其不再新颖

D302 申请外围专利，保护核心技术

D303 投诉侵权行为，寻求法律保障

D304 与核心技术人员签订保密合同

D305 对方先申请后证明自己的先用权

D306 与竞争对手达成专利纠纷和解协议

D4 企业自主创新的 SWOT 分析

D401 与竞争对手比较本企业技术竞争优势

D402 与竞争对手比较本企业技术竞争劣势

D403 与竞争对手比较本企业技术创新机会

D404 与竞争对手比较本企业技术研发弱点

D5 自主技术创新中的技术竞争态势分析

D501 竞争技术环境的分析

D502 竞争技术对手的分析

D503 竞争技术内容的分析

D504 技术竞争态势的描述

E 技术创新的外部合作

E1 外部合作主要形式

E101 直接购买科技成果

E102 专利转让与专利许可

E103 共同合作开发项目

E104 对外委托开发项目

E105 对外进行风险项目投资

E2 "产—学—研" 技术合作情况

E201 与高校共建研究开发机构

E202 聘请科技人员来单位开发

E203 本单位科技人员到高校接受培训

E204 与高校共同承担国家计划项目

E205 与高校共同申请相关专利

E3 参加技术创新联盟情况

E301 本企业参与技术创新联盟的数量

E302 本企业在技术创新联盟中的地位

E303 参与的技术创新联盟具体实施方案

E304 参与的技术创新联盟利益分配方式

E305 参与的技术创新联盟技术合作协议

F 技术创新制约因素、常见问题与政策需求

F1 自主技术创新的主要制约因素

F101 缺乏技术创新所需资金

F102 缺乏高层次的技术带头人

F103 缺乏中层骨干技术人才

F104 科技人才严重流失

F105 缺乏技术信息

F106 缺乏市场信息

F107 缺乏开发必要的实验装备与条件

F108 缺乏雄厚的技术积累与技术储备

F109 缺乏与外界技术合作的渠道

F110 技术创新决策的难度和风险太大

F111 自主研发能力较弱，关键技术都从外部获得

F112 单位技术创新体系与开发机构建设滞后

F113 其他制约因素

F2 技术创新战略管理中的常见问题

F201 技术创新决策方面存在问题

F202 技术开发的方向和重点不明确

F203 开发经费的分配与使用控制存在问题

F204 技术创新的激励政策不合理问题

F205 技术创新成果产权不清问题

F206 专利技术竞争情报比较欠缺

F207 现有法规、准则、规章、标准、税收的限制问题

F3 影响"产—学—研"合作创新效果的因素

F301 高等院校、科研院所技术不成熟

F302 高等院校、科研院所积极性不高

F303 企业在合作中主动权太小

F304 缺乏技术转化的专门人才

F305 缺乏技术转化的专用设备

F306 缺乏技术转化的专项资金

F307 缺乏技术转化的专业人员

F308 企业和院所（高校）利益分配不合理

F309 其他因素

F4 阻碍企业技术创新的市场因素

    F401 现有企业垄断、控制市场

    F402 创新产品或服务需求不确定

    F403 受到竞争企业产品冲击

    F404 受到进口产品的冲击

    F405 受到替代产品的冲击

    F406 缺乏市场销售渠道

F5 自身专利无法转化的主要原因

    F501 资金短缺

    F502 市场不明

    F503 技术未配套

    F504 未成为本领域主流产品技术

    F505 其他原因

F6 希望政府提供的相关优惠政策

    F601 面向技术开发提供优惠贷款政策

    F602 面向技术成果产业化提供优惠贷款政策

    F603 鼓励风险投资的政策

    F604 鼓励企业技术开发机构的优惠政策

    F605 面向企业科技人员奖励政策

    F606 提供知识产权保护政策

    F607 技术开发经费加大抵免税政策

    F608 产业政策与产业技术政策

    F609 提供更多政府扶持的科技计划

    F610 科研开发仪器设备进口关税减免政策

    F611 相关设备的政府统一采购政策

    F612 相关产业发展的扶持政策

    F613 技术信息和情报平台建设扶持政策

    F614 其他相关政策

G 技术创新工作绩效评价情况

G1 创新产品的经营量化指标

G101 企业新产品完成数量

G102 企业新产品销售总额

G103 企业新产品销售利润

G104 企业新产品市场占有率

G105 企业新产品出口创汇额

G106 企业新产品主要客户忠诚度

G107 企业新产品客户调查满意度

G2 技术创新项目完成情况

G201 完成的国家创新计划项目数

G202 完成的省级创新计划项目数

G203 完成的自主研发创新项目数

G204 完成的合作/联合开发项目数

G205 完成的对外委托开发项目数

G206 完成的引进消化吸收项目数

G207 完成项目的评价和鉴定情况

G3 专利及其实施情况

G301 当前拥有有效专利的总数

G302 累计自己实施本企业专利数

G303 累计转让或者许可他人实施的专利总数

G304 累计转让或许可他人实施专利获取的许可费

G305 累计实施他人专利（包括国内外）的总数量和专利使用费

G306 累计实施国内专利的总数量和专利使用费

G307 累计实施国外专利的总数量和专利使用费

G4 技术标准制定和主持完成情况

G401 主持完成的国际技术标准数

G402 参与制定的国际技术标准数

G403 主持完成的国家技术标准数

G404 参与制定的国家技术标准数

G405 主持完成的行业技术标准数

G406 参与制定的行业技术标准数

G407 主持完成的地方技术标准数

G408 参与制定的地方技术标准数

G5 其他知识产权及其获奖情况

G501 企业获得国家级驰名商标和省部级著名商标数

G502 企业获得国家和地方名牌产品数

G503 获国家级自然科学奖、技术进步奖和科技进步奖的项目数

G504 获省部级自然科学奖、技术进步奖和科技进步奖的项目数

G505 获市级自然科学奖、技术进步奖和科技进步奖的项目数

附录 B 企业技术创新中竞争情报应用现状调查问卷

企业技术创新中的竞争情报应用
现状调查问卷

尊敬的专家、同仁：

您好！非常感谢您回答本调查问卷，这需占用您 15 分钟左右的宝贵时间。

- 问卷说明：

  本问卷是为研究企业技术创新中竞争情报问题而专门设计，您作为企业技术创新领域的一线专家，对其中的信息和情报需求比较熟悉，非常需要您给予我本次研究的大力支持。

- 填写方式：

  对选项前的□，印刷版在其中写"√"，电子版的涂红。

  对于＿＿＿位置，请如实填入文字即可。

- 保密承诺：

  本问卷所收集到的所有信息将都被用于学术研究，您的回答将完全匿名，同时我会对您所答问卷负有保密责任。

  如果您需要本次调查的综合分析结果，请在问卷最后注明，届时我将会用电子邮件发送给您，衷心感谢您对学术研究的支持和信赖。

  您的宝贵意见对我的研究极为重要。衷心感谢您的大力支持！

  顺祝：

  贵公司一帆风顺，万马奔腾；您个人宏图大展，前途无量！

一、企业技术创新基本情况

Q1.贵企业所属行业为

☐汽车机械　　☐生物制药　　☐煤炭开采　　☐　酿酒食品

☐新型能源　　☐石油化工　　☐有色冶炼　　☐　电子信息

☐轻纺造纸　　☐装备制造　　☐其他（请说明）＿＿＿＿＿＿＿＿＿

Q2.贵企业的所有制性质是

☐国有企业　　☐民营企业　　☐外商独资企业　　☐中外合资企业

☐其他＿＿＿＿＿＿＿＿＿

Q3.贵企业专职技术人员总数为

☐10 人以下　　　　☐10～50 人　　　　☐51～300 人

☐301～500 人　　　☐501 人以上

Q4.贵企业在本行业内的技术竞争地位

☐主流技术领导者　　　　☐新型技术追随者

☐新型技术挑战者　　　　☐过时技术模仿者

Q5.贵企业所在行业技术更新步伐的速度

☐非常快　　☐比较快　　☐　一般　　☐比较慢　　☐几乎停止

Q6.贵企业的主要技术竞争对手主要分布在

☐国外地区　　☐港澳台地区　　☐大陆各个地方都有　　☐本地区

Q7. 贵企业技术创新工作中信息服务方面的经费投入情况

☐有专门的经费预算，而且经费比较充足

☐有专门的经费预算但经费不足

☐无专门经费预算，但有政府部门的经费投入

☐无任何经费预算且无经费投入

Q8.贵企业技术创新中信息（竞争情报）工作的机构和人员状况

☐有专门的情报支持部门或专职的情报服务人员

☐有具备情报职能的部门或兼职的情报服务人员

☐有图书情报室、技术档案室等资料部门，但并不具备情报服务职能

☐没有任何相关的情报部门和情报服务人员

Q9.贵企业技术创新的主要组织形式包括（可以多选）

□内企业与内企业家模式　　　□技术创新小组

□战略创新项目团队　　　　　□新产品事业发展部

□企业技术研发中心　　　　　□企业工程技术中心

□国家（省部）重点实验室　　□企业博士后工作站

□企业间虚拟创新组织　　　　□不同形式的产学研合作组织

□其他（请说明）_____

Q10.贵企业技术创新信息支持系统（或计算机辅助创新系统）的目前情况

□建有专门的技术创新信息支持系统并能发挥重要作用

□建立了专门的技术创新信息支持系统，但使用效果不理想

□没有专门的企业技术创新信息支持系统，但其他系统可发挥作用

□尚未建立企业技术创新信息支持系统，其他系统无法完成所需任务

二、企业技术创新的信息来源情况

Q11.贵企业在进行技术创新时所需信息的类型（多选题目）

□政府宏观信息　　　□行业政策信息　　　□市场竞争信息

□科学技术信息　　　□技术人员信息　　　□相关管理信息

□设备原料信息　　　□产品工艺信息　　　□产品市场信息

□客户反馈信息　　　□资源所有者信息

□其他信息（请说明）_____

Q12.贵企业获取技术创新信息的主要内部来源包括（多选题目）

□本企业技术开发部门　　　□本企业市场分析部门

□本企业决策层的思维　　　□本企业一线销售人员

□本企业客户服务人员　　　□本企业其他职工建议

□其他（请说明）_____

Q13.贵企业获取技术创新信息的主要外部来源包括（多选题目）

□政府计划或行业政策信息

□行业主管部门、专业行业协会

□图书、杂志、报刊、专利等科技文献

□国内外技术交流与考察

□商品交易会、展销会、展览会、专业会议

□领域专家学者、咨询机构、行业网站

□高等院校、政府和公共研究机构

□本行业的市场竞争对手

□其他行业相关单位

□设备、原材料、零部件或软件供应商

□本企业领先客户和消费者

□人际网络

□其他（请说明）_____

三、技术创新流程中各活动阶段信息需求情况

Q14.贵企业在企业技术创新流程的哪个活动中最需信息保障（选1~3个）

□战略规划　　□创新构思　　□研究开发　　□产品中试

□批量生产　　□市场实现　　□其他（请说明）_____

Q15.贵企业在技术创新的战略规划阶段对如下信息重要性的认可程度

信息类型	非常重要	重要	一般	不重要	很不重要
政府宏观信息	□	□	□	□	□
行业政策信息	□	□	□	□	□
市场竞争信息	□	□	□	□	□
科学技术信息	□	□	□	□	□
技术人员信息	□	□	□	□	□
相关管理信息	□	□	□	□	□
设备原料信息	□	□	□	□	□
产品工艺信息	□	□	□	□	□
产品市场信息	□	□	□	□	□
客户反馈信息	□	□	□	□	□
资源所有者信息	□	□	□	□	□

Q16.贵企业在技术创新的创新构思阶段对如下信息重要性的认可程度

信息类型	非常重要	重要	一般	不重要	很不重要
政府宏观信息	☐	☐	☐	☐	☐
行业政策信息	☐	☐	☐	☐	☐
市场竞争信息	☐	☐	☐	☐	☐
科学技术信息	☐	☐	☐	☐	☐
技术人员信息	☐	☐	☐	☐	☐
相关管理信息	☐	☐	☐	☐	☐
设备原料信息	☐	☐	☐	☐	☐
产品工艺信息	☐	☐	☐	☐	☐
产品市场信息	☐	☐	☐	☐	☐
客户反馈信息	☐	☐	☐	☐	☐
资源所有者信息	☐	☐	☐	☐	☐

Q17.贵企业在技术创新的研究开发阶段对如下信息重要性的认可程度

信息类型	非常重要	重要	一般	不重要	很不重要
政府宏观信息	☐	☐	☐	☐	☐
行业政策信息	☐	☐	☐	☐	☐
市场竞争信息	☐	☐	☐	☐	☐
科学技术信息	☐	☐	☐	☐	☐
技术人员信息	☐	☐	☐	☐	☐
相关管理信息	☐	☐	☐	☐	☐
设备原料信息	☐	☐	☐	☐	☐
产品工艺信息	☐	☐	☐	☐	☐
产品市场信息	☐	☐	☐	☐	☐
客户反馈信息	☐	☐	☐	☐	☐
资源所有者信息	☐	☐	☐	☐	☐

Q18.贵企业在技术创新的批量生产阶段对如下信息重要性的认可程度

信息类型	非常重要	重要	一般	不重要	很不重要
政府宏观信息	□	□	□	□	□
行业政策信息	□	□	□	□	□
市场竞争信息	□	□	□	□	□
科学技术信息	□	□	□	□	□
技术人员信息	□	□	□	□	□
相关管理信息	□	□	□	□	□
设备原料信息	□	□	□	□	□
产品工艺信息	□	□	□	□	□
产品市场信息	□	□	□	□	□
客户反馈信息	□	□	□	□	□
资源所有者信息	□	□	□	□	□

Q19.贵企业在技术创新的市场实现阶段对如下信息重要性的认可程度

信息类型	非常重要	重要	一般	不重要	很不重要
政府宏观信息	□	□	□	□	□
行业政策信息	□	□	□	□	□
市场竞争信息	□	□	□	□	□
科学技术信息	□	□	□	□	□
技术人员信息	□	□	□	□	□
相关管理信息	□	□	□	□	□
设备原料信息	□	□	□	□	□
产品工艺信息	□	□	□	□	□
产品市场信息	□	□	□	□	□
客户反馈信息	□	□	□	□	□
资源所有者信息	□	□	□	□	□

四、各种技术创新活动中的信息需求情况

Q20.贵企业在制定技术创新战略中的下列哪些活动需要信息和情报支持（可多选）

☐外部市场环境分析 　　　☐技术竞争环境分析

☐技术竞争对手分析 　　　☐技术竞争内容分析

☐关键技术能力分析 　　　☐核心技术竞争力分析

☐技术资源现状分析 　　　☐技术创新方式分析

☐企业产品价值链分析

☐其他（请说明）＿＿＿＿＿＿＿＿＿＿

Q21.贵企业在制定技术创新战略时都应用了哪些信息与情报分析方法（可多选）

☐PEST 分析法 　　　☐"五力模型"分析法

☐价值链分析法 　　　☐SWOT 分析法

☐定标比超分析法 　　　☐竞争对手模型分析法

☐人力资源分析法 　　　☐专利分析法

☐广告跟踪分析法 　　　☐技术情景规划分析法

☐财务报表分析法 　　　☐战争游戏法

☐其他分析方法＿＿＿＿＿＿＿＿＿＿

Q22.贵企业认为在如下的哪些开放式技术创新活动中需要信息和情报支持（可多选）

☐对外委托技术创新 　　　☐知识产权许可或转让

☐联合技术开发 　　　☐技术实现方式选择

☐风险项目投资 　　　☐外部技术购买

☐其他＿＿＿＿＿＿＿＿＿＿

Q23.贵企业在技术创新中是否采用了形式"产—学—研"技术合作

☐有

☐无 　（如果选择该项，请跳过 Q24 和 Q25 题，直接回答 Q26 题）

Q24.贵企业在"产—学—研"技术合作创新中联系的高校以及科研机构人员

总数为

□1 家　　　□2～3 家　　　□4～5 家　　　□6～10 家　　　□10 家以上

Q25.贵企业在"产—学—研"技术合作创新中最关心如下哪些类型的信息（可多选）

□高校和科研机构技术人员的水平

□高校和科研机构的核心技术能力

□高校和科研机构拥有相关专利的情况

□高校和科研机构在国内外的技术地位

□"产—学—研"合作的利益分配方案

□"产—学—研"合作的知识产权归属

□其他（请说明）_____

Q26.贵企业在技术创新中是否加入了相关行业的技术创新联盟

□是

□否（如果选择该项，请跳过 Q27 和 Q28 题，直接回答 Q29 题）

Q27.贵企业在不同领域参与技术创新联盟（包括产品联盟、专利联盟、标准联盟）的个数为

□1 个　　　　□2～3 个　　　　□4～10 个　　　　□10 家以上

Q28.贵企业在技术创新联盟组建和运作中最关心如下哪些活动中的信息与情报（可多选）

□酝酿期的技术机遇选取　　　□组建期的联盟伙伴选择

□运行期的利益分配方案设计　　　□运行期的成员激励方案设计

□内部不同组织间的知识转移　　　□内部不同组织间的相互学习

□内部与外部的风险因素分析　　　□解体期创新项目的中止决策

□其他（请说明）_____

五、企业技术创新信息服务模式与保障机制情况

Q29.贵企业将企业内部的技术信息服务系统作为（可多选）

□信息发布的工具　　　□情报交流的空间

□信息获取的场所　　　□技术人员的论坛

□竞争对手信息库　　　　　□技术交易的平台

Q30.贵企业技术创新中的信息与情报分析工作通常由哪些人员完成（可多选）

□竞争情报分析人员　□企业高层决策者　　□企业战略管理者

□信息部门人员　　　□市场部门人员　　　□研发部门人员

□技术维护人员　　　□客户服务人员　　　□以上人员共同参与

Q31.贵企业技术创新中的信息与情报分析工作通常由哪些部门完成（可多选）

□战略发展部门　　　　　□竞争情报部门

□技术研发部门　　　　　□信息中心

□市场调研部门　　　　　□其他部门＿＿＿＿＿＿＿＿＿＿＿

Q32.贵企业在技术创新方案决策中经常选用并且有效的方法包括（可多选）

□多部门头脑风暴法

□行业专家咨询法

□专题项目小组法

□领导个人决策

□高层领导讨论决定

□高层领导组织相关部门开展模拟试验，根据试验结果决定

□其他方法＿＿＿＿＿＿＿＿＿＿＿

Q33．贵企业在技术创新中人员之间信息与情报沟通的渠道包括（可多选）

□内部论坛　　　□人际沟通　　　□电话或者短信息沟通

□会议交流　　　□书面沟通　　　□E-mail 等网络通讯工具

□其他方法＿＿＿＿＿＿＿＿＿＿＿

Q34.您认为在技术创新活动中企业内部信息交流应该（可多选）

□有高层领导的支持　　　□有严格的制度保障

□有网络等信息基础设施　□配备有特定的设备

□有专用的物理场所　　　□员工有共享的意识和氛围

□有相应的激励机制　　　□其他＿＿＿＿＿＿＿＿＿＿＿

Q35.下列在技术创新信息服务中的技术或方法在贵企业的应用情况

	没用过	不常用	一般	较常用	常用
专利地图技术	□	□	□	□	□
技术检测技术	□	□	□	□	□
技术挖掘技术	□	□	□	□	□
群件共享技术	□	□	□	□	□
协同办公技术	□	□	□	□	□
数据库/知识库	□	□	□	□	□
虚拟团队/交流论坛	□	□	□	□	□
跨部门的技术研发团队	□	□	□	□	□

Q36.您对企业技术创新中信息资源的应用模式、服务体系、保障机制等还有什么看法？

_____

_____

_____

******您已经完成本问卷，再次感谢您的支持！ ******

附录 C 典型企业技术创新中竞争情报应用访谈提纲

典型企业技术创新中的竞争情报应用
访谈提纲

1. 请您简要介绍一下贵公司在技术研发和技术创新活动中竞争情报（信息）的应用情况。主要包括：

（1）公司背景：行业情况介绍，内外竞争强度，产品技术的更新速度等。

（2）在什么样的背景下贵公司开始重视企业技术创新中的竞争情报应用？

（3）当前竞争情报主要应用于贵公司技术创新过程中的哪些方面（如技术机遇和市场机会把握、技术创新思维的收集、相关理论基础研究、创新产品研发、技术成果的商品化生产、产品的市场化运作等），都需要哪些主要信息源？

（4）贵公司技术创新中的竞争情报由什么部门负责，是否有常规信息管理部门？在技术创新流程中，牵涉多个部门，各个部门都需要自己搜集信息吗？

（5）在贵公司的技术创新活动中，是否借助于一些相关的计算机信息系统实现信息和情报的收集、分析、交流和发布？当前这些系统的应用效果如何？

2. 我们从相关资料中获悉，贵公司在技术创新战略指定以及自主技术创新中，都非常重视竞争情报的应用，能介绍以下这些方面的情况吗？

3. 当前企业所处的是一个开放式的动态环境，很多企业的技术创新都已经开始进入一个开放式创新的时代。我想贵公司在开放式创新的环境下，也对自己的技术获取方式和技术实现手段进行了一定的调整，请问在这些方面，您感觉到竞争情报可以发挥哪些作用？贵公司已经有了哪些具体应用？

4. 贵公司在技术创新过程中应用竞争情报时，在开始阶段肯定也遇到过这样或者那样的问题，请您简单介绍一下都遇到一些什么样的具体问题？后来为了保证技术创新中竞争情报工作的顺利实施，贵公司采取了哪些保障机制？

5. 如果让您总结以下贵公司技术创新中竞争情报成功应用的宝贵经验，您觉得应该从那几个方面进行注意？请给这方面的一些后来者企业指点迷津。

参考文献

中文文献

[1] （美）亨利著，金马译. 开放式创新：从技术中获利的新策略[M]. 北京：清华大学出版社，2005.

[2] 包昌火，黄英，赵刚. 发展中的竞争情报系统[J]. 现代图书情报技术，2004（1）：76-80.

[3] 包昌火，谢新洲，李艳. 竞争对手分析论纲[J]. 情报学报，2003（1）：103-114.

[4] 包昌火，谢新洲. 企业竞争情报系统[M]. 北京：华夏出版社，2002.

[5] 常永华. 面向企业技术创新的信息需求及支持系统研究[J]. 情报杂志，2004（12）：38- 40.

[6] 陈德智，肖宁川，王浣尘. 技术跨越关键影响因素分析[J]. 管理科学，2003（8）：73-76.

[7] 陈峰，梁战平. 构建竞争优势：竞争情报与企业战略管理的互动与融合[J]. 情报学报，2003（10）：632-635.

[8] 陈峰. 论企业竞争情报系统的构建与运行——兼作企业竞争情报解决方案. 情报理论与实践，2002（3）：190-193.

[9] 陈峰. 面向企业战略管理的竞争情报研究[D]. 北京：北京大学博士论文，2002.

[10] 陈浩义. 论信息在企业技术创新中的作用[J]. 现代情报，2002（3）：75-77.

[11] 陈杰. 中小企业技术创新与信息情报[J]. 情报探索，2006（6）：67-70.

[12] 陈劲，王芳瑞. 技术创新管理方法[M]. 北京：清华大学出版社，2006：3-27.

[13] 陈劲，郑刚. 企业技术创新管理：国内外研究现状与展望[J]. 管理学报，2004（1）：119-124.

[14] 陈凌. 高校自主创新信息保障体系及其运行机制研究[D]. 长春：吉林大学博士论文，2009.

[15] 陈琼，赵燕平. 基于 Internet 的企业竞争情报系统研究综述[J]. 情报杂志，2003（10）：63-66.

[16] 陈斯琴，顾力刚. 企业技术创新生态系统分析[J]. 科技管理研究，2008（7）：453-454，447.

[17] 陈松，冯国安. 三种技术导入模式的技术效果[J]. 科研管理，2003（3）：58-62.

[18] 陈维军. 企业竞争情报作战室设计研究[D]. 天津：南开大学博士论文，2008.

[19] 陈迅. 基于 Intranet 的技术创新信息系统模型探讨[J]. 科研管理, 2003（4）：110-115.

[20] 陈燕, 黄迎燕, 方建国等. 专利信息采集与分析[M]. 北京：清华大学出版社, 2006.

[21] 陈玉梅, 秦江萍. 试论企业技术创新模式的选择[J]. 现代管理科学, 2007（7）：14-16.

[22] 陈钰芬, 陈劲. 用户参与创新——国外相关理论文献综述[J]. 科学学与科学技术管理, 2007
（2）：52-56.

[23] 程刚. 企业技术创新的信息保障体系研究[J]. 中国科技论坛, 2003（5）：64-68.

[24] 程国平. 技术创新的信息共享机制研究[J]. 商场现代化, 2006（36）：59.

[25] 程源等. 技术创新：战略与管理[M]. 北京：高等教育出版社. 2005：14.

[26] 褚峻. 信息技术创新与国家信息竞争力提升[J]. 图书情报工作, 2007（2）：6-9, 91.

[27] 崔志明, 万劲波, 孙中峰等. 技术预见的主体、基本原则及活动类型[J]. 科研管理, 2003
（6）：32-35.

[28] 党兴华, 蒋军锋. 网络环境下企业技术创新过程中信息流网络结构研究[J]. 中国软科学,
2004（3）：85-89.

[29] 党兴华. 网络环境下合作技术创新界面与信息状态研究[J]. 科学学研究, 2006（5）：787-790.

[30] 邓维康. 网络经济下的合作竞争与超竞争情报战略研究[J]. 情报科学, 2005（9）：1287-1291.

[31] 董菲, 朱东华, 任智军等. 基于专利地图的专利分析方法及其实证研究[J]. 情报学报, 2007
（3）：422-429.

[32] 董素音, 蔡莉静. 竞争情报理论与方法[M]. 北京：海洋出版社, 2007：12-15.

[33] 樊松林, 张怀涛, 卢清. 竞争情报研究论[M]. 西安：西安出版社, 2000：337-339.

[34] 范保群. 开放式创新——美国高技术公司创新管理新动向[J]. 中国制造业信息化, 2007
（10）：72-74.

[35] 方曙. 基于专利信息分析的技术创新能力研究. 重庆：西南交通大学博士学位论文, 2007.

[36] 傅家骥. 技术创新学[M]. 北京：清华大学出版社, 1998：13-17.

[37] 顾彬, 吴晓健, 甘卫英. 竞争情报对提升企业自主创新能力的探讨——以珠海市格力电器
股份有限公司为例[J]. 技术与市场, 2007（1）：62-63.

[38] 关士续, 吴永忠. 从信息过程的观点研究技术创新[J]. 自然辩证法研究, 1999（3）：32-36.

[39] 关伟. 企业技术创新研究[D]. 大连：东北财经大学博士学位论文, 2006.

[40] 郭婕婷, 肖国华. 专利分析方法研究[J]. 情报杂志, 2008（1）：12-14, 11.

[41] 郭九成，朱孔来. 论自主创新能力的概念、内涵及构成要素[J]. 生产力研究，2008（21）：16-17，38.

[42] 郭卫东. 技术预见理论方法及关键技术创新模式研究[D]. 北京：北京邮电大学博士学位论文，2007.

[43] 侯普育，杨生斌，胡华军. 基于根本性技术创新的企业技术情报流程管理研究[J]. 情报杂志，2007（9）：74-76.

[44] 侯延香. 企业预警情报管理研究[D]. 天津：南开大学博士学位论文，2007.

[45] 胡承浩，金明浩. 论开放式创新模式下的企业知识产权战略[J]. 科技与法律，2008（2）：49-53.

[46] 胡伦赋. 企业技术创新信息保障研究[J]. 情报理论与实践，2002（04）：276-277.

[47] 胡鹏山. 竞争战略与竞争优势[M]. 北京：华夏出版社，2002：96.

[48] 胡耀辉. 企业技术创新联盟和谐机制研究[D]. 南京：河海大学博士学位论文，2007.

[49] 黄国涛. 竞争情报推动企业自主创新能力提升[J]. 科技管理研究，2006（6）：97-99.

[50] 黄海涛. 面向技术创新的企业竞争情报系统[J]. 情报杂志，2005（1）：99-101.

[51] 黄河. 企业技术创新信息管理系统的安全性设计[J]. 华北水利水电学院学报，2004（1）：65-67.

[52] 金炬，梁战平. 美国的竞争性技术情报及其对我国的启示[J]. 图书情报知识，2006（4）：71-77.

[53] 金泳锋，唐春. 专利地图对技术创新风险的认知及预测初探[J]. 电子知识产权，2008（7）：34-37，42.

[54] 景威铭. 企业技术创新信息支持系统构建与评价研究[D]. 长春：吉林大学，2008.

[55] 柯克·泰森（Kirk W. M. Tyson）著，王玉，郑逢波，张侔浩等译. 竞争情报完全指南[M]. 第2版. 北京：中国人民大学出版社，2005.

[56] 柯贤能. 基于创新过程的技术竞争情报分析方法框架构建[D]. 北京：中国科学院文献情报中心，2007.

[57] 孔亚新，沈克佳. 浅淡技术情报在企业技术创新中的重要性[J]. 一重技术，2007（2）：85-86.

[58] 李纲，李轶. 互联网行业的CTI流程研究[J]. 图书情报工作，2008（10）：14-16，61.

[59] 李冬琴，黄晓春. 论新产品开发中的信息粘滞[J]. 科技进步与对策，2005（1）：69-71.

[60] 李国秋，吕斌编著．企业竞争情报概论[M]．上海：华东师范大学出版社，2006：2.

[61] 李力．中小型企业技术创新中的信息服务与保障[J]．情报杂志，2000（4）：47-48.

[62] 李利方．关于竞争情报与知识创新互动机制的探讨[J]．图书情报工作，2007（11）：50-53.

[63] 李万．技术预见：自主创新的战略导航系统[J]．科学学研究，2007（6）：2-5.

[64] 李艳．我国技术竞争情报的理论与实践研究[J]．图书情报工作，2008（10）：10-13.

[65] 李艳，赵新力．CTI与技术转移：国际经验与启示[J]．竞争情报，2007（春季刊）：10-15.

[66] 李艳，张旭．技术竞争情报对技术创新的支撑作用研究[J]．情报探索，2007（11）：80-82.

[67] 李艳，赵新力，齐中英．技术竞争情报的现状分析[J]．情报学报，2006（2）：242-253.

[68] 李艳．竞争情报与企业战略风险管理[J]．情报理论与实践，2006（1）：20-24.

[69] 李艳．我国技术竞争情报的理论与实践研究[J]．图书情报工作，2008（10）：10-13.

[70] 李艳刚，郝学东．企业竞争情报与技术创新融合机制探讨[J]．商业时代，2008（33）：62-63.

[71] 李永红．试论情报信息与新产品开发[J]．企业技术开发，2006（2）：77-79.

[72] 李震，郭艳玲，张兴虎．竞争情报是企业自主创新中的重要元素[J]．冶金信息导刊，2006（6）：8-11.

[73] 梁建英．辨证地看待战略联盟中的合作与竞争[J]．经济论坛，2005（5）：79-80.

[74] 刘兰．基于文本挖掘和技术路线图的技术预见方法研究[D]．北京：中国科学技术信息研究所博士学位论文，2007.

[75] 刘顺忠．我国制造业信息化技术创新源研究[J]．工业技术经济，2005（03）：91-92，105.

[76] 刘细文，柯贤能．技术竞争情报在中国电信行业技术创新中的应用研究[J]．图书情报工作，2008（10）：17-21.

[77] 刘细文．技术竞争情报的演化与发展[J]．图书情报工作，2008（10）：6-9.

[78] 刘小韩．竞争情报在技术创新中的作用[J]．河南科技，2007（05）：4-5.

[79] 刘小琳．竞争情报提升区域创新软环境的作用研究——建设区域竞争情报系统新思路[J]．现代情报，2006（8）：40-42.

[80] 刘玉照，曹君祥．竞争情报与战略管理[J]．情报学报，1998（4）：301-305.

[81] 刘志强，朱东华，靳霞．企业专利战略与技术监测理论研究[J]．情报杂志，2006（7）：65-57，70.

[82] 娄策群．技术创新扩散的创新技术信息传播机制[J]．科技进步与对策，1999（5）：50-52.

[83] 卢小宾. 我国信息服务技术创新对策分析[J]. 中国图书馆学报, 2003（2）：38-40.

[84] 卢小宾. 我国信息技术创新的市场学分析[J]. 情报学报, 2002（3）：373-377.

[85] 卢小宾. 信息服务技术创新与产业化问题研究[J]. 中国图书馆学报, 2001（4）：29-32.

[86] 马锋, 张玉芳. 封闭式创新和开放式创新模式研究[J]. 航空工业经济研究, 2006（6）：39-42, 46.

[87] 马静, 倪辉峰. 基于模式匹配抽取技术的网上产品情报获取[J]. 情报理论与实践, 2007（2）：228-231.

[88] 缪其浩. 市场竞争和竞争情报[M]. 北京：军事医学科学出版社, 1996：142-143.

[89] 倪伟明. 掌握利用竞争情报提高企业自主创新和市场竞争能力[J]. 冶金信息导刊, 2007（2）：37-38.

[90] 欧洲技术与创新管理研究院编著, 陈劲, 方琴译. 企业战略与技术创新决策——创造商业价值的战略和能力[M]. 北京：知识产权出版社, 2005.

[91] 潘祺. 技术监测在科研管理中的应用——纳米技术监测[J]. 科学学研究, 2006（1）：82-86.

[92] 潘杏梅. 信息服务与企业技术创新探析[J]. 图书馆杂志, 2001（12）：38-39, 56.

[93] 彭靖里, 李建平, 杨斯迈. 国内外技术竞争情报的研究与应用现状及其趋势[J]. 情报理论与实践, 2008（2）：312-316, 302.

[94] 彭靖里等. 基于自主创新的技术情报体系建设与对策研究[J]. 图书情报工作, 2008（10）：33-36.

[95] 彭靖里等. 论韩国技术竞争情报的发展及其在企业中的应用[J]. 现代情报, 2008（7）：188-192.

[96] 浦根祥, 孙中峰, 万劲波. 技术预见的定义及其与技术预测的关系[J]. 科技导报, 2002（7）：15-17.

[97] 齐仲锋, 张薇. 竞争情报在企业技术创新中实现机制的分析与设计[J]. 情报杂志, 2006（8）：84-88.

[98] 沈江. 基于资源配置的虚拟组织技术创新的信息模式及其构建策略[J]. 中国机械工程, 2006（21）：2248-2251.

[99] 沈丽容. 情报在技术创新中的作用[J]. 情报探索, 2000（1）：38-41.

[100] 斯蒂芬•M•沙克尔（Steven M. Shaker）, 马克•P•吉姆比克依（Mark P. Gembicki）著. 王

知津，李培，李德升等译．企业竞争情报作战室[M]．北京：人民邮电出版社，2005．

[101] 斯蒂芬著．包昌火，谢新洲，王宇等译．竞争情报应用战略[M]．长春：长春出版社，2004：3-4．

[102] 宋丽萍．企业竞争情报发展面面观[J]．山东经济，2004（5）：50．

[103] 孙国强，王博钊．网络组织的决策协调机制：分散与集中的均衡[J]．山西财经大学学报，2005（2）：77-81．

[104] 孙国强．网络组织的内涵、特征与构成要素[J]．南开管理评论，2001（4）：38-40．

[105] 孙克，李焕萍．企业技术创新中信息需求及组织沟通的作用[J]．地质技术经济管理，2004（3）：70-73．

[106] 孙利辉，吴剑云．技术创新联盟的伙伴竞争与决策形成过程研究[J]．东方论坛，2006（1）：65-69．

[107] 孙琳，邵波．企业技术竞争情报流程分析[J]．情报杂志，2008（5）：101-104．

[108] 孙萍．面向技术创新的辽宁装备制造业竞争情报系统研究[J]．中国新技术新产品．2008（10月下）：63-65．

[109] 孙涛涛，金碧辉．关键技术挖掘与企业技术竞争情报——以 DVD 激光头技术为例[J]．图书情报工作，2008（5）：129-132．

[110] 孙晓绯．面向竞争互动的竞争情报运作机制研究[D]．天津：南开大学博士论文，2006．

[111] 孙晓岭．企业技术创新网络治理机制研究[M]．成都：西南财经大学出版社．2008．

[112] 汪雪锋，朱东华，胡望斌．促进技术监测在政府科研管理中的应用——纳米技术监测应用研究[J]．科研管理，2006（3）：123-127，134．

[113] 王革非．企业决策工具与方法：欧美工商管理经典工具的解析、使用和操作[M]．北京：机械工业出版社，2002．

[114] 王九云．技术创新信息资源共享的障碍与对策[J]．学术交流，2006（2）：77-79．

[115] 王立荣．面向核心竞争能力的技术竞争情报工作[J]．现代情报，2007（7）：144-146．

[116] 王立生．当代战略联盟的动机及发展趋势分析[J]．技术经济，2005（11）：43-45．

[117] 王丽华，王翠萍．论国家创新体系中信息保障系统的雁行模式[J]．图书情报工作，2003（12）：1-5．

[118] 王名福．论企业技术创新信息问题[J]．科技进步与对策，2004（4）：61-63．

[119] 王琦. 竞争情报工作在中国企业中的实施方案[J]. 竞争情报, 2004（试刊号）：19-25.

[120] 王鑫鑫，张志清，王静. 面向企业战略与创新决策的技术情报系统[J]. 情报资料工作, 2007
　　　（2）：36-39.

[121] 王兴旺，孙济庆. 专利地图在技术竞争分析中的应用研究[J]. 图书情报工作. 2009（12）：
　　　79-82.

[122] 王瑶. 论企业技术竞争情报的开展——以产品技术为例[J]. 图书情报工作，2006（12）：
　　　66-70.

[123] 王耀忠等. 网络组织的结构及协调机制研究[J]. 系统工程理论方法应用，2002（1）：20-24.

[124] 王玉. 企业战略联盟的竞争情报研究[J]. 情报理论与实践，2005（3）：300-303，314.

[125] 王圆圆，周明. 企业开放式创新中的利益相关者管理[J]. 市场研究，2008（4）：49-52.

[126] 王曰芬，臧强. 企业战略管理与竞争情报[J]. 情报科学，2001（1）：9-10.

[127] 王知津. 竞争情报[M]. 北京：科学技术文献出版社，2005.

[128] 吴丹，易辉. 企业技术创新中的情报需求与情报信息服务[J]. 图书情报知识，2001（1）：
　　　39-41.

[129] 吴琦磊，邓金堂. 竞争情报与企业自主创新关系问题研究进展与方向[M]. 情报杂志. 2009
　　　（11）：112-115.

[130] 吴晓明. 企业技术创新中的信息需求及其对策[J]. 情报杂志，2000（3）：56-58.

[131] 吴永忠，关士续. 技术创新中的信息问题研究[J]. 自然辩证法通讯，1999（1）：32-39.

[132] 谢新洲，包昌火，张燕. 论企业竞争情报系统的建设[J]. 北京大学学报（哲学社会科学版），
　　　2001（6）：55-56.

[133] 熊彼特. 经济发展理论：对于利润、资本、信贷、利息和经济周期的考察（中译本）[M]，
　　　北京：商务印书馆，1991.

[134] 修立军，强雁. 网络环境下的航天企业技术创新信息系统研究[J]. 科技进步与对策，2005
　　　（3）：66-69.

[135] 徐仕敏. 企业技术创新的信息需求及其满足[J]情报理论与实践，2001（3）：190-193.

[136] 许家梁，刘宏仁. 开发信息资源为技术创新服务[J]. 津图学刊，2001（1）：23-25.

[137] 许宗衡. 坚持产学研一体化增强自主创新能力[J]. 求是杂志，2006（9）：39-41.

[138] 杨冰. 企业环境竞争情报的战略地位及其开发路径[J]. 情报杂志，2007（5）：90-92.

[139] 杨依依. 从封闭创新到开放创新——顾客角色、价值及管理对策[J]. 科学学与科学技术管理，2008（3）：115-119，182.

[140] 叶继涛. 技术预见与专利地图关联研究[J]. 科技与经济，2007（6）：3-6.

[141] 仪德刚，齐中英. 从技术竞争情报、技术预见到技术路线图——构建企业自主创新的内生模型[J]. 科技管理研究，2007（3）：13-14，18.

[142] 迎接知识经济时代，建设国家创新体系[J]. 中国科学院院刊，1998（3）：165-169.

[143] 于潇，孙英隽. 专利情报分析对企业创新的影响研究[J]. 情报科学，2007（11）：1668-1671，1678.

[144] 岳修志. 面向供应链管理的企业竞争情报系统模式研究[D]. 天津：南开大学博士学位论文，2008.

[145] 曾忠禄. 企业竞争情报管理——战胜竞争对手的秘密武器[M]. 广州：暨南大学出版社，2004.

[146] 曾忠禄. 企业竞争情报系统再定义[J]. 图书情报工作，2007（11）：13-15.

[147] 张帆，肖国华，张娴. 专利地图典型应用研究[J]. 科技管理研究，2008（2）：190-193.

[148] 张凤武. 基于核心竞争力的企业技术创新决策系统研究[J]. 科技管理研究，2005（3）：50-51，112.

[149] 张磊. 军事后勤领域中技术竞争情报的应用研究[J]. 情报学报，2006（S1）：231-233.

[150] 张凌. 企业技术创新项目评价与决策体系研究[M]. 北京：人民出版社，2006.

[151] 张培锋. 企业技术创新的信息需求与信息服务[J]. 情报探索，2005（1）：81-83.

[152] 张千帆，张子刚，张毅. 网络组织中的协调管理模式研究[J]. 企业活力，2004（6）：48-49.

[153] 张晓军，任国军，张长军等. 美国军事情报理论研究[M]. 北京：军事科学出版社，2007：67-75.

[154] 张译中. 一个世界500强企业的竞争情报工作[J]. 图书情报工作，2007（11）：14-16.

[155] 赵修卫，黄本笑. 技术创新管理[M]. 武汉：武汉大学出版社. 2007：80-81.

[156] 郑小平. 企业开放式创新的产权欲望研究[J]. 科学管理研究，2007（3）：42-45.

[157] 钟书华. 企业技术联盟：概念、本质及动力[J]. 自然辩证法研究，2000（2）：49-53.

[158] 周贺来. 论技术竞争情报在技术预见活动中的应用[J]. 情报理论与实践，2009（11）：61-64.

[159] 周九常. 竞争情报在战略管理发展历程中的作用[M]. 情报学报，2007（2）：216-221.

[160] 周九常. 企业网络组织竞争情报模式研究[D]. 天津：南开大学博士学位论文，2007.

[161] 周朴雄．知识联盟企业技术创新的信息保障[J]．情报科学，2006（12）：1809-1813．

[162] 邹志．企业技术创新的四种模式[J]．企业科技与发展，2008（15）：40．

[163] 朱秀梅，陈凌．企业自主创新信息服务体系构建研究[J]．情报资料工作，2008（2）：49-52．

[164] 朱秀梅，姜涛，刘玉国．科研院所自主创新信息服务体系和保障机制研究[J]．情报杂志，2009（10）：183-187．

英文文献

[1] Andrew Crane.In the Company of Spies:When Competitive Intelligence Gathering Becomes Industrial Espionage. Business Horizons, 2005(48): 233-240.

[2] Apri K 1，Bessa J .A Critique of the Strategic Competitive Intelligence：Process within a Global Energy Multinational. Problems and Perspectives in Management，2006 (2)：86-99.

[3] Argyris C, Schon D A. Organizational Learning: A Theory of Action Perspective. MA:Addison_Wesley, 1978: 18-97.

[4] Ashton W B，Klavans R A. An Introduction to Technical Intelligence in Business//Ashton W B，Klavmls R A．Keeping abreast of science and technology：technical intelligence for business．Columbus，Ohio：Battelle Press，1997.

[5] Charles Edquist. Systems of Innovation: Technologies, Institution, and Organizations [M] . London and Washington: Pinter Publishers. 1997: 75.

[6] CHER IE R A C. Textmining framework linking technical intelligence from publication databases to strategic technology.Decisions, 2004.

[7] Chesbrough H W. Open Innovation: How Companies Actually Do It?[J]. Harvard Business Review, 2003(7): 12-14.

[8] Chesbrough H W. Open Innovation: The New Imperative for Creating and Profiting from Technology[M]. Boston: Harvard Business School Press, 2003.

[9] Chesbrough H W. The Logic of Open Innovation：Managing Intellectual Property. California Management Review. 2003(3): 33-58.

[10] Cobum M M. Competitive Technical Intelligence：A Guide to De sign，Analysis，and

Action. NewYork: Oxford University Press, 1999: 10-26.

[11] Craig S. Fleisher, Balette E. Bensoussan. Strategic and Competitive Analysis: Methods and Techniques for Analyzing Business Competition. Pearson Education, Inc., 2003: 8.

[12] Eckhard Lichtenthaler. Technological change and the technology intelligence process: A case study. Journal of Engineering and Technology Management, 2004(21): 331-348.

[13] Eckhard Lichtenthaler. Coordination of Technology Intelligence Processes: A study in technology intensive multinationals.Technology Analysis & Strategic Management, 2004 (1): 197-221.

[14] Eckhard Lichtenthaler. Third generation management of technology intelligence processes. R&D Management, 2003 (4): 361-375.

[15] Eckhard Lichtenthaler.Technology intelligence processes in leading European and North American multinationals.R&D Management, 2004(2): 121-135.

[16] Eckhard Lichtenthaler. The choice of technology intelligence methods in multinationals:towards a contingency approach. International Journal of Technology Management, 2005(3): 388-407.

[17] Ford D. Develop your technology strategy, Long Range Planning, 1988(6): 21-29.

[18] Frank Piller, Christian Schaller, Dominik Walcher. Customers As Co-Designers: A Framework For Open Innovation. German Ministry of Research, 2003.

[19] Gulati R, H Singh.The architecture of cooperation: Managing coordination costs and appropriation concerns in strategic alliances. Administrative Science Quarterly, 1998 (4): 781-814.

[20] Hadi-Kusuma Ifan, Jean-Marie Dou Jr., Sri Manullang, Henri Dou.Developing Competitive Technical Intelligence in Indonesia.Technovation, 2004(24): 995-999.

[21] Hansen K., Rush H. Hotspots in Complex Product Systems: Emerging Issues in Innovation Management [J]. Technovation, 1998(9): 555-561.

[22] Harun Tasin, Mehmet Riza Adali. Technological intelligence and competitive strategies: An application study with fuzzy logic. Journal of Intelligent Manufacturing, 2004(15): 417-429.

[23] Heahyun Yoo, Chandra Ramanathan, Cynthia Barcelon-Yang.Intellectual Property Management of Biosequence Information from a Patent Searching Perspective.World Patent Information, 2005(27): 203-211.

[24] Henri Jean-Marie Dou.Benchmarking R&D and Companies Through Patent Analysis Using Free Databases and Special Software:A Tool to Improve Innovative Thinking.World Patent Information, 2004(26): 297-309.

[25] Henry W. Chesbrough. The governance and performance of Xerox's technology spin -off companies. Research policy. 2003 (32): 403-421.

[26] Herring, J. P., Klein, R. D., Harris, M.et al. Corporate Culture as a Tool for Anticipating the Competition. Competitive Intelligence Magazine, 2002(4): 6-10.

[27] Hesting William Roy, Woods Hathleen H. Experiential Modeling : Innovation Opportunity for Competitive Intelligence Professionals . Competitive Intelligence Review , 1996 (7): 35-44.

[28] Hughes G.D., D.C.Chafin. Turning New Product Development into a Continuous Process, Journal of Product Innovation Management, 1996(13)：93.

[29] Jan Herring. Key Intelligence Topics:A Process to Identify and Define Intelligence Needs, Conference Proceedings of 13th Annual International Conference and Exhibit of SCIP, 1998.

[30] Jianxin Jiao, Qinhai Mab, Mitchell M. Tseng c. Towards high value-added products and services: Mass customization and beyond .Technovation, 2003(23): 809-821.

[31] Joel West and Scott Gallagher. Challenges of open innovation: the paradox of firm investment in open sourcesoftware. R&D Management. 2006(3): 319-331.

[32] John H.Heinrichs, Jeen-Su Lim.Model for Organizational Knowledge Creation and Strategic Use of Information.Journal of The American Society For Information Science and Technology, 2005(6): 620-629.

[33] John J. McGonagle. An Examination of the 'Classic' CI Model. Journal of Competitive Intelligence and Management, 2007(2): 71-86.

[34] John J.McGonagle, Carolyn M.Vella.A New Archetype for Competitive Intelligence. Westport:Quorum Books, 1996: 52-53.

[35] Kassler H. Competitive intelligence on the Internet: going for the gold Information. Outlook; 2000 (2): 37-42.

[36] Kerr C I V，Mortara L，Phaal R et al．A conceptual model for technology Intelligence[J]. International Journal of Technology Intelligence and Planning，2006（1）：73-93.

[37] Kersi D. Antia, James W. Hesford. A Process-Oriented View of Competitive Intelligence and its Impact on Organizational Performance. Journal of Competitive Intelligence and Management, 2007(1): 3-31.

[38] Kostoff R. N. and Schaller R. R. Science and Technology Roadmaps. IEEE Transactions on Engineering; Management, 2001(2): 132-143.

[39] Krol T F, Coleman J C, Bryant P J. Scientific competitive intelligence in R&D decision making. Drug Information Journal, 1996(30): 243-255.

[40] Lackman C. L., Saban K., Lanasa J. M. Organizing the competitive intelligence function:A benchmarking study. Competitive Intelligence Review, 2000(1): 17-27.

[41] Lemos Angela Denise, Porto Antonio Carlos. Technological forecasting techniques and competitive intelligence: Tools for improving the innovation process. Industrial Management & Data Systems. 1998(7): 21-26.

[42] Liam Fahey. Connecting Strategy and Competitive Intelligence: refocusing intelligence to produce critical strategy inputs. Strategy & Leadership, 2007(1): 4-12.

[43] Lichtcnthaler U. External Commercialization of Knowledge: Review and Research Agenda, International Journal of Management Reviews, 2005(4): 231-255.

[44] Lichtenthalar E. Technology intelligence processes in leading European and American multinationals. R&D Management, 2004 (2) : 121-135.

[45] Lichtenthaler E.The choice of technology intelligence methods in multinationals: Towards a contingency approach. International Journal of Technology Management, 2005(3): 388-407.

[46] Lichtenthaler U., Ernst. H. Attitudes to Externally Organising Knowledge Management Tasks: A Review, Reconsideration and Extension of the NIH Syndrome. R&D Management. 2006(4): 367-386.

[47] Liehtenthaller U, Ernst H. Developing Reputation to Overcome the Imperfections in the Markets for Knowledge. Research Policy .2007(1): 37-55.

[48] Mark J. Chussil. Competitive Intelligence Goes to War: CI, the War College, and Competitive Success. Competitive Intelligence Review, 1996(3): 36-69.

[49] Mathias M. Cohurn. Competitive Technical Intelligence: a guide to design, analysis, and action

[M]. Oxford University Press, 1999: 11.

[50] Mayne A. Rosenkrans. Past. Present and future directions for technical intelligence. Competitive intelligence review, 1998(2): 26-33.

[51] Merrill Brenner. Technology Intelligence at Air Products: Leveraging Analysis and Collection Techniques. Competitive Intelligence Magazine , 2005(3): 6-19.

[52] Moon M. D. Effective use of information & competitive intelligence. Information Outlook, 2000(2): 17-20.

[53] Norling P M，Herring J P，Rosenkrans A，et al．Putting competitive technology intelligence to work．Research Technology Management．2005(8)：23-28．

[54] Pascal Savioz.Technology intelligence: concept design and implementation in technology-based SME's. Basingstoke, Hampshire; New York: Palgrave Macmillan, 2004.

[55] Phaal R., Farrukh C., Probert D. Customizing Roadmapping. Research-Technology Management. 2004(2):26-37．

[56] Porter A.L., Cunningham S.W. . Tech Mining: Exploiting New Technologies for Competitive Advantage. Hoboken, N.J. : Wiley, 2005.

[57] Porter A.L., Rzeszotarski P. Technology Opportunities Analysis. Proceedings of SCIP conference. 1998.

[58] Proven Strategies in Competitive Intelligence: Lessons from the Trenches. New York : John Wiley & Sons , Inc., 2001: 308-316.

[59] R. Phaal, C. J. P. Farrukh, D. R. Probert. Collaborative technology roadmapping: network development and research prioritisation. Int. J. Technology Intelligence and Planning , 2004(1): 20-27.

[60] R.J.Watts, A.L.Porter, N.C.Newman. Innovation Forecasting Using Bibliometrics.Competitive Intelligence Review, 1998(4): 11-19.

[61] Ranjit Bose. Competitive intelligence process and tools for intelligence analysis. Industrial Management & Data System, 2008(4): 510-528.

[62] Rivette K.G. , Kline D. Rembrandts in the Attic：Unlocking the Hidden Value 0f Patents. Boston：Harvard Business School Press．2000.

[63] Robert J. Boncella. Competitive Intelligence and the Web. Communications of the Association for Information Systems, 2003(12): 327-340.

[64] Robert J. Mockler. Strategic Intelligence Systems: Competitive Intelligence Systems to Support Strategic Management Decision Making. SAM Advanced Management Journal, 1992 (4): 4-9.

[65] Robert Kirschbaum. Open Innovation in Practice. Research Technology Management[J]. 2005(4): 24-28.

[66] Sally Davenport et al. The dynamics of technology strategy: an exploratory study. R&D Management. 2003(5): 33-39.

[67] Savioz P. Technical Intelligence: Concept Design and Implementation in Technology Based SME's. Basingstoke, Hampshire, New York: Palgrave Macmillan, 2004: 164-165.

[68] Savitz S. wizards and merchants of light: An historical survey of technical intelligence. Competitive Intelligence Review, 1999(1): 79-83.

[69] Schwarz, Jan Oliver. Competitive Intelligence: A Field for Futurists? Futures Research Quarterly, 2007(1): 55-65.

[70] Scott Savitz. Wizards and Merchants of Light: An Historical Survey of Technical Intelligence. Competitive Intelligence Review , 1999(1): 67-89.

[71] Sewlal R. Effectiveness of the Web as a competitive intelligence tool. South African Journal of Information Management, 2004 (1): 105-119.

[72] Shen Jiang, Li Gang, Xu Man. Large - Scaled Petrol - Medical Enterprise Technology Innovation System Modeling and Implementing [C]/ / Proceedings of the 12th International Conference on IE &EM. Beijing: China Machine Press, 2005: 159-162.

[73] Stephanie Hughes. Competitive Intelligence as Competitive Advantage. Journal of Competitive Intelligence and Management, 2005(3): 3-18.

[74] Sugasawa Y, Takahashi F. Desirable technology intelligence with a new value chair-focus 0n the Japanese electronic industry. International Joural of Technology Intelligence and Planning, 2006(4): 344-359.

[75] Teo T.S.H., Choo W.Y. Assessing the impact of using the Internet for competitive intelligence. Information & Management, 2001(39): 67-83.

[76] Teo, Hock-Hai.Wang Xinwei. Organizational learning capacity and attitude toward complex technological innovations: An empirical study, Journal of the American Society for Information Science&Technology, 2006(2): 264-279.

[77] THOMAL F. KROL., Coleman J C, Bryant P J. Scientific competitive intelligence in R&D decision making. Drug Information Journal, 1996 (30): 243-255.

[78] Tor Guimaraes. The impact of competitive intelligence and IS support in changing small business organizations. Logistics Information Management, 2000(3): 117-125.

[79] Ulrich Lichtenthaler, Holger Ernst. Open up the innovation process: The role of technology aggressiveness [J]. R&D Management, 2008(7): 25-37.

[80] Usha Ganesh, Cynthia E. Miree, John Prescott. Competitive Intelligence Field Research: Moving the Field Forward by Setting a Research Agenda. Journal of Competitive Intelligence and Management, 2003(1): 29-43.

[81] Vedder R. G., Vanececk, M. T. Competitive intelligence for IT resource planning: Some lessons learned. Information Strategy, 1998(1): 29-36.

[82] Viviers W., M-L. Miller. The Evolution of Competitive Intelligence in South Africa: Early 1980s -2003. Journal of Competitive Intelligence and Management. 2004(2): 53-67.

[83] Von Hippel, The Sources of Innovation, Oxford University Press, Inc.1988.

[84] W. Bradford Ashton, Richard A. Klavans. Keeping Abreast of Science and Technology: technical intelligence for business. Battelle Press, 1997.

[85] Werther G. Building an "analysis age" for competitive intelligence in the 21st century [J]. Competitive Intelligence Review, 2001(1) : 41-47.

[86] Zack. M. Developing a knowledge strategy, California Management Review, 1999(5):41-45.

[87] Zahra S A, George G. Absorptive Capacity : A Review, Reconceptualization and Extension. Academy of Management Review , 2002 (2): 185–203.

[88] Zhu Donghua, Porter Alan L. Automated extraction and visualization of information for technological intelligence and forecasting. Technological Forecasting & Social Change, 2002 (69): 495-506.